H.-D. Lippert   B.-R. Kern

Arbeits- und Dienstrecht der Krankenhausärzte von A–Z

Zweite Auflage

Springer-Verlag

Berlin Heidelberg New York
London Paris Tokyo
Hong Kong Barcelona
Budapest

Dr. Hans-Dieter Lippert
von-Stadion-Straße 1, 89134 Blaustein

Dr. Bernd-Rüdiger Kern
Eschenweg 1, 72076 Tübingen

ISBN-13: 978-3-540-57019-6   e-ISBN-13: 978-3-642-78388-3
DOI: 10.1007/978-3-642-78388-3

Die Deutsche Bibliothek – CIP-Einheitsaufnahme
Lippert, Hans-Dieter:
Arbeits- und Dienstrecht der Krankenhausärzte von A – Z / H.-D. Lippert ;
B.-R. Kern. – 2. Aufl. – Berlin ; Heidelberg ; New York ; London ;
Paris ; Tokyo ; Hong Kong ; Barcelona ; Budapest : Springer, 1993
ISBN-13: 978-3-540-57019-6
NE: Kern, Bernd-Rüdiger: ; HST

Die Wiedergabe von Gebrauchsnamen, Handelsnamen, Warenbezeichnungen usw. in diesem Werk berechtigt auch ohne besondere Kennzeichnung nicht zur der Annahme, daß solche Namen im Sinne der Warenzeichen- und Markenschutz-Gesetzgebung als frei zu betrachten wären und daher von jedermann benutzt werden dürften.

Produkthaftung: Für Angaben über Dosierungsanweisungen und Applikationsformen kann vom Verlag keine Gewähr übernommen werden. Derartige Angaben müssen vom jeweiligen Anwender im Einzelfall anhand anderer Literaturstellen auf ihre Richtigkeit überprüft werden.

Satz: Zechnersche Buchdruckerei, Speyer
19/3020 - 5 4 3 2 1 0 – Gedruckt auf säurefreiem Papier

Vorwort zur zweiten Auflage

Die erste Auflage dieses Werkes hat eine so positive Aufnahme erfahren, daß nur knapp zwei Jahre nach ihrem Erscheinen eine Neuauflage notwendig wird. Der rasche Verkauf spricht unserer Ansicht nach dafür, daß es uns gelungen ist, eine empfindliche Marktlücke zu schließen und dem klinisch tätigen Arzt eine kurze, aber dennoch zuverlässige Information über arbeits- und dienstrechtliche Fragen an die Hand zu geben. Diese Einschätzung wurde auch generell in den zahlreichen Besprechungen hervorgehoben. Darüber freuen wir uns.

Diese Anlage des Werkes, die auch in Zukunft erhalten bleiben soll, erlaubt es uns, derzeit auf Änderungen zu verzichten. Veränderungen hat es zwar in den vergangenen zwei Jahren in Gesetzgebung, Rechtsprechung und Literatur durchaus gegeben, aber sie berühren nicht die Richtigkeit der von uns angestrebten Basisinformation. Sie betreffen vielmehr nur Details, auf die es in diesem Zusammenhang nicht ankommt.

Blaustein/Tübingen/Leipzig, Juni 1993   B.-R. Kern, H.-D. Lippert

Vorwort zur ersten Auflage

Krankenhäuser sind Betriebe – wegen des mit ihnen verfolgten Zwecks Betriebe besonderer Art. Die in ihnen tätigen Ärzte (wie auch das sonstige Personal) sind Angestellte oder Beamte. Für sie gelten im Grundsatz alle Vorschriften des Arbeits- und des Beamtenrechts.

Die vielfältigen Rechte und Pflichten angestellter bzw. beamteter leitender und nachgeordneter Krankenhausärzte sind bisher nirgends zusammenfassend abgehandelt worden.

Der Sucherei in einer Vielzahl von Veröffentlichungen möchte das vorliegende Werk abhelfen, wenn es die wesentlichen Begriffe in lexikalischer Form mit Hinweisen auf die Rechtsgrundlagen und weiterführende grundlegende Literatur abhandelt.

Das Werk verdankt seine Entstehung einer Idee von RA Dieter de Lazzer, Stuttgart. In seiner Kanzlei wurde auch die erste, noch nicht lexikalische Fassung des Manuskripts erstellt.

Die vorliegende Fassung des Buches wurde unter Verwendung modernster Technik der Bürokommunikation im Forschungsinstitut für anwendungsorientierte Wissensverarbeitung in Ulm erstellt.

Herr Priv.-Doz. Dr. Graf-Baumann, Springer-Verlag, hat durch sein beharrliches Festhalten am Projekt dafür gesorgt, daß das Buch trotz totaler Umarbeitung doch noch erscheint.

Gedankt sei Frau Marion Hönig, Kanzlei de Lazzer und Partner, Stuttgart und Frau Christine Kimmel für die Erstellung des Manuskripts, dem Vorstand des Forschungsinstituts für anwendungsorientierte Wissensverarbeitung (FAW), Ulm, für die freundliche Unterstützung.

Einige Definitionen sind in Rieger (1984), Lexikon des Arztrechts, so treffend umschrieben, daß es zwecklos gewesen wäre, hier eine neue Definition zu versuchen. Ihre wörtliche Übernahme ist nicht im einzelnen gekennzeichnet.

Jeder Verfasser hat die von ihm übernommenen Stichworte selbständig bearbeitet. Dabei steht *(Ke)* für Priv.-Doz. Dr. Bernd-Rüdiger Kern, *(Li)* für Dr. Hans-Dieter Lippert. Gesetzgebung, Rechtsprechung und Literatur sind bis September 1990 berücksichtigt.

Blaustein/Tübingen, März 1991   B.-R. Kern, H.-D. Lippert

Inhaltsverzeichnis

Abkürzungsverzeichnis

AcP	Archiv für die civilistische Praxis
a. F.	alte Fassung
AGBG	Gesetz zur Regelung des Rechts der Allgemeinen Geschäftsbedingungen
AMG	Arzneimittelgesetz
Anästhesist	Der Anästhesist (Zeitschrift)
AOÄ	Approbationsordnung für Ärzte
AP	Arbeitsrechtliche Praxis
ArbStättV	Arbeitsstättenverordnung
Art.	Artikel
ArztR	Arztrecht (Zeitschrift)
ASiG	Arbeitssicherheitsgesetz
AVB	Allgemeine Vertragsbedingungen
AZO	Arbeitszeitordnung
BÄO	Bundesärzteordnung
BAG	Bundesarbeitsgericht
BAGE	Entscheidungen des Bundesarbeitsgerichts
BAT	Bundesangestelltentarifvertrag
BBesG	Bundesbesoldungsgesetz
BBG	Bundesbeamtengesetz
BDSG	Bundesdatenschutzgesetz
BeamtVG	Beamtenversorgungsgesetz
BetrVG	Betriebsverfassungsgesetz
BGB	Bürgerliches Gesetzbuch
BGBl.	Bundesgesetzblatt
BGH	Bundesgerichtshof
BGHZ	Entscheidungen des Bundesgerichtshofs in Zivilsachen
BO	Berufsordnung
BPersVG	Bundespersonalvertretungsgesetz
BPflV	Bundespflegesatzverordnung
BRRG	Beamtenrechtsrahmengesetz
BSG	Bundessozialgericht
BSGE	Entscheidungen des Bundessozialgerichts
BVerfG	Bundesverfassungsgericht
BVerfGE	Entscheidungen des Bundesverfassungsgerichts
BVerwG	Bundesverwaltungsgericht

BVerwGE	Entscheidungen des Bundesverwaltungsgerichts
DKG	Deutsche Krankenhausgesellschaft
DKG-NT	Tarif der Deutschen Krankenhausgesellschaft für die Abrechnung der stationären Nebenleistungen und der ambulanten Leistungen
DMW	Deutsche Medizinische Wochenschrift
Festschr.	Festschrift
GG	Grundgesetz für die Bundesrepublik Deutschland
GOÄ 1982	Gebührenordnung für Ärzte
Hdb.	Handbuch
HNtV / HNTVO	Hochschulnebentätigkeitsverordnung
HRG	Hochschulrahmengesetz
Hrsg.	Herausgeber
hrsg.	herausgegeben
i. d. F. v.	in der Fassung vom
i. V. m.	in Verbindung mit
KammerG	Kammergesetz
KatSG	Gesetz über die Erweiterung des Katastrophenschutzes
KG	Kammergericht
KHNG	Krankenhausneuordnungsgesetz
Komm.	Kommentar
KSchG	Kündigungsschutzgesetz
KV	Kassenärztliche Vereinigung
LÄK	Landesärztekammer
LNTVO	Landesnebentätigkeitsverordnung
LVwVfG	Landesverwaltungsverfahrensgesetz
MBO	Musterberufsordnung für die deutschen Ärzte
MedGV	Verordnung über die Sicherheit medizinisch-technischer Geräte
MedR	Medizinrecht (Zeitschrift)
MMW	Münchner Medizinische Wochenschrift
Münch. Komm.	Münchener Kommentar zum Bürgerlichen Gesetzbuch, Bd. 1–8, 1978–1983
m. w. N.	mit weiteren Nachweisen
n. F.	neue Fassung
Notfallmedizin	Notfallmedizin (Zeitschrift)
NJW	Neue juristische Wochenschrift (Zeitschrift)

NZA	Neue Zeitschrift für Arbeits- und Sozialrecht
OLG	Oberlandesgericht
PersVG	Personalvertretungsgesetz
RdA	Recht der Arbeit (Zeitschrift)
Rdn.	Randnummer
RG	Reichsgericht
RGZ	Entscheidungen des Reichsgerichts in Zivilsachen
RVO	Reichsversicherungsordnung
SGB	Sozialgesetzbuch
SG	Soldatengesetz
SR	Sonderregelung zum BAT
StGB	Strafgesetzbuch
StPO	Strafprozeßordnung
StrlSchV	Strahlenschutzverordnung
UG	Universitätsgesetz
UVV	Unfallverhütungsvorschrift
VersR	Versicherungsrecht (Zeitschrift)
VG	Verwaltungsgericht
VO	Verordnung
VwVfG	Verwaltungsverfahrensgesetz (des Bundes)
WO	Weiterbildungsordnung
ZOÄ	Zulassungsordnung für Kassenärzte
ZPO	Zivilprozeßordnung
ZSEG	Gesetz über die Entschädigung von Zeugen und Sachverständigen

1 Ärztliche Approbation

Die ärztliche Approbation ist Voraussetzung für die Ausübung der Heilkunde unter der Berufsbezeichnung → Ärztin oder Arzt. Voraussetzung für ihre Erteilung ist der erfolgreiche Abschluß einer → ärztlichen Ausbildung in Deutschland. Ausbildung im Sinne der BÄO ist auch eine in den übrigen Mitgliedsstaaten der Europäischen Gemeinschaft erfolgreich abgeschlossene ärztliche Ausbildung, für die ein entsprechendes Diplom, Prüfungszeugnis oder ein entsprechender Befähigungsnachweis des Mitgliedsstaates vorgelegt werden kann. Die Gleichstellung der Ausbildungsnachweise gilt auch für die deutschen Abschlußzeugnisse in den EG-Staaten. Eine außerhalb Deutschlands und der EG-Staaten abgeschlossene ärztliche Ausbildung gewährt einen Rechtsanspruch auf Erteilung der ärztlichen Approbation nur, wenn die Gleichwertigkeit des Ausbildungsstandes gegeben ist. Dies gilt für erfolgreich abgeschlossene ärztliche Ausbildungen in der Schweiz und in der früheren DDR. In anderen Fällen muß die Gleichwertigkeit im Einzelfall geprüft werden.

2   Ausländer aus Staaten außerhalb der EG können die ärztliche Approbation ebenfalls erhalten, auch wenn sie keinen Rechtsanspruch hierauf haben, nämlich in „besonderen Einzelfällen" oder „aus Gründen des öffentlichen Gesundheitsinteresses". Die Erteilung steht im pflichtgemäßen Ermessen der Behörde. Diese kann auch eine zeitlich befristete → Berufserlaubnis erteilen.

Die ärztliche Approbation kann widerrufen werden, wenn zu erwarten steht, daß der Arzt künftig nicht die Gewähr einer ordnungsgemäßen Berufsausübung bietet und der Widerruf als äußerste Maßnahme zum Schutz gesundheitspolitischer Interessen notwendig ist. Von der zuständigen Behörde kann auch das Ruhen der ärztlichen Approbation angeordnet werden. Dies kann insbesondere dann der Fall sein, wenn die Ruhensanordnung als Eilmaßnahme ergriffen wird. In diesem Fall wird sie regelmäßig mit der Anordnung der sofortigen Vollziehung verbunden werden, um ihren Erfolg sicherzustellen.

3   Streitig ist, ob die zuständige Behörde an das von einem Strafgericht verhängte Berufsverbot gebunden ist und die ärztliche Approbation zu widerrufen hat. Dies wird bejaht, wenn das Strafgericht alle berufsgerichtlich relevanten Aspekte des Falles bei seiner Entscheidung berücksichtigt hat; ansonsten hat die zuständige Behörde eigenständig zu prüfen, ob die Reinhaltung des Berufsstandes von ungeeigneten Berufsangehörigen den Widerruf oder das Ruhen der ärztlichen Approbation erfordert. Die ärztliche Approbation ist zurückzunehmen, wenn die ärztliche Prüfung nicht bestanden wurde. Sie kann zurückgenom-

men werden, wenn die Voraussetzungen für ihre Erteilung nicht vorgelegen haben.

Der Approbierte kann schließlich auf die ärztliche Approbation verzichten. Eine Wiedererteilung nach Widerruf, Rücknahme und Verzicht ist möglich. *(Li)*

Rechtsgrundlage
Bundesärzteordnung i. d. F. vom 20.12.1988 (BGBl. I S. 2477)

Literatur
Narr (1977) Ärztliches Berufsrecht, 2. Auflage, Loseblattsammlung

4   Ärztliche Ausbildung

Die ärztliche Berufsausübung wird von drei Begriffen begleitet, nämlich der ärztlichen Aus-, → Fort- und → Weiterbildung. Vor der Aufnahme der ärztlichen Berufsausübung steht die ärztliche Ausbildung.

5   Sie vollzieht sich nach dem in der Approbationsordnung für Ärzte vorgesehenen Modus einer sechsjährigen Ausbildung, die sich in einen vorklinischen Abschnitt (abgeschlossen mit der ärztlichen Vorprüfung) und drei klinische, durch Teilprüfungen abzuschließende Studienabschnitte gliedert, wobei der dritte, das Praktische Jahr, an Akademischen Lehrkrankenhäusern zu absolvieren ist. Neuerdings ist eine 18monatige Praxisphase als Arzt im Praktikum zu absolvieren. Hinzu kommt noch eine Tätigkeit als → Famulus sowie der Krankenpflegedienst. *(Li)*

Rechtsgrundlagen
Approbationsordnung für Ärzte i. d. F. vom 20.12.1988 (BGBl. I S. 2477)

6   Ärztlicher Direktor

Es handelt sich hierbei um einen der Leitenden Ärzte eines Krankenhauses, der als Mitglied der kollegialen → Krankenhaus- (Kliniks-) leitung für den ärztlichen Bereich des Krankenhauses verantwortlich ist.

7   An seinem personalrechtlichen Status (Angestellter / Beamter) ändert sich durch die Bestellung zum Ärztlichen Direktor nichts. Es handelt sich um ein Nebenamt. → Personalvertretungsrechtlich kann der

(Ärztliche) Direktor auch die Funktion des Dienststellenleiters innehaben.

8   Im Rahmen seines Aufgabengebietes innerhalb der Krankenhausleitung steht ihm gegenüber den Leitenden Ärzten ein Weisungsrecht zu. Der medizinisch-fachliche Bereich zählt hierzu allerdings nicht. Der Ärztliche Direktor haftet im Außenverhältnis als Organ des Krankenhauses. *(Li)*

Rechtsgrundlagen
Krankenhaus- / Hochschul- und Universitätsgesetze der Länder

9   Anfängeroperation

Als Sonderfall der → vertikalen Arbeitsteilung ist die sogenannte Anfängeroperation anzusehen, zu der seit 1981 zahlreiche Urteile ergangen sind. Ihnen lassen sich folgende Grundregeln entnehmen: Bei jedem operativen Eingriff muß immer der Standard eines erfahrenen Operateurs gewährleistet sein. Ein als Fachgebietsarzt noch nicht qualifizierter Assistenzarzt darf daher eigenverantwortlich keine Operation durchführen, bei der sich sein geringerer Ausbildungsstand risikoerhöhend auswirkt. Die mindere Qualifikation des Anfängers muß durch Überwachung des Eingriffs durch einen anwesenden Gebietsarzt ausgeglichen werden. Erst nach Unterweisung und Einarbeitung sowie nach Feststellung der Zuverlässigkeit und dem Nachweis von Fortschritten in der Ausbildung darf der Assistenzarzt selbstverantwortlich operieren. Die „ersten Schritte" sollten lange genug unter sachkundiger Überwachung stattfinden. Generelle Verhaltensregeln zu Art und Anzahl der vorangegangenen Assistenzen gibt es nicht; allgemein läßt sich sagen, daß im Lauf der Ausbildung die Selbständigkeit des Anfängers zunimmt und damit in umgekehrter Tendenz die Notwendigkeit der Überwachung und Kontrolle durch den erfahrenen Arzt ständig schwächer wird.

10   Jedenfalls dürfen nicht nur Ärzte, die eine → Gebietsbezeichnung erworben haben, selbständig operieren. Auch erfahrene Assistenzärzte sind dazu berechtigt. Das gilt etwa für einen → Assistenzarzt, der schon 103mal einen Eingriff durchgeführt hat, den er zum Erwerb der Gebietsbezeichnung nur 40mal vornehmen müßte. Allerdings obliegt ihm eine verstärkte → Dokumentationspflicht. Genügt für den erfahrenen Operateur der Vermerk von Art, Tatsache, Durchführung und Namen der Beteiligten an der Operation, so hat der Anfänger den Gang der Operation im Operationsbericht genau aufzuzeichnen. Eine Auf-

klärungspflicht über den Umstand, daß ein Anfänger unter Überwachung eines erfahrenen Arztes den Eingriff vornimmt, besteht nicht.

11   Erkennt der Anfänger, daß er seinem Ausbildungsstand nach nicht in der Lage ist, sich weisungsgemäß auf die selbständige Operation einzulassen, so hat er der Weisung zu widersprechen. Mögliche Schwierigkeiten in seinem beruflichen Fortkommen sind hinzunehmen. Ebenso müssen Interessen der Klinik hinter das Wohl des Patienten zurücktreten. In einer solchen Situation hätte der Anfänger auch den Patienten auf diesen Umstand hinzuweisen. Ansonsten haftet er neben dem ausbildenden Arzt für → Behandlungsfehler.

12   Alles für die Anfängeroperation Gesagte gilt auch für sonstige Tätigkeiten des Anfängers, etwa für die Diagnose und nichtoperative therapeutische Maßnahmen. Allerdings kann hier ggf. der Anfänger zunächst selbständig handeln. Der → leitende oder der ausbildende Arzt hat aber baldmöglichst das Tun des Assistenzarztes zu überprüfen. *(Ke)*

Literatur
Kern (1990) Behandlung durch einen selbständig handelnden Assistenzarzt (Anfängeroperation), DMW: S. 1368

13 Arbeitsteilung im Krankenhaus

Die Behandlung eines Patienten im Krankenhaus bedarf heute in der Regel der Mitwirkung mehrerer Disziplinen und häufig vieler Personen. Der Begriff der Arbeitsteilung umfaßt dabei im Krankenhaus diejenige der unterschiedlichen medizinischen Fachdisziplinen untereinander (horizontale Arbeitsteilung), aber auch diejenige innerhalb einer Struktureinheit des Krankenhauses zwischen Personal unterschiedlicher Qualifikation und Ausbildung (vertikale Arbeitsteilung). Schließlich ist diesem Bereich auch die Delegation von Aufgaben zur dauernden Ausführung zuzurechnen.

14 *1. Horizontale Arbeitsteilung*

In der horizontalen Arbeitsteilung ist das Zusammenwirken der einzelnen Fachdisziplinen und Subspezifitäten vom Grundsatz prinzipieller Gleichberechtigung und Selbstverantwortung sowie vom Vertrauensgrundsatz geprägt.

Der ursprünglich für das Straßenverkehrsrecht von der Rechtsprechung entwickelte Vertrauensgrundsatz hat heute auch in der Rechtsprechung des Bundesgerichtshofes für den Bereich selbständig nebeneinander stehender medizinischer Fachdisziplinen seinen festen Platz, nachdem er zunächst für die Bereiche von Anästhesie und Chirurgie in das Arztrecht eingeführt worden ist. Die miteinander bei der Behandlung eines Patienten kooperierenden Angehörigen unterschiedlicher Fachgebiete können sich bis zum Beweis des Gegenteils darauf verlassen, daß die Kollegen ihr jeweiliges Fachgebiet beherrschen, über die hierfür notwendige Sachkunde verfügen und die entsprechenden organisatorischen Vorkehrungen getroffen haben (etwa bei der Auswertung von Röntgenaufnahmen oder der Befundung histologischer Präparate). Die Fachkollegen sind daher nicht verpflichtet, die Befunde des jeweils anderen zu überprüfen, sondern können die erhobenen Befunde ihrer weiteren Behandlung zugrundelegen.

15   Schließen Fachgesellschaften einzelner Fächer zur näheren Ausgestaltung der Zusammenarbeit und zur Vermeidung von Abgrenzungsproblemen und Koordinationsschwierigkeiten Vereinbarungen ab, so konkretisieren diese Vereinbarungen regelmäßig die anzuwendende Sorgfalt im Verhältnis der Angehörigen der Fachgebiete zueinander.

16   Der Verstoß gegen diese Regelungen stellt daher regelmäßig eine Sorgfaltspflichtverletzung dar und widerlegt bei schweren Verstößen darüber hinaus die nach dem Vertrauensgrundsatz bestehende Vermutung verkehrsrichtigen, sorgfältigen, ärztlichen Verhaltens, so daß sich der Kollege bzw. die kooperierende Struktureinheit hierauf nicht mehr verlassen kann. Der die Vereinbarung negierende Arzt handelt daher ebenso fahrlässig wie derjenige, der sich in Kenntnis eines derartigen Verstoßes nach dem Vertrauensgrundsatz auf die Ergebnisse eines anderen Bereiches verläßt, obwohl der Vertrauenstatbestand nicht mehr gegeben ist.

Der Vertrauensgrundsatz gilt auch in besonderem Maße im Verhältnis von Gebietsärzten bestimmter Fachgebiete zueinander, da kein Leitender Arzt heute alle Behandlungsmaßnahmen selbst vornehmen kann. Er gilt auch im Verhältnis von Nicht Gebietsärzten im jeweiligen Bereich zueinander, wobei davon ausgegangen werden kann, daß → Assistenzärzte in der Weiterbildung von den sie überwachenden Gebietsärzten / Chefärzten nur im Rahmen des jeweiligen Ausbildungsfortschrittes im klinischen Betrieb eingesetzt werden.

17   Schließlich können sich Angehörige unterschiedlicher Fachdisziplinen im Verhältnis zueinander darauf verlassen, daß der jeweils andere Bereich organisatorisch den Anforderungen, die an die Krankenversorgung zu stellen sind, gewachsen ist. So kann sich z. B. bei der Übernahme eines Patienten von einer Abteilung in eine andere der übernehmende Arzt auf die Befähigung des abgebenden Arztes verlassen. Sollte

dies, aus welchen Gründen auch immer, nicht der Fall sein (personelle / apparative Ausfälle, Umbaumaßnahmen usw.), so besteht im Verhältnis der Fachvertreter zueinander die Pflicht, den jeweiligen Partner hierauf hinzuweisen und ggf. die Aufgabenerfüllung an den vorhandenen Kapazitäten und Möglichkeiten zu orientieren.

18   Eine Fortführung der Aufgaben im bisherigen Umfang, etwa entgegen einer Weisung des Krankenhausträgers, begründet zumindest den Vorwurf des Mitverschuldens bei einer Fehlbehandlung.

19   Auch bei der Aufklärung des Patienten durch den Arzt gilt im Verhältnis verschiedener Fachgebiete der Vertrauensgrundsatz, wobei jeder Arzt über die ärztlichen Maßnahmen seines Fachgebietes aufzuklären hat und Art, Inhalt und Umfang der Aufklärung selbst bestimmt.

20   Die → Mitbehandlung eines Patienten durch mehrere Ärzte ist die konkrete Ausprägung der horizontalen Arbeitsteilung. Es ist dies die therapeutisch und diagnostisch selbständige und eigenverantwortliche Tätigkeit eines oder mehrerer vom erstbehandelnden Arzt zugezogener Ärzte. Sie erfolgt bei selbstzahlenden ambulanten und stationären Privatpatienten aufgrund jeweils selbständiger Verträge mit dem jeweiligen Arzt; gegenüber dem bewußtlosen Patienten ist es ein Anspruch aus → Geschäftsführung ohne Auftrag. Beim stationären Kassenpatienten sind Leistungen der mitbehandelnden Ärzte aufgrund des totalen → Krankenhausaufnahmevertrages mit dem → Pflegesatz abgegolten. Wird ein Kassenpatient zur ambulanten (Mit-) Behandlung vom niedergelassenen Arzt überwiesen, so erwirbt der Krankenhausarzt (sofern er eine → Ermächtigung zur Teilnahme an der kassenärztlichen Versorgung besitzt) einen eigenen Honoraranspruch gegen die Kassenärztliche Vereinigung.

21   *2. Vertikale Arbeitsteilung*

Anders als bei der horizontalen Arbeitsteilung handelt es sich bei der vertikalen Arbeitsteilung darum, die Verantwortlichkeit zwischen vorgesetztem und nachgeordnetem Personal zu bestimmen, also in der Regel innerhalb der Hierarchie einer Struktureinheit. Erteilt der Leitende Arzt nachgeordnetem ärztlichem und / oder nichtärztlichem Personal die Weisung, eine bestimmte Maßnahme allein oder gemeinsam mit ihm oder anderen Mitarbeitern durchzuführen, so trifft ihn grundsätzlich die Verantwortung dafür, daß er für die Erfüllung der Aufgaben geeignetes Personal ausgewählt hat, das der Aufgabe gewachsen ist und das über die entsprechende Qualifikation verfügt. Diese wird im Regelfall durch eine berufsqualifizierende Ausbildung erworben und durch eine Prüfung nachgewiesen. Der Leitende Arzt kann sich bis zum Beweis des Gegenteils darauf verlassen, daß diese einmal erworbene Qualifikation gegeben ist und durch entsprechende → Fortbildung auf dem aktuellen Stand gehalten wird. Bei der Auswahl und bei der Einstellung, aber auch später bei der Aufgabenübertragung und Aufgabenerfüllung muß sich der Leitende Arzt in geeigneter Form (in der Regel stichprobenweise) davon überzeugen, ob die zu fordernde Qualität auch noch gegeben ist. Dies gilt erst recht, wenn Qualifikationsmängel aufgetreten sind. Eine erhöhte Verantwortung bei der Personalauswahl trifft denjenigen Leitenden Arzt, gegen dessen Willen eine Einstellung von Personal, wie etwa im Hochschulbereich üblich, nicht möglich ist.

22   Kann der Vorgesetzte etwa wegen der Größe des ihm unterstehenden Bereiches oder der räumlichen Gegebenheiten die Überwachung nicht selbst kontinuierlich durchführen, so muß er durch organisatorische Maßnahmen sicherstellen, daß gleichwohl eine wirksame Kontrolle erfolgt. Im Hinblick auf das zumeist hohe Verletzungsrisiko des Patienten aus Fehlhandlungen ärztlichen bzw. nichtärztlichen Personals sind an die Verpflichtung zur Instruktion und Überwachung des Personals strenge Maßstäbe anzulegen, selbst wenn in diesem Bereich auch grundsätzlich nach dem Vertrauensgrundsatz verfahren wird. Für den Bereich des Einsatzes → medizinisch-technischer Geräte sind diese Pflichten durch die MedGV konkretisiert und ausdrücklich festgelegt.

23   Zu den Aufgaben der Leitenden Ärzte der Universitätsklinika, aber auch vieler sonstiger Krankenhäuser gehört es, die → Weiterbildung der bei ihnen tätigen Ärzte durchzuführen. In der Weiterbildung stehende Ärzte dürfen nur in dem Umfang eingesetzt werden, wie sie bereits über die erforderlichen Kenntnisse verfügen. Durch organisatorische Maßnahmen muß sichergestellt sein, daß im Fall der Überforderung ein ausreichend qualifizierter Arzt die Behandlung übernehmen kann.

24   Wird, wie etwa im Röntgenbereich oder im → Rettungsdienst ein Fachkunde-Nachweis gefordert, ehe die Tätigkeit durchgeführt werden darf, so dürfen ärztliche Mitarbeiter ohne diesen Fachkunde-Nachweis nicht mit den entsprechenden Tätigkeiten betraut werden.

25   Ungeachtet der Verantwortlichkeit des Krankenhausträgers als des Eigentümers der in der Krankenversorgung eingesetzten Geräte trifft die mit ihnen arbeitenden ärztlichen und nichtärztlichen Mitarbeiter die Pflicht, nur funktionstaugliche Geräte einzusetzen, die Verordnung über die Sicherheit medizinisch-technischer Geräte (MedGV) sowie Bedienungshinweise zu beachten und sich mit der Funktionsweise der Geräte so vertraut zu machen oder machen zu lassen, daß Bedienungsfeh-

ler weitgehend ausgeschlossen werden können. Das Bedienungspersonal muß in der Lage sein, Funktionsfehler zu erkennen und geeignete Maßnahmen einzuleiten. Für die Wartung ist der Eigentümer entsprechend der Vorgaben des Herstellers verantwortlich, es sei denn, er überträgt diese Zuständigkeit für bestimmte Geräte auf eine Einrichtung seines Krankenhauses.

26   Zu denjenigen Aufgaben, für die der Leitende Arzt verantwortlich ist und deren Durchführung er überwachen muß, gehört auch die → Aufklärung des Patienten. Hier obliegt es dem Träger, dafür zu sorgen, daß die betreffenden Leitenden Ärzte über die notwendigen Informationen verfügen. Schließlich ist der Leitende Arzt auch für die ordnungsgemäße Dokumentation des Behandlungsverlaufes verantwortlich und muß Sorge dafür tragen, daß nachgeordnete Ärzte und Pflegepersonal den sich hieraus ergebenden Verpflichtungen nachkommen.

27   3. Delegation

Sie ist die dauernde oder zeitweise Übertragung einer bestimmten Aufgabe zur Durchführung mit den hierfür erforderlichen Mitteln auf einen nachgeordneten Mitarbeiter unter Kontrolle. Für das Personal im Krankenhaus bedeutet dies: nachgeordnetes nichtärztliches Personal kann auch mit Aufgaben betraut werden, die nicht in seine originäre Kompetenz fallen. Hierzu zählen im Pflegebereich bisher die immer wieder beispielhaft herangezogene Entnahme von Blut, die Infusion und Injektion von Medikamenten. Hat sich dieses Personal durch jahrelange Tätigkeit oder künftig bereits durch die Ausbildung die notwendigen Kenntnisse und Fähigkeiten erworben, so spricht nichts gegen die Übertragung dieser Aufgabe teilweise oder ganz auf hierzu befähigtes Pflegepersonal. Dem delegierenden Arzt bleibt allemal die Verantwortung für die Anordnung der Maßnahme, dem Pflegepersonal die für eine Durchführung nach den Regeln der Kunst. Jedoch muß sich der delegierende Arzt von den Kenntnissen und Fähigkeiten des Personals, auf welches er delegiert, zuvor ein Bild gemacht haben.

28   In der Folgezeit muß er sich durch regelmäßige Stichproben davon überzeugen, daß die erforderlichen Kenntnisse und Fähigkeiten vorhanden sind. Pflegepersonal, welches weder entsprechend angeleitet ist noch über die entsprechenden Kenntnisse und Fähigkeiten verfügt, wird sich unter Hinweis hierauf einer entsprechenden ärztlichen Anordnung widersetzen können und wohl auch müssen. Ob Pflegepersonal sich einem entsprechenden Kurs zur → Fortbildung entziehen kann,

den der Krankenhausträger speziell zu diesem Zweck während der Dienstzeit durchführen läßt, erscheint zweifelhaft.

29 Weitergebildetes Pflegepersonal, das entsprechend den Regeln der Deutschen Krankenhausgesellschaft zum Fachpfleger / Fachschwester weitergebildet wurde und die entsprechenden Kenntnisse und Fähigkeiten in der Weiterbildung vermittelt bekommen hat, kann sich gegen die Übertragung dieser Aufgabe generell nicht wehren, weil sie zum vermittelten Unterrichtsstoff gehörte. Einzelne Schwestern und Pfleger können nur darauf hinweisen, daß sie nicht über die erforderliche Erfahrung verfügen, um die angeordnete Maßnahme durchzuführen.

30 In diesem Fall darf der Arzt nicht darauf vertrauen, daß die erworbenen und durch Prüfung nachgewiesenen Fähigkeiten auch vorhanden sind. Fehlen die entsprechenden Fähigkeiten dauernd, so dürfte eine Rückgruppierung zulässig sein, sofern die entsprechenden Fähigkeiten zuvor Grundlage für die entsprechende tarifliche Eingruppierung gewesen sein sollten.

31 Die soeben für die Aufgabendelegation auf nachgeordnetes, nichtärztliches Personal gemachten Aussagen treffen in ihrem Kern auch auf die Delegation ärztlicher Aufgaben auf nachgeordnetes ärztliches Personal zu. Auch hier muß sich der delegierende Arzt zuvor von den Kenntnissen und Fähigkeiten desjenigen Arztes, auf den er die Aufgabe überträgt, überzeugt haben. Auch hier muß er in geeigneter Weise in entsprechenden Zeitabständen stichprobenhaft nachkontrollieren, ob die Kenntnisse und Fähigkeiten, die erforderlich sind, auch noch vorhanden sind. *(Li)*

Rechtsgrundlagen
Verordnung über die Sicherheit medizinisch-technischer Geräte (MedGV) vom 14.01.1985 (BGBl. I S. 93)

Literatur
Zum Vertrauensgrundsatz: Stratenwerth (1961) Festschrift für Eb. Schmidt, 1961, S. 383
Weißauer (1962) Arbeitsteilung und Abgrenzung zwischen Anästhesist und Operateur, Der Anästhesist, S. 385
Carstensen-Schreiber (1981) Arbeitsteilung und Verantwortung, in: Jung / Schreiber (Hrsg.) Arzt und Patient zwischen Therapie und Recht, S. 167
Lippert (1981) Sorgfaltspflicht, Organisation und die Beherrschung von Notfällen im Krankenhaus, in: Vollmar-Müller-Kalff (Hrsg.) Notfälle im Krankenhaus, S. 102
BGH MedR, 1983, S. 77
Zur Qualifikation: BGH MedR 1984, S. 63
Zur Aufklärungspflicht: KG VersR 1979, S. 260
Zur Gerätesicherheit: OLG Hamm, VersR 1980, S. 585

32   Arbeitszeit

Im Arbeitsrecht unterscheidet die Rechtsprechung nach Intensitätsgraden der Beanspruchung abnehmend folgende Stufen der Arbeitsleistung: volle Arbeitsleistung, Arbeitsbereitschaft → Bereitschaftsdienst → Rufbereitschaft, volle Arbeitsruhe.

33   *1. Leitende Ärzte an Einrichtungen der Universitätsklinika*

Für Leitende Ärzte an Einrichtungen der Universitätsklinika im engeren Sinne gelten keine arbeitszeitrechtlichen Vorschriften, wohl dagegen für Professoren als Leitende Ärzte im weiteren Sinne, sofern wie in Baden-Württemberg der Aufgabenbereich in der Krankenversorgung eine regelmäßige und planmäßige Arbeitszeit erfordert und die Arbeitszeitvorschriften für diesen Personenkreis für anwendbar erklärt werden. Wird diese regelmäßige Arbeitszeit überschritten, so muß Mehrarbeitsvergütung bezahlt werden. Professoren als Leitende Ärzte sind als Beamte zur Mehrarbeit verpflichtet, solange dies zumutbar und mit der ordnungsgemäßen Krankenversorgung vereinbar ist. Nur ausnahmsweise und wenn ein anderer Ausgleich in Freizeit ebenfalls unmöglich sein sollte, kommt eine finanzielle Entschädigung in Betracht.

34   Bei beamteten Leitenden Ärzten im engeren Sinne macht es dabei keinen Unterschied, ob die Mehrarbeit als → Rufbereitschaft oder als → Bereitschaftsdienst geleistet wird.

35   *2. Leitende Ärzte an Krankenhäusern*

Auch für angestellte Leitende Ärzte an Krankenhäusern gelten keine arbeitszeitrechtlichen Vorschriften, sofern im Anstellungsvertrag nichts Abweichendes vereinbart wird, sodaß der Leitende Arzt vergütungsrechtlich an feste Dienstzeiten nicht gebunden ist. Immer wieder und zunehmend häufiger stellt sich jedoch die Frage, ob und wenn ja in welchem Umfang es dem Leitenden Arzt zuzumuten ist, am → Bereitschafts- oder → Rufbereitschaftsdienst seiner Abteilung teilzunehmen.

36   Grundsätzlich ist zu sagen, daß die planmäßige Teilnahme am Bereitschaftsdienst im Krankenhaus nicht zu dem Berufsbild eines Leitenden Arztes, sondern zu den ärztlichen Grundleistungen gehört, die nicht von den Leitenden Ärzten zu erbringen ist, sondern gewöhnlich nur mittels der persönlichen und sächlichen Einrichtungen eines Krankenhauses gewährt werden.

37   Eine generelle Pflicht für Leitende Krankenhausärzte zur Leistung von Bereitschaftsdienst besteht auch nicht im Geltungsbereich des BAT, der auf Leitende Ärzte (bisher jedenfalls) normalerweise keine Anwendung findet. Ausnahmen können sich aufgrund besonderer Regelungen im Anstellungsvertrag oder aufgrund abweichender tatsächlicher Übung ergeben. Soweit ein solcher Ausnahmefall nicht vorliegt, übernimmt der Leitende Arzt mit der Leistung von Bereitschaftsdienst eine zusätzliche Tätigkeit außerhalb seines eigentlichen Aufgabenkreises, für die ihm eine gesonderte Vergütung zusteht–allerdings mit der Einschränkung, daß nicht für jeden geleisteten Bereitschaftsdienst eine Vergütung gefordert werden kann. Die Inanspruchnahme des Leitenden Arztes muß einen Umfang annehmen, der nach Treu und Glauben über dasjenige hinausgeht, was zumutbarerweise noch ohne Entgelt geleistet zu werden pflegt.

38   Insbesondere gilt dies dann, wenn der Krankenhausträger die Abteilung nicht mit dem erforderlichen nachgeordneten ärztlichen Personal ausgestattet hat, sodaß die vertraglichen Leistungen nur durch Einsatz der Leitenden Ärzte im Bereitschaftsdienst zu erbringen sind.

39   Wo die Verpflichtung über die zusätzliche Beanspruchung des Chefarztes durch Dienstbereitschaft ein Ausmaß erreicht, das wegen Verstoßes gegen die Menschenwürde oder völliger Unausgewogenheit der gegenseitigen Leistungen sittenwidrig und damit nichtig ist, ergibt sich ein Vergütungsanspruch aus einem dann bestehenden, quasivertraglichen Verhältnis. Eine Vergütung ist auch dann zu bejahen, wenn der Chefarztvertrag eine Bestimmung erhält, wonach Festvergütung und Liquidationsrecht jede Art von Mehrarbeit einschließlich Bereitschaftsdienst und Rufbereitschaft abgelten soll. Die Aufteilung des anfallenden Bereitschafts- bzw. Rufbereitschaftsdienstes unter zwei Leitende Ärzte dürfte für sich gesehen nicht sittenwidrig sein. Sie ist in Häusern der Grund- und Regelversorgung der Normalfall. Die Rechtsprechung zur Vergütungsfrage ist jedoch nicht eindeutig.

40   Soweit der Leitende Arzt nach dem Vorstehenden eine Vergütung beanspruchen kann, bemißt sie sich in ihrer Höhe nach der Vergütung desjenigen Arztes, an dessen Stelle der Leitende Arzt den Dienst geleistet hat. Die persönliche Bemessungsgrundlage richtet sich allerdings nach den konkreten Verhältnissen des Leitenden Arztes.

41   *3. Nachgeordnete angestellte Ärzte*

Die Arbeitszeit der nachgeordneten angestellten Ärzte ist nicht durch öffentlichrechtliche Arbeitszeitvorschriften begrenzt. Die Arbeitszeitordnung und die Verordnung über die Arbeitszeit in Krankenanstalten vom 13.02.1924 finden nach der Rechtsprechung des Bundesarbeitsgerichtes auf Krankenhausärzte keine Anwendung. Tarifvertraglich gilt für nachgeordnete angestellte Ärzte öffentlicher Krankenhäuser, daß sie auf Anordnung Überstunden, Bereitschaftsdienst und/oder Rufbereitschaftsdienst zu leisten haben.

Nach Nr. 8 SR 2 c BAT wird Bereitschaftsdienst innerhalb von vier Stufen (A–D) mit einer Arbeitsbelastung von 0–49% zwischen 15 und 55% als Arbeitszeit bewertet.

42   Entsprechend der Zahl der monatlich geleisteten Bereitschaftsdienste wird die Zeit eines jeden Bereitschaftsdienstes zusätzlich als Arbeit gewertet.

1.–8. Bereitschaftsdienst 25%, 9.–12. Bereitschaftsdienst 35% sowie 13. und jeder weitere Bereitschaftsdienst mit 45% Arbeitszeit. Für diese Arbeitszeit wird eine Überstundenvergütung gewährt, oder die Arbeitszeit wird durch Arbeitsbefreiung (Freizeitausgleich) abgegolten. Die Zahl der Bereitschaftsdienste in den einzelnen Stufen ist tarifvertraglich auf 7 (Stufe A und B) und 6 (Stufe D und D) begrenzt und darf nur überschritten werden, wenn die Versorgung der Patienten sonst nicht sichergestellt ist. Leistet der nachgeordnete Arzt nur Rufbereitschaftsdienste, so sollen – sofern nicht die Versorgung der Patienten gefährdet ist – im Kalendermonat nicht mehr als 12 Rufbereitschaftsdienste angeordnet werden. Sie werden mit 12,5% als Arbeitszeit gewertet und in Überstundenvergütung abgegolten. Für etwaige Wegezeiten wird die Überstundenvergütung ebenfalls gezahlt. In der Folge der Rechtsprechung des Bundesarbeitsgerichtes zum Bereitschaftsdienst und Rufbereitschaftsdienst haben die Tarifpartner eine Reihe von Vereinbarungen getroffen, die sicherstellen sollen, daß Ärzte im Anschluß an Bereitschaftsdienste ausreichende Zeiten zur Erholung eingeräumt bekommen, insbesondere auch im Anschluß an Wochenenden. *(Li)*

Rechtsgrundlagen
Baden-Württemberg: Verordnung vom 21.10.1980 (GBl. S. 577)
Beamtengesetze des Bundes und der Länder; Nr. 8 SR 2 c BAT

Literatur
Rieger (1984), Lexikon des Arztrechtes, Rdn. 355 ff., 514 ff.
Rieger (1983), MedR: 222; BAG NJW 1982, 2139, 2140

43   Arzneimittelkommission

In Krankenhäusern mit eigener Krankenhausapotheke, aber auch häufig wenn sie fehlt, wird eine Arzneimittelkommission gebildet, der Leitende Ärzte des Hauses und weitere Mitglieder angehören. Ihre Aufgabe besteht zumeist darin, das Leitungsgremium des Krankenhauses bezüglich der Arzneimittelauswahl und -beschaffung zu beraten, gelegentlich auch den Arzneimittelverbrauch unter Wirtschaftlichkeitsgesichtspunkten näher zu untersuchen und Vorschläge für eine wirtschaftliche, sparsame und bedarfsgerechte Medikation zu unterbreiten. Gelegentlich hat sie auch die Aufgabe, Nebenwirkungen bei der Medikation festzuhalten. Die Mitwirkung in einer derartigen Kommission gehört zu den → Nebenpflichten der Leitenden Krankenhausärzte. *(Li)*

Rechtsgrundlagen
§ 27 Abs. 1 VO über den Betrieb von Apotheken i. d. F. v. 20.12.1988 (BGBl. I S. 2477)
Krankenhausgesetze von Nordrhein-Westfalen, Rheinland-Pfalz und dem Saarland

44   Arzt

Eine Person, die ein wissenschaftliches Studium der Medizin absolviert hat und der die ärztliche Approbation erteilt wurde, ist berechtigt, die Heilkunde unter der Bezeichnung „Ärztin"/„Arzt" auszuüben. Wesentliche Voraussetzung für die Erteilung der Approbation ist neben dem Erwerb entsprechender beruflicher Qualifikation nach den Vorschriften der Approbationsordnung für Ärzte die deutsche Staatsangehörigkeit, die eines Staates der Europäischen Gemeinschaft oder die Eigenschaft eines heimatlosen Ausländers (§ 3 Abs. 1 Zif. 1 BÄO). Weitere Voraussetzung ist derzeit die Ableistung der Praxisphase als → Arzt im Praktikum.

45   Ärzte, die diese Voraussetzungen nicht erfüllen, haben keinen Rechtsanspruch auf Erteilung der Approbation und können den ärztlichen Beruf nur ausüben, wenn ihnen eine → Berufserlaubnis nach § 10 BÄO erteilt wird oder wenn sie ausnahmsweise unter den besonderen Voraussetzungen des § 3 Abs. 3 BÄO im besonderen Einzelfall oder aus Gründen des öffentlichen Gesundheitsinteresses einen Anspruch auf Erteilung der Approbation haben sollten. *(Li)*

Rechtsgrundlage
Bundesärzteordnung i. d. F. v. 20.12.1988 (BGBl. I S. 2477)
Approbationsordnung für Ärzte i. d. F. vom 20.12.1988 (BGBl. I S. 2477)

46   Arzt im Praktikum

Eine Reaktion auf die zunehmende Zahl auf den Markt drängender
junger Ärzte, aber auch auf erkannte Mängel der → ärztlichen Ausbil-
dung ist die Einführung des Arztes im Praktikum. Ehe der Student der
Medizin nach Abschluß des praktischen Jahres seine ärztliche Tätigkeit
aufnehmen kann, muß er eine 18monatige Praxisphase absolvieren.
Diese kann in einem Krankenhaus, in der Praxis eines niedergelassenen
Arztes, in einem Sanitätszentrum oder einer ähnlichen Einrichtung der
Bundeswehr, in einer Justizvollzugsanstalt mit einem hauptamtlichen
Anstaltsarzt im Inland abgeleistet werden.

   Die Ableistung im Ausland ist möglich. Anrechenbar auf die Praxisphase sind Tätigkeiten im öffentlichen Gesundheitsdienst, im versor-
gungs-, vertrauens-, werks- oder betriebsärztlichen Dienst sowie in einer truppenärztlichen Einrichtung der Bundeswehr. Der Arzt im Praktikum wird als Arzt unter Aufsicht im Rahmen einer Erlaubnis nach
§ 10 Abs. 4 BÄO tätig.

47   Während der Praxisphase, die möglichst eine 9monatige Tätigkeit
im nicht-operativen und mindestens eine 6monatige Tätigkeit im operativen Bereich umfassen soll, hat der Arzt im Praktikum zur Vertiefung
seines Wissens an mindestens 6 Ausbildungsveranstaltungen teilzunehmen.

48   Die Tätigkeit des Arztes im Praktikum kann nach den Vorschriften
der Weiterbildungsordnung auf die → Weiterbildung angerechnet werden. Auf die Vorbereitungszeit für die kassenärztliche Tätigkeit kann
die Praxiszeit unter bestimmten Voraussetzungen angerechnet werden.
Nach Abschluß der Praxisphase erhält der Arzt im Praktikum auf Antrag die Approbation.

49   Der Arzt im Praktikum erhält während der Praxisphase eine tarifvertraglich festgelegte Vergütung. Er ist sozialversicherungspflichtig
und ist Mitglied der Ärztekammer, in deren Bereich er tätig wird.

50   Der Arzt im Praktikum haftet einem geschädigten Patienten entweder aus → unerlaubter Handlung, beim bewußtlosen Patienten aus →
Geschäftsführung ohne Auftrag. Allerdings hat er gegen den Krankenhausträger als Arbeitgeber einen Anspruch auf teilweise oder völlige →
Freistellung je nach Grad des Verschuldens. Eine Haftung aus dem →

Behandlungsvertrag entfällt. Der Arzt im Praktikum ist nicht Vertragspartner des Krankenhauspatienten. *(Li)*

Rechtsgrundlagen
§§ 34 a ff. Approbationsordnung für Ärzte i. d. F. vom 20.12.1988 (BGBl. I S.
2477)

51   Assistenzarzt

Es ist dies ein angestellter Krankenhausarzt, der unter Verantwortung
und Anleitung eines Leitenden Arztes tätig wird. Er verfügt normalerweise noch nicht über eine → Gebietsbezeichnung. Seine Tätigkeit dient
vielfach deren Erwerb durch → Weiterbildung.

52   Die → Dienstverträge in öffentlichen Krankenhäusern richten sich
nach dem Bundesangestelltentarifvertrag sowie den Sonderregelungen
hierzu. Wegen der lückenhaften tarifvertraglichen Regelung ist häufig
unklar, welche Tätigkeiten Dienstaufgabe und welche etwa Nebentätigkeit sind. Gerichtlich geklärt ist die Zugehörigkeit zu den Dienstaufgaben etwa für → Gutachten, → Blutentnahmen und → Todesbescheinigungen. Die Teilnahme am → Rettungsdienst ist Dienstaufgabe, sofern
das Krankenhaus hieran teilnimmt.

53   Die Tätigkeit im Liquidationsbereich der → Leitenden Ärzte kann
→ Nebentätigkeit (angeordnete Nebentätigkeit) oder Dienstaufgabe
sein, je nach Gestaltung des Dienstvertrages. Der Leitende Arzt hat die
Mitarbeiter am Liquidationserlös zu beteiligen (→ Mitarbeiterbeteiligung).

54   Für die Eingruppierung stehen nach dem Bundesangestelltentarifvertrag die Vergütungsgruppen II a/I b zur Verfügung. Die Eingruppierung nach Vergütungsgruppe I b setzt eine 5jährige Bewährung voraus. Das Arbeitsverhältnis mit dem Assistenzarzt wird regelmäßig im
Hinblick auf die Dauer der Weiterbildung befristet. Die Vergütung von
→ Überstunden kann nur gefordert werden, wenn sie ausdrücklich angeordnet sind. *(Li)*

Rechtsgrundlagen
Bundesangestelltentarifvertrag

Literatur
Braun-Ossoinig (1985) Zum Tarifrecht des Arztes, 2. Auflage
Lippert (1978) Zur Anrechnung ärztlicher Tätigkeiten im Ausland auf die Frist
des Bewährungsaufstieges nach dem BAT, DMW: S. 926

Lippert (1978) Streit um die Gewährung einer anteiligen Zuwendung im öffentlichen Dienst, DMW: 809, S. 1502
Lippert (1980) Regelung des Rettungsdienstes im BAT, DMW: S. 432
Lippert (1986) Die Abrechnung der Leichenschau im Notarztdienst, Notfallmedizin: S. 156

55 Aufklärung

1. Grundlagen

Zur wirksamen → Einwilligung in den Heileingriff gehört das „Ja" des informierten Patienten. Die Aufklärung soll dem Patienten das notwendige Wissen vermitteln, um ihm Entscheidungen über eine anstehende Behandlung zu ermöglichen. Nur ein informierter, d. h. regelmäßig ein aufgeklärter Patient, kann rechtswirksam einwilligen. Aufzuklären sind–soweit vorhanden–auch Personensorgeberechtigte (in aller Regel die Eltern) und Pfleger. Aufzuklären hat regelmäßig der behandelnde Arzt. Die Selbstbestimmungsaufklärung umfaßt die Aufklärung über die Krankheit (Diagnose), den Ablauf der vorgeschlagenen Maßnahmen (Verlauf) und deren Risiken. Von dieser Selbstbestimmungsaufklärung ist die therapeutische Aufklärung (Beratungspflicht) zu unterscheiden.

56 2. Diagnoseaufklärung

Der Patient ist darüber aufzuklären, daß er an einer behandlungsbedürftigen Krankheit leidet. Der Arzt darf, falls ihm das erforderlich erscheint, die Diagnose umschreiben.

57 3. Verlaufsaufklärung

Der Patient soll im großen und ganzen erfahren, was mit ihm geschehen wird. Die Information über den Ablauf von Diagnostik und Therapie braucht also nicht alle Einzelheiten zu umfassen. Auch Informationen über den Grad der angestrebten Heilung gehören zur Verlaufsaufklärung. So ist z. B. darüber aufzuklären, daß nur ein Krankheitsbild beseitigt werden kann, ein anderes aber nicht. Der Patient soll auch erfahren, wie groß die Heilungschance ist.

Die Pflicht zur Aufklärung reicht besonders weit, wenn ernsthafte therapeutische Alternativen bestehen, die dem Patienten eine echte Wahlmöglichkeit eröffnen, d. h. wenn es mehrere medizinisch gleichermaßen indizierte und übliche Behandlungsmethoden gibt, die unterschiedliche Risiken und Erfolgschancen aufweisen. Das ist insbesondere der Fall, wenn eine konservative Behandlung als Alternative zu einer sofortigen Operation zur Wahl steht. In dieser Situation muß der Patient über alle Umstände informiert sein, die seine Entscheidung für die eine oder andere Behandlung beeinflussen können.

58   *4. Risikoaufklärung*

Die größten Schwierigkeiten wirft die Aufklärung über die möglichen Risiken einer Behandlung auf, d. h. mögliche, dauernde oder vorübergehende Nebenfolgen, die sich auch bei Anwendung der allergrößten ärztlichen Sorgfalt und bei fehlerfreier Durchführung nicht mit Gewißheit ausschließen lassen. Das bedeutet, daß über (eventuell) zu begehende → Behandlungsfehler nicht aufzuklären ist.

59   Aufzuklären sind nur bekannte oder aus den Umständen erkennbare Risiken. Dabei spielt die durchschnittliche Komplikationshäufigkeit kaum eine Rolle. Bei einer hohen Komplikationshäufigkeit muß eher aufgeklärt werden als bei einer niedrigen. Eine sehr niedrige Komplikationsdichte (1 : 20000) allein genügt nicht, um eine Aufklärungspflicht zu verneinen. Vielmehr kommt es darauf an, ob ein verständiger Patient auf die Aufklärung Wert legt oder nicht. Das wiederum bestimmt sich nach den wesentlichen Umständen des Einzelfalles wie Dringlichkeit des Eingriffes und Schwere der Folgen.

60   Als Faustregel gilt: Je dringlicher der Eingriff, desto geringeren Anforderungen unterliegt die Aufklärung. Ein bewußtloses Unfallopfer, das der Arzt nur durch einen sofortigen Eingriff am Leben zu erhalten vermag, kann und braucht nicht aufgeklärt zu werden.

61   Anderes gilt etwa für die Aufklärung vor Diagnoseeingriffen. Zwar können auch diese sehr dringlich sein; ist das aber nicht der Fall, so gelten sehr hohe Anforderungen an die Aufklärungen. Vor einer Karotisangiographie etwa genügt der Hinweis auf „vorübergehend auftretende Lähmungserscheinungen" nicht. Vielmehr muß der Patient erfahren, daß dauerhafte Lähmungen die Folge des Eingriffes sein können. Vor einer Myelographie ist auch über eine mögliche Verstärkung von Lähmungserscheinungen aufzuklären. Kommt es nach dem Eingriff zu einer Lähmung, so obliegt dem Arzt, der den Patienten als Notfall behandelt, keine Hinweispflicht mehr auf eine mögliche Lähmung.

62   Als weitere Faustregel gilt: Je gefährlicher (risikobehafteter) der
Eingriff, desto höhere Anforderungen werden an die Aufklärung gestellt. Die Gefährlichkeit bemißt sich nach der möglichen Folge (Quer-
schnittslähmung, Tetraplegie, Tod), auch nach der Wahrscheinlichkeit
ihres Eintritts.

63   Über „typische" Gefahren ist selbst dann aufzuklären, wenn sie nur
selten auftreten. Eine Gefahr ist also nicht typisch in diesem Sinne,
wenn sie häufig vorkommt. Vielmehr kommt es darauf an, daß ein Risiko gerade bei einem bestimmten Eingriff eintritt, bei einem anderen
nicht, und es für den Patienten (als Laien) überraschend sein muß. Das
gilt z. B. für die Darmperforation bei der Darmspiegelung. Ein Risiko
ist auch dann als typisch anzusehen, wenn die möglichen Ausfälle bei
den besonderen Lebensverhältnissen des Patienten „erkennbar besonders schwerwiegend" wären. „Typisch" ist beispielsweise das Risiko,
durch die Knie-Ellenbogen-Lagerung eine Verkrampfung der Hand zu
erleiden. Über dieses Risiko ist daher aufzuklären.

Eine letzte Faustregel lautet, daß über beherrschbare und zu keiner
Dauerbelastung führende Risiken nicht aufzuklären ist.

64   *5. Aufklärung bei horizontaler Arbeitsteilung*

Bezüglich der Verteilung der Aufklärungspflichten zwischen Operateur
und Anästhesisten gilt, daß jeder Arzt über seinen Anteil an dem Eingriff und über die dabei möglicherweise auftretenden Risiken aufklärt.
Der Charakter der Narkose als Hilfsmaßnahme zeigt sich auch bei der
Aufklärung. So kann der Anästhesist mit seiner Aufklärung zeitlich
viel dichter an den Eingriff heranrücken als der Operateur, der seinem
Patienten Zeit zur Überlegung lassen soll. Hat er sich für den Eingriff
entschieden, wird er generell die Narkose auch akzeptieren.

65   Problematischer ist das zeitlich gestaffelte Tätigwerden verschiedener Gebietsärzte, etwa das von Neurologen und Neurochirurgen.
Kommt es bei einer Myelographie zu einem Zwischenfall, der von den
Neurochirurgen als Notfall operiert wird, so ist die Aufklärungspflicht
der die Myelographie durchführenden Neurologen sehr groß, die der
Neurochirurgen wegen der großen Dringlichkeit des Eingriffs sehr ge-
ring.

66   *6. Aufklärung über unterlaufene Fehler*

Über unterlaufene Fehler muß der Arzt den Patienten nur aufklären,
wenn es um eine weitere notwendige Behandlung aufgrund des Fehlers

geht. Unter Umständen kann aber auch eine Mitteilung erforderlich sein, daß eine Diagnose falsch war und eine sich anschließende Therapie überflüssig. Das gilt etwa, wenn noch eine lang andauernde Nachbehandlung mit starken seelischen Belastungen in Frage kommt, etwa nach Krebsbehandlung. Stellt sich nach einer Krebsoperation die Diagnose als falsch heraus und damit der Eingriff als nicht indiziert, ist das unverzüglich dem Patienten mitzuteilen, damit dieser die Teilnahme an der Nachbehandlung absetzen und ohne Krebsangst leben kann. Ansonsten besteht keine Selbstbezichtigungspflicht, aber auch nicht die Pflicht des Arztes, auf Fehler von Kollegen hinzuweisen. Eine Offenbarungspflicht des Ärztlichen Direktors oder anderer vorgesetzter Ärzte ist ebenfalls nicht gegeben. Erweist sich die Mitteilung als medizinisch notwendig, so muß der Ausdruck „Fehler" nicht fallen. Der Patient muß nur wissen, daß und wie der Eingriff mißlungen ist. Angehörigen gegenüber besteht diese Pflicht nicht.

67 7. Übermaßaufklärung

Die teils recht strengen Anforderungen der Gerichte an die Aufklärung bereiten dem Arzt nicht zuletzt deswegen Schwierigkeiten, weil er sich verpflichtet sieht, einer großen Zahl von Patienten Risiken mitzuteilen, die weithin nicht auftreten werden, aber den Patienten psychisch erheblich belasten können. Diese Belastung ist nach Ansicht des BGH hinzunehmen, wenn durch die Aufklärung nicht „das Leben oder die Gesundheit des Patienten ernstlich gefährdet würden". Entscheidungen zu dem Fall, daß im Übermaß aufgeklärt wurde, sind höchst selten. Das OLG Köln verurteilte einen Arzt zur Zahlung von Schmerzensgeld, der einem Patienten einen ungesicherten und – wie sich nachträglich herausgestellt hat – falschen Befund mitgeteilt hat, obwohl der Patient übererregbar und in psychischer Hinsicht asthenisch war.

68 8. Form der Aufklärung, Beweisfragen

Die Aufklärung muß einzelfallbezogen sein, d. h. auf Besonderheiten von Patienten und Arzt abgestimmt. Sie widerstrebt daher der formularmäßigen Durchführung. Allein entscheidend ist „das vertrauensvolle Gespräch zwischen Arzt und Patienten; es sollte möglichst von jedem bürokratischen Formalismus, zu dem auch das Beharren auf einer Unterschrift des Patienten gehören kann, frei bleiben". Der Patient muß also *n i c h t* unterschreiben, kann es allerdings. Merkblätter können das Aufklärungsgespräch vorbereiten oder ergänzen, es aber keinesfalls ersetzen. Der Arzt soll seine Ausführungen allgemein verständlich halten; die Fachsprache ist ganz zu vermeiden. Bei längerer Behandlung sind regelmäßig mehrere Gespräche nötig.

69   Da der Arzt im Prozeß das Führen eines Aufklärungsgespräches und dessen Inhalt beweisen muß, stellt sich für ihn die Frage, wie das geschehen kann. Auch hier ist der Einsatz von Vordrucken denkbar, aber auch bedenklich. Ohne individuelle Zusätze werden sie nur in den seltensten Fällen genügen. Hingegen sind „schriftliche Aufzeichnungen im Krankenblatt über die Durchführung des Aufklärungsgesprächs und seinen wesentlichen Inhalt ... nützlich und dringend zu empfehlen".

70   *9. Beratungspflicht (therapeutische Aufklärung)*

Bei den seit neuestem in der Rechtsprechung sog. Beratungspflichten handelt es sich um die Erweiterung der bisher schon bekannten therapeutischen Aufklärungspflicht. Die Beratung soll den Patienten zu therapiegerechtem Verhalten anleiten und ihm Informationen über sonstiges Verhalten verschaffen. Die Beratungspflicht ist Teil der Behandlung, ihre Verletzung also ein → Behandlungsfehler mit allen juristischen Konsequenzen (Beweislast). Aber für den Arzt ergeben sich auch Unterschiede in der Praxis. Die Beratung muß nicht zeitlich vor dem Eingriff stattfinden; sie wird häufig erst nachher einsetzen können. Auch unterliegt sie im Umfang keinerlei Einschränkung. Der Patient muß alles Nötige erfahren. Der Arzt hat ihn zu instruieren und anzuleiten, um ihn zu dem für seine Gesundheit förderlichen Verhalten – auch nach Abschluß einer Behandlung – zu veranlassen. Er hat demzufolge dem Patienten dessen Krankheit und Anfälligkeit zu erläutern, um ihn etwa zu schonender Lebensweise, zu Diät oder Enthaltsamkeit zu bestimmen. Der Arzt hat ggf. mit dem Patienten dessen berufliche Zukunft – einen eventuellen Berufswechsel – oder Rehabilitationsmöglichkeiten (wie, wann, wo) zu besprechen; auch der nachdrückliche Hinweis, in Zukunft das Autofahren, Fliegen oder Ausüben bestimmter Sportarten zu unterlassen, kann unter diesem Gesichtspunkt ärztliche Pflicht sein. *(Ke)*

Literatur
Kern/Laufs (1983) Die ärztliche Aufklärungspflicht
Rieger (1984) Lexikon des Arztrechts, Rdn. 253 ff.

71   Beamtenverhältnis

→ Leitende wie → nachgeordnete Ärzte können sowohl in einem privatrechtlichen Dienstverhältnis aufgrund eines → Dienstvertrages, aber auch im Beamtenverhältnis beschäftigt werden.

72   Das Beamtenverhältnis wird nach den bundes- bzw. landesrechtlichen Beamtengesetzen durch Ernennung und Aushändigung der Ernennungsurkunde begründet. Es kann ein Beamtenverhältnis auf Probe, eines auf Zeit, auf Widerruf oder auf Lebenszeit sein.

73   Vor allem in Hochschulklinika finden sich nahezu alle Formen des Beamtenverhältnisses. So gibt es Professoren auf Lebenszeit und auf Zeit, Akademische Räte auf Zeit und auf Lebenszeit. Hochschuldozenten, wissenschaftliche Assistenten und Oberassistenten werden in das Beamtenverhältnis auf Zeit mit unterschiedlicher Dauer berufen.

74   Das Beamtenverhältnis endet außer mit dem Tod des Beamten mit Entlassung, Verlust der Beamtenrechte, Entfernung aus dem Dienst nach den disziplinarrechtlichen Vorschriften. Das Beamtenverhältnis endet ferner durch den Eintritt in den Ruhestand unter Berücksichtigung der den beamtenrechtlichen Status des Ruhestandsbeamten regelnden Vorschriften.

75   Von den bereits genannten, in den Beamtengesetzen des Bundes und der Länder geregelten Beendigungsgründen für das Beamtenverhältnis spielt die Entlassung auf Antrag in der Praxis die bedeutsamste Rolle, sofern der beamtete Arzt nicht etwa wegen Wechsels des Dienstherrn kraft Gesetzes oder der anderen Voraussetzungen hierfür kraft Gesetzes oder ohne Antrag zu entlassen ist.

76   Der beamtete Arzt kann den Entlassungsantrag jederzeit stellen. Das Verlangen muß dem Dienstherrn schriftlich erklärt werden. Die Erklärung kann, solange die Entlassungsverfügung dem Beamten noch nicht zugegangen ist, innerhalb von zwei Wochen nach Zugang bei dem Dienstvorgesetzten (mit Zustimmung der Entlassungsbehörde auch nach Ablauf dieser Frist) zurückgenommen werden. Die Entlassung ist auf den beantragten Zeitpunkt hin auszusprechen. Sie kann jedoch so lange hinausgeschoben werden, bis der Beamte seine Amtsgeschäfte ordnungsgemäß erledigt hat (längstens 3 Monate).

77   Der Beamte auf Probe kann ferner u. a. entlassen werden, wenn er sich in der Probezeit wegen mangelnder Eignung, Befähigung oder fachlicher Leistung nicht bewährt. Nach der Entlassung hat der frühere Beamte keinen Anspruch auf Leistungen des Dienstherrn, sofern gesetzlich nichts anderes bestimmt ist.

78   Nach Erlaß des Hochschulrahmengesetzes und der an dieses Gesetz angepaßten Hochschul- bzw. Universitätsgesetze der Länder sind

Hochschulassistenten zu Beamten auf Zeit zu ernennen. Aber auch in der Gruppe der Professoren ist bei Professoren nach Besoldungsgruppe C 3 die Ernennung zu Beamten auf Zeit möglich.

79   Für Beamte auf Zeit gelten die Vorschriften über Beamte auf Lebenszeit entsprechend, soweit gesetzliche Vorschriften nichts anderes vorsehen. Tritt der Beamte auf Zeit nach Ablauf der Amtszeit nicht in den Ruhestand, was bei Hochschulassistenten und Professoren der Besoldungsgruppe C 3 selten der Fall sein dürfte, so ist er zu diesem Zeitpunkt zu entlassen.

80   Vor allem im Bereich der Hochschulen und hier in den medizinisch-theoretischen Instituten spielte vor Erlaß des Hochschulrahmengesetzes und der landesrechtlich hieran angepaßten Hochschul- bzw. Universitätsgesetze das Beamtenverhältnis auf Widerruf eine Rolle, weil wissenschaftliche Assistenten zu Beamten auf Widerruf ernannt wurden. Heute kann es sich dabei nur noch um wissenschaftliche Assistenten handeln, die nicht in die neue Personalstruktur nach dem Hochschulrahmengesetz übergeleitet wurden. Das Beamtenverhältnis des Beamten auf Widerruf kann jederzeit durch Widerruf beendet werden. *(Li)*

Rechtsgrundlagen
§§ 21 ff. BRRG; §§ 28 ff. BBG; §§ 46 ff. HRG; Beamtengesetze der Länder; Hochschul- bzw. Universitätsgesetze der Länder

81   Behandlungsfehler

1. Kunstfehler? Behandlungsfehler?

Der schillernde Begriff des ärztlichen Kunstfehlers ist den Gesetzen fremd und wird in der Literatur mehrdeutig verwendet. Auch ist der Kunstfehlerbegriff ggf. enger auszulegen als der des Arzt- oder Behandlungsfehlers, der daher zunehmend den Kunstfehlerbegriff verdrängt.

82   Pflicht des Arztes ist es, den Patienten nach den Regeln der Medizin gewissenhaft zu behandeln und zu versorgen. Geschieht das nicht oder nur unzureichend, so liegt ein Behandlungsfehler vor. Der Fehler kann sowohl in einem Tun wie in einem Unterlassen, in der Vornahme eines nichtindizierten wie in der Nichtvornahme eines gebotenen Eingriffs, in Fehlmaßnahmen und unrichtigen Dispositionen des Arztes vor, bei oder nach einer Behandlungsmaßnahme (Operation, Medikation etc.) liegen.

83   Dabei kann nicht von dem Mißerfolg einer Behandlung auf einen Fehler geschlossen werden; vielmehr kommen auch schicksalhafte Verläufe vor, die zu suboptimalen Ergebnissen führen, ohne daß den Arzt ein Vorwurf trifft. Daher gelten im Arzthaftpflichtprozeß insoweit keine Beweiserleichterungen. Vielmehr hat der Patient zu beweisen, daß ein Behandlungsfehler vorliegt. Ein Behandlungsfehler liegt vor, wenn der Arzt etwas objektiv Falsches getan oder unterlassen hat und ihm das subjektiv vorwerfbar ist, was in der Regel der Fall ist.

84   Die Frage nach dem Vorliegen eines Behandlungsfehlers beantwortet sich ausschließlich danach, ob der Arzt unter Einsatz der von ihm zu fordernden medizinischen Kenntnisse und Erfahrungen im konkreten Fall vertretbare Entscheidungen über die diagnostischen sowie therapeutischen Maßnahmen getroffen und diese Maßnahmen sorgfältig durchgeführt hat.

Mit der Formulierung „vertretbare Entscheidungen" macht der BGH deutlich, daß auf dem Feld der Haftung für Behandlungsfehler kein Raum für die juristischen Entscheidung von medizinischen Schulstreiten ist. Es ist nicht Aufgabe der Gerichte, medizinische Auseinandersetzungen, die in der Wissenschaft noch nicht ausgetragen sind, zu entscheiden und dadurch zu helfen, die derzeitige Schulmedizin in engem Rahmen zu konservieren oder auch neue Methoden gegen den Widerstand der Schulmedizin durchzusetzen.

85   Verpflichten die Gerichte den Arzt nicht eng zur Befolgung der Schulmedizin, heißt dies nicht, daß der Arzt sich beliebig über die Regeln der medizinischen Wissenschaft hinwegsetzen darf. Er muß vielmehr von dem anerkannten Fachwissen und den Standards seiner Disziplin ausgehen, um der von ihm geschuldeten Sorgfalt zu genügen. Was ärztlicher Standard ist, legen die Ärzte selbst durch ihr Tun fest. Er verändert sich ständig nach oben und folgt den Fortschritten der Wissenschaft. Der Arzt hat sich durch geeignete → Fortbildungsmaßnahmen darüber zu informieren.

86   Juristen können im Prozeß nur überprüfen, ob eine Behandlung den medizinischen Anforderungen genügt, ob sie dem Standard des Faches entspricht oder dahinter zurückbleibt. In einem solchen Prozeß sind die Richter regelmäßig auf den → Sachverständigen angewiesen. Obwohl sie das Geschehen ex post betrachten, kommt es für die Entscheidung allein auf die Sicht ex ante an. Die Frage an den Sachverständigen lautet daher nicht, ob ein bestimmtes Geschehen heute als Behandlungsfehler anzusehen ist, sondern ob es zur Tatzeit ein solcher war. Die Frage, ob das Vorgehen der im Jahr 1958 behandelnden Ärzte als schuldhafter Behandlungsfehler zu qualifizieren ist, kann nur nach dem damaligen Erkenntnisstand der ärztlichen Heilkunst und den da-

mals zur Verfügung stehenden Untersuchungsmethoden beurteilt werden, entschied 1987 ein Gericht. Weiterhin sind die Umstände des Einzelfalles zu berücksichtigen. Die Sorgfaltspflicht kann in einer Universitätsklinik anderes fordern als in einem kleinen Krankenhaus. Im wesentlichen sind folgende Gesichtspunkte beachtlich:

87   - Der Arzt soll zu dem anstehenden Eingriff befähigt sein. Seine Klinik muß dazu auch apparativ hinreichend ausgestattet sein.
- Der Arzt muß sich nach der Durchführung der notwendigen Diagnosemaßnahmen für die richtige Therapie entscheiden. Zur Methodenwahl steht ihm ein begrenzter Spielraum zur Verfügung.
- Bei der Durchführung der Therapie hat der Arzt alle bekannten, medizinisch vertretbaren Sicherheitsmaßnahmen anzuwenden, die eine erfolgreiche und komplikationsfreie Behandlung gewährleisten.
- Ergeben sich während des Eingriffes nicht vorhersehbare Zwischenfälle, so erhöht sich die Sorgfaltspflicht. Gegebenenfalls soll der Arzt die Fortsetzung einer Operation von weiteren Kontrollmaßnahmen abhängig machen oder sie sogar abbrechen, wenn seine Fähigkeiten nicht ausreichen.

2. Der grobe Behandlungsfehler

Was ein Behandlungsfehler schlechthin ist, bestimmt sich nach medizinischen Vorgaben. Die Gerichte unterscheiden von dem einfachen den groben oder schweren Behandlungsfehler, an dessen Vorliegen bestimmte, für den Arzt ungünstige Beweislastregeln geknüpft werden.

Welche Umstände einen Behandlungsfehler zu einem „groben" machen, entscheidet das Gericht als Rechtsfrage aufgrund einer juristischen Wertung, nicht der Sachverständige. Er hat dem Gericht lediglich die Fakten zu unterbreiten, die es für seine Wertung benötigt.

88   Wann im Einzelfall die Grenze zum groben Behandlungsfehler überschritten ist, bleibt in den Urteilen undeutlich. Ein Behandlungsfehler ist dann „grob", wenn der Arzt gegen elementare (gesicherte und bewährte) Erkenntnisse und Erfahrungen der Medizin verstoßen hat, wenn ihm ein fundamentaler Irrtum unterläuft, wenn es sich um einen eindeutigen Verstoß gegen den medizinischen Standard handelt, wenn das Unterlassen–etwa einer Diagnosemaßnahme–unverständlich erscheint.

89   Bei Beantwortung der Frage, ob überhaupt ein Behandlungsfehler vorliegt und ob es sich dabei um einen „groben" handelt, hat das Gericht darauf zu achten, in welchem Stadium der ärztlichen Behandlung

der Schwerpunkt der Vorwerfbarkeit liegt. So kann etwa ein Verhalten in der Operation fehlerfrei sein, nicht aber die Diagnose, die zu der fraglichen operativen Situation geführt hat. *(Ke)*

Literatur
Laufs (1988) Arztrecht, Rdn. 356 ff.
Rieger (1984) Lexikon des Arztrechts, Rdn. 305 ff.

90 Behandlungsvertrag

Man versteht hierunter den zwischen Arzt und Patienten geschlossenen Vertrag über die ärztliche Untersuchung und Behandlung.

Der Behandlungsvertrag ist ein privatrechtlicher → Dienstvertrag nach den Vorschriften des Bürgerlichen Gesetzbuches, kein Werkvertrag. Der Arzt schuldet dem Patienten–von wenigen Ausnahmen abgesehen–eine bestimmte Leistung, keinen Heilerfolg. Dies gilt auch für Operationen. Durch das bestehende System der gesetzlichen Krankenversicherung ist zumindest im Krankenhaus der unmittelbar zwischen Arzt und Patienten geschlossene Behandlungsvertrag nicht der Regelfall. *(Li)*

Rechtsgrundlage
§§ 611 ff. BGB

Literatur
Zur Reform des ärztlichen Behandlungsvertrages: Deutsch (1983) Arzt- und Arzneimittelrecht, S. 29 ff.
Luig (1974) Der Arztvertrag. In: Gitter-Huhn et al. (Hrsg.) Vertragsschuldverhältnisse

91 Belegarzt

Ihm räumt ein Krankenhausträger vertraglich das Recht ein, Patienten –einschließlich ihm überwiesener–im Krankenhaus stationär unter Inanspruchnahme hierfür bereitgestellter Räume und Einrichtungen zu behandeln. Die stationäre Tätigkeit im Krankenhaus stellt die Fortsetzung der ambulanten Tätigkeit als Kassenarzt dar. Der Belegarzt steht zum Krankenhaus in keinem Arbeitsverhältnis, auch nicht in einem arbeitnehmerähnlichen Verhältnis.

Der Belegarzt gehört daher auch nicht zu den Leitenden Ärzten des Krankenhauses in dem hier verstandenen Sinne. *(Li)*

Literatur
Rieger (1984) Lexikon des Arztrechtes, Rdn. 335 ff.

92   Bereitschaftsdienst

Bereitschaftsdienst ist die Verpflichtung des Arbeitnehmers, sich auf Anordnung des Arbeitgebers außerhalb der regelmäßigen Arbeitszeit an einer vom Arbeitgeber bestimmten Stelle aufzuhalten, um im Bedarfsfalle die Arbeit aufzunehmen, sofern zu erwarten ist, daß Arbeit anfällt, erfahrungsgemäß aber die Zeit ohne Arbeit überwiegt. Die Grenze zur vollen Arbeitsbelastung liegt bei 50%. Die Möglichkeit, Bereitschaftsdienst anzuordnen, besteht für angestellte wie beamtete Ärzte allerdings aufgrund unterschiedlicher Rechtsgrundlagen. *(Li)*

Rechtsgrundlagen
Nr. 8 SR 2 c BAT, § 72 Abs. 3 BBG, Landesbeamtengesetze

Literatur
Braun-Ossoinig (1985) Zum Tarifrecht des Arztes, 2. Auflage
Rieger (1984) Lexikon des Arztrechts, Rdn. 345 ff.

93   Berufserlaubnis

Personen ohne deutsche Approbation, die in der Bundesrepublik den Arztberuf ausüben wollen, bedürfen einer Berufserlaubnis. Sie berechtigt zur Berufsausübung auf Zeit. Auf ihre Erteilung besteht kein Rechtsanspruch. Die Erteilung liegt im pflichtgemäßen Ermessen der zuständigen Behörde. Die Regelungen über die Berufserlaubnis finden auf Angehörige der EG-Staaten keine Anwendung.

94   Die Berufserlaubnis setzt regelmäßig eine Aufenthaltserlaubnis voraus. Die Berufserlaubnis kann auf bestimmte Tätigkeiten und Beschäftigungsstellen beschränkt werden. Hauptanwendungsgebiet ist die Erteilung der Berufserlaubnis zur → Weiterbildung im Krankenhaus. Sie ist dann regelmäßig auf vier Jahre befristet. Eine weitere Erteilung oder Verlängerung ist nur in Ausnahmefällen möglich. *(Li)*

Rechtsgrundlagen
§ 10 Abs. 4, 5 BÄO

Literatur
Hüttenbrink (1984) Die Rechtsprechung zur Erteilung der Approbation(§ 3 Abs. 3 BÄO) und der Berufserlaubnis (§ 10 Abs. 3 BÄO) an ausländische Ärzte, MedR S. 92

95   Berufshaftpflicht

Unter Berufshaftpflicht des Arztes werden alle Haftpflichtfälle → Haftung verstanden, die sich aus seiner Berufsausübung ergeben. Standesrechtlich ist der Arzt verpflichtet, sich hinreichend gegen Haftpflichtansprüche im Rahmen seiner beruflichen Tätigkeit zu versichern (§ 8 MBO). Hinreichender Versicherungsschutz besteht, wenn die von den Haftpflichtversicherern regelmäßig angebotenen Deckungssummen vereinbart werden. Sie betragen im Moment je Schadensfall für Personenschäden 1 Mio DM, für Sachschäden 300000 DM und für Vermögensschäden 25000 DM. Der Arzt sollte sich vergewissern, ob auch alle in seinem Tätigkeitsbereich vorkommenden Risiken damit abgedeckt sind und ggf. Zusatzversicherungen schließen, insbesondere im Bereich der Sexualmedizin (Sterilisation, Schwangerschaftsberatung und -abbruch, künstliche Befruchtung etc.).

Nicht jeder Arzt im Krankenhaus ist verpflichtet, eine Berufshaftpflichtversicherung abzuschließen. Hat der Dienstherr (Krankenhausträger, Arbeitgeber) eine Haftpflichtversicherung für seine Klinik abgeschlossen, so sind die angestellten und beamteten Ärzte mitversichert. Sie müssen für sich keinen Versicherungsvertrag schließen, sollten sich aber erkundigen, ob der Versicherungsvertrag des Krankenhausträgers auch wirklich alle bei ihrer konkreten Tätigkeit anfallenden Haftpflichtrisiken erfaßt. Gegebenenfalls sind Zusatzverträge erforderlich.

96   Die Notwendigkeit, sich bei dem Krankenhausträger auch nach dem Umfang des bestehenden Versicherungsschutzes zu erkundigen, ergibt sich für den Arzt im Krankenhaus nicht zuletzt auch deshalb, weil staatliche Krankenhäuser - insbesondere Universitätsklinika - regelmäßig keine Versicherungsverträge mit Haftpflichtversicherern abschließen (anderes gilt nur in Berlin und im Saarland). Dieses sog. Prinzip der Eigenversicherung öffentlicher Einrichtungen bezieht die angestellten und beamteten Ärzte nicht mit in den Versicherungsschutz ein. Sie müssen sich also selbst versichern. Von daher ist zu raten, daß der Arzt im Krankenhaus sich schon bei der Einstellung über das Bestehen oder

Nichtbestehen einer Haftpflichtversicherung und über deren Umfang bei seinem Arbeitgeber genau informiert.

97   Versichert sind nur zivilrechtliche Ansprüche gegen den Arzt. Daher ist der beamtete Arzt insoweit nicht versichert, als es sich um Regreßansprüche des Krankenhausträgers ihm gegenüber handelt, für die § 46 Abs. 1 Satz 1 BRRG (entsprechende Vorschriften gelten in den Ländern) eine öffentlich-rechtliche Anspruchsgrundlage vorsieht. Nicht versicherbar sind schlechthin Strafen. *(Ke)*

Rechtsgrundlagen
Allgemeine Versicherungsbedingungen für die Haftpflichtversicherung

Literatur
Rieger (1984), Lexikon des Arztrechts, Rdn. 379 ff.

98 Berufungsvereinbarung

Hochschullehrern als Professoren und Leitenden Ärzten von Einrichtungen der Hochschulklinika wird als Beamten mit der Berufung ein Amt im funktionalen Sinn übertragen, nämlich ihr Fach in → Forschung, → Lehre und Krankenversorgung zu vertreten. Die näheren Einzelheiten des mit dem konkreten Amt verbundenen Pflichtenkreises sowie der Rechte wurden früher–heute zunehmend weniger–in Berufungsvereinbarungen festgelegt. Neben Zusagen über die personelle Ausstattung des zu übernehmenden Bereiches werden in Berufungsvereinbarungen häufig die Frage der Leitung eines bestimmten, fachlich näher umschriebenen Funktionsbereiches (wie etwa die Leitung einer Klinik und ihre Struktur) sowie die Gestattung der Behandlung von stationären und ambulanten Patienten mit Wahlleistung „Arzt" in → Nebentätigkeit geregelt. Berufungsvereinbarungen werden–obgleich atypischen Regelungsinhalts–als öffentlichrechtliche Verträge angesehen. Ihr Bestand richtet sich daher nach den §§ 54 ff., 60 VwVerfG in der Fassung des jeweils geltenden Landesrechts. Zusagen über die personelle und sächliche Ausstattung sind durch die hochschulrechtlichen Vorschriften heutzutage enge Grenzen gesetzt. Zulässigkeit und Umfang des Eingriffs in derartige Berufungszusagen, v. a. in alte Berufungszusagen, ist umstritten. Sieht man sie als öffentlichrechtliche Verträge an, so kann das jeweilige Land als Vertragspartner die Vereinbarung zur Anpassung an veränderte Gegebenheiten kündigen (→ Dienstvertrag). Von gleicher Bedeutung sind Gesetzesänderungen, die den auf Berufungsvereinbarungen beruhenden Rechtspositionen den Boden entziehen können. Gegen derartige Eingriffe des Gesetzgebers in Rechtspositionen, die durch Berufungsvereinbarungen begründet wurden (etwa im Zuge der Reform der Hochschulorganisation aus sachlich gebotenen Gründen), ist verfassungsrechtlich nichts einzuwenden, wenn die Ziele der Gesetzesänderung sich im Rahmen der gesetzgeberischen Gestaltungsfreiheit halten und nur auf diese Weise verwirklicht werden können (z. B. Verlust der Stellung als alleinverantwortlicher Kliniks- und/oder Institutsleiter). Der Gesetzgeber muß jedoch bei der Aufhebung oder Beschränkung solcher Rechtspositionen angemessene Übergangsregelungen schaffen. Angesichts der gesetzlichen Regelung dürfte künftig wenig Raum für das Institut der Berufungsvereinbarungen bestehen.

99   Eingriffe in durch Berufungsvereinbarungen eingeräumte → Nebentätigkeiten der Leitenden Ärzte an Einrichtungen der Hochschulklinika durch den Gesetzgeber sind–sofern sachgerecht–verfassungsrechtlich zulässig und verstoßen nicht gegen die Grundsätze des Berufsbeamtentums, weil das Nebentätigkeitsrecht nicht Inhalt der hergebrachten Grundsätze des Berufsbeamtentums ist.

100   Ob das Nebentätigkeitsbegrenzungsgesetz mit seiner arbeitsmarktpolitischen Komponente die Grenzen des gesetzgeberischen Gestaltungsspielraumes zumindest im Bereich der Hochschulklinika nicht überschreitet, ist bereits im Anhörungsverfahren zum Gesetzentwurf lebhaft umstritten gewesen. Dies deshalb, weil im Krankenhausbereich innerhalb und außerhalb der Hochschulklinika die arbeitsmarktpolitische Komponente nicht verwirklicht werden kann. Auch die Einschränkung des ambulanten Bereiches in Einrichtungen der Hochschulklinika ist nur sehr eingeschränkt möglich, weil die Krankheitsbilder der Patienten für die Erfüllung der Aufgabe der Universitätsklinika als Lehrstätte erforderlich sind. *(Li)*

Rechtsgrundlagen
Hochschulrahmengesetz sowie Hochschul-/Universitätsgesetze der Länder, Verwaltungsverfahrensgesetze der Länder

Literatur
BVerfGE 55, S. 207
BVerwGE 41, S. 316
Dieterich (1984) Das Nebentätigkeitsrecht für das wissenschaftliche und künstlerische Hochschulpersonal in Baden-Württemberg
Scheven (1982) Die Ausgestaltung des Rechts der Professoren. In: Handbuch des Wissenschaftsrechts, Band 1

101 Blutentnahme

Die Entnahme einer Blutprobe zur Bestimmung der Blutalkoholkonzentration und die Erstellung des in diesem Zusammenhang üblichen Untersuchungsberichtes ist dann Dienstaufgabe der nachgeordneten Krankenhausärzte, wenn der Auftrag von den Polizeibehörden bzw. der Staatsanwaltschaft an einen Krankenhausarzt ergeht, dessen Dienstherr ebenfalls das Land ist (z. B. Universitätsklinika). Eine Weigerung kommt nur nach den Vorschriften der Strafprozeßordnung über das → Zeugnisverweigerungsrecht in Betracht.

Auch diese Tätigkeit wurde bisher als → Gutachten gewertet und wird daher dem → Nebentätigkeitsbereich des Krankenhausarztes zugeordnet mit der Folge, daß dafür gesondert liquidiert werden konnte. Nach einem Urteil des Landesarbeitsgerichts Baden-Württemberg ist die Blutentnahme und die Erstellung des Untersuchungsberichtes nunmehr ebenfalls als ärztliche Bescheinigung anzusehen, so daß eine gesonderte Liquidation entfällt. Im übrigen war in Baden-Württemberg für Ärzte an öffentlichen Krankenhäusern die Blutentnahme sowie die Erstellung des Untersuchungsberichts durch gemeinsamen Erlaß des Innen-, Justiz-, Kultus- und Sozialministeriums vom 19.04.1978 zur Dienstaufgabe dieses Personenkreises erklärt worden. *(Li)*

Rechtsgrundlage
Nr. 3 SR 2 c BAT

Literatur
Urteil des Landesarbeitsgerichts Baden-Württemberg vom 13.03.1985 - 3 Sa 18/85

102 Datenschutz

Unter Datenschutz im weiteren Sinne wird das Recht jedes einzelnen verstanden, grundsätzlich selbst darüber zu entscheiden, ob und wann ein anderer etwas über ihn wissen und wozu der andere dieses Wissen einsetzen darf. Aufgabe des „informationelles Selbstbestimmungsrecht" genannten Datenschutzes im engeren Sinne ist es, personenbezogene Daten vor Mißbrauch bei ihrer Speicherung, Übermittlung, Veränderung und Löschung (Datenverarbeitung) zu bewahren (§ 1 Abs. 1 BDSG). Betroffen sind also Informationen, die in Dateien gespeichert werden sollen. Unter Datei ist (zumindest derzeit noch) nicht eine handschriftlich geführte → Krankenakte zu verstehen, sondern nur eine Datenverarbeitung in einem automatisierten Verfahren. Den Datenschutz regeln das BDSG und die inhaltlich weitgehend identischen Datenschutzgesetze der Länder. Das BDSG gilt nicht nur für Krankenhäuser des Bundes, sondern auch für die aller privaten Träger. Für die Kliniken der Länder, Kreise, Gemeinden, Gemeindeverbände und Universitäten gelten die jeweiligen Datenschutzgesetze der Länder.

103   Vom materiellen Gehalt her bringt der Datenschutz dem Arzt und dem Krankenhaus keine zusätzlichen Belastungen, die über die ärztliche → Schweigepflicht hinausgehen. Die ärztliche Schweigepflicht stellt an den Arzt höhere Anforderungen als die Datenschutzgesetze, wenn es um die Weitergabe von Patientendaten geht. Kurzum: hält sich der Arzt beim Umgang mit Patienten an die ärztliche Schweigepflicht, kann er mit den Datenschutzgesetzen nicht in Konflikt kommen.

104   Die formellen Anforderungen der Datenschutzgesetze indessen übersteigen die Anforderungen der Schweigepflicht. So hat etwa der Patient Anspruch auf Auskunft über alle Daten, die das Krankenhaus über ihn speichert. Dieser Anspruch richtet sich allein gegen die Klinik, nicht gegen den Arzt. Die Klinik kann für die Auskunft kostendeckende Gebühren erheben. Gegebenenfalls kann der Patient auch Berichtigung oder gar Löschung seiner Daten verlangen. Auch kann er sie sperren lassen (§ 4 BDSG).

105   Umstritten ist die Geltung des § 3 Nr. 2 BDSG. Der Arzt und die Klinik bedürfen der Einwilligung der Patienten nicht nur für den Eingriff, sondern schon vorab für die Verarbeitung personenbezogener Daten, also für das Erfassen, Aufnehmen und Aufbewahren auf einem Datenträger (Speicherung). Diese Einwilligung ist gemäß dem BDSG schriftlich einzuholen, soweit nicht wegen besonderer Umstände eine andere Form angemessen ist. Die besonderen Umstände des Arzt-Patienten-Verhältnisses, das von vertrauensvollen Gesprächen zwischen Arzt und Patienten geprägt ist, führen dazu, daß auch die mündliche oder durch schlüssiges Verhalten erteilte Einwilligung wirksam ist. Nur so kann das Arzt-Patienten-Gespräch von bürokratischen Formalismen frei gehalten werden (→ Aufklärung).

106   Anderes gilt jedenfalls partiell für die klinische Forschung mit Probanden. Hier ist die schriftliche Einwilligung notwendig, selbst wenn die Daten später anonymisiert werden. Für anonymisierte Daten gilt das Datenschutzrecht nicht; Daten sind dann anonymisiert, wenn sich ein Bezug zu einem bestimmten Patienten nicht mehr herstellen läßt. Dabei wird allerdings nicht verlangt, daß eine Identifizierung absolut unmöglich ist. Ein hoher Grad der Anonymisierung ist allerdings bei so sensiblen Daten, wie sie in Krankenunterlagen aufgenommen werden,

zu verlangen. Doch auch insoweit gelten die Vorgaben der → Schweigepflicht. *(Ke)*

Rechtsgrundlagen
Gesetz zum Schutz vor Mißbrauch personenbezogener Daten bei der Datenverarbeitung (Bundesdatenschutzgesetz–BDSG vom 27.01.1977), BGBl. I S. 201; Datenschutzgesetze der Bundesländer

Literatur
Kilian (1983) Rechtsfragen der medizinischen Forschung mit Patientendaten
Leuze (1989) In: Eser/von Lutterotti/Sporken (Hrsg.) Lexikon Medizin-Ethik-Recht, Spalte 249 - 256
Rieger (1984) Lexikon des Arztrechts, Rdn. 541 - 544

107   Dienstbefreiung

Hochschullehrer

Auch in diesem Bereich finden auf Hochschullehrer als Leitende Ärzte der Hochschulklinika sowie auf sonstige beamtete Leitende Ärzte die jeweils geltenden beamtenrechtlichen Vorschriften des Landes- bzw. Bundesrechts Anwendung.

Zum Besuch von Tagungen, Lehrgängen und Veranstaltungen – soweit sie fachlichen Zwecken dienen und im dienstlichen Interesse liegen – können dem Beamten 5 Tage Urlaub pro Urlaubsjahr (im Bundesbereich bis 6 Werktage) gewährt werden, für weitere Urlaubszeiten ist Erholungsurlaub zu verwenden. Die Gewährung weiteren Sonderurlaubs ist nach den landes- bzw. bundesrechtlichen Vorschriften in unterschiedlichem Umfang möglich.

Für Leitende Ärzte als Professoren an Einrichtungen der Hochschulklinika besteht noch die Möglichkeit, zu Forschungszwecken ein Freisemester eingeräumt zu bekommen. Die Einzelheiten richten sich nach Landesrecht.

108   Leitende Ärzte an Krankenhäusern

Bei ihnen richten sich die Dienstbefreiungen zum Besuch von Fortbildungsveranstaltungen ebenfalls nach den im Anstellungsvertrag getroffenen Vereinbarungen. Üblich sind 10 Werktage bzw. 2 Wochen. Teilweise wird auf sie Dienstreiserecht für anwendbar erklärt, die Abrechnung von Fortbildungsveranstaltungen als Dienstreisen aber ausdrücklich ausgeschlossen. Gelegentlich wird hierzu auch keine Aussage gemacht. Die Anerkennung des Besuches einer Fortbildungsveranstaltung als Dienstreise zieht den Unfallversicherungsschutz bei Dienstreisen nach sich.

Der Besuch einer Fortbildungsveranstaltung auf Veranlassung des Arbeitgebers unterliegt in vollem Umfang den Vorschriften des Reisekostenrechts.

Nachgeordnete Krankenhausärzte

Auch in diesem Bereich finden die beamten- bzw. tarifrechtlichen Vorschriften auf nachgeordnete Krankenhausärzte in vollem Umfang Anwendung. Nachgeordnete Ärzte sollen sich den Besuch von Fortbildungsveranstaltungen, die im dienstlichen Interesse liegen, in jedem Fall wegen des dann bestehenden Dienstunfallschutzes als Dienstreise bewilligen und genehmigen lassen, auch wenn die reisekostenrechtlichen Vorschriften keine Erstattung entstehender Kosten vorsehen oder diese weit hinter den entstehenden Kosten zurückbleibt.

Nehmen nachgeordnete Ärzte auf Veranlassung ihres Dienstherrn an Fortbildungsveranstaltungen teil, so ist für den Besuch der Veranstaltung nicht nur Dienstbefreiung, sondern auch Kostenersatz zu leisten.

Dies gilt etwa für den Besuch von Fortbildungsveranstaltungen zum Erwerb des Fachkundenachweises „Rettungsdienst", sofern der Dienstherr die entsprechenden Veranstaltungen nicht im eigenen Hause anbieten kann. *(Li)*

Rechtsgrundlagen
vgl. Stichwort „Erholungsurlaub"

109   Dienstvertrag

Das Verhältnis des angestellten Leitenden Arztes zum Krankenhausträger ist privatrechtlicher Natur. Der Vertrag, den beide Partner schließen, ist ein unabhängiger Dienstvertrag, kein Arbeitsvertrag. Im Regelfall werden die gegenseitigen Rechte und Pflichten einzeln ausgehandelt (auch wenn die Vertragspartner sich hierbei jeweils vorformulierter Muster bedienen). Die Geltung tarifvertraglicher Regelungen ist normalerweise nicht beabsichtigt, so daß diese bei Auslegungsschwierigkeiten nicht ergänzend herangezogen werden können. Dennoch ist es nicht ausgeschlossen und in der Praxis üblich, auch einzelne Bestimmungen eines Tarifvertrages zum Vertragsinhalt zu machen. Verträge werden auf unbestimmte Dauer geschlossen und enden zumeist mit dem Eintritt des Leitenden Arztes in den Ruhestand, sofern sie nicht eine der Vertragsparteien kündigt. Befristete Chefarztverträge haben sich bisher nicht durchgesetzt. Legt man die Anforderungen der Rechtsprechung des Bundesarbeitsgerichtes zum sachlichen Grund für eine Befristung von Arbeitsverhältnissen zugrunde, so ist aus der Stellung des Leitenden Arztes heraus auch kein Grund ersichtlich, der eine generelle Befristung rechtfertigen könnte. Die Befristung widerspricht gerade der Üblichkeit.

110   Besondere Bedeutung kommt beim Aushandeln des Chefarztvertrages der Festlegung der Dienstaufgaben und der hierfür zu entrichtenden → Vergütung zu. Tätigkeiten, die zum Kreis der Dienstaufgaben gehören, können nämlich regelmäßig nicht Gegenstand von → Nebentätigkeiten sein.

111   Als → Nebentätigkeit wird zumeist die Behandlung ambulanter Patienten unter Inanspruchnahme von Räumen, Personal und Sachmitteln des Krankenhausträgers und die gesonderte Liquidation hierfür eingeräumt, aber auch die Behandlung stationärer Patienten, sofern sie sich die Wahlleistung „Arzt" wünschen und sie hierüber eine gesonderte vertragliche Vereinbarung mit dem Leitenden Arzt treffen.

Diese spezifisch inhaltlichen Besonderheiten lassen die Anwendung der allgemeinen Grundsätze des Arbeitsrechtes auch auf Dienstverträge der Leitenden Ärzte unberührt.

112   Ober- und Gebietsärzte sind Arbeitnehmer des Krankenhausträgers. Ihren Arbeitsverhältnissen liegt normalerweise ein für den jeweiligen Arbeitgeber verbindlicher → Tarifvertrag (z. B. der Bundesangestelltentarifvertrag) zugrunde. Dieser regelt die wesentlichen Rechte und Pflichten der Vertragsparteien. Von ihm kann, da kollektives Arbeitsrecht, nicht zum Nachteil des Arbeitnehmers abgewichen werden. Gleichwohl sind Nebenabreden, die den spezifischen Gegebenheiten Rechnung tragen sollen, möglich, soweit nicht für diesen Bereich sowieso Sonderregelungen bestehen, die zum Bestandteil der jeweiligen Verträge werden. Der Vertrag mit dem Oberarzt, aber auch mit dem Gebietsarzt, wird regelmäßig unbefristet abgeschlossen. Ein Sonderfall ist der Vertrag mit einer Chefarztnachfolgeklausel, wenn eine nahtlose Amtsnachfolge für den bisherigen Chefarzt beabsichtigt und dessen Ausscheiden vorhersehbar ist.

113   In seiner ärztlichen Tätigkeit ist der Oberarzt zwar ebenfalls nur an das Gesetz gebunden, im Gegensatz zum Leitenden Arzt hat er aber im

organisatorischen Bereich Anweisungen des Leitenden Arztes und des Krankenhausträgers Folge zu leisten. Bei Differenzen im ärztlichen Bereich entscheidet der Leitende Arzt.

Grundsätzlich gilt das für den Vertrag mit dem Oberarzt/Gebietsarzt Gesagte für den Arbeitsvertrag des → Assistenzarztes ebenfalls. Im Gegensatz zum Oberarzt/Gebietsarzt hat der Assistenzarzt regelmäßig seine → Weiterbildung in einem bestimmten Fachgebiet noch nicht abgeschlossen, beabsichtigt dies aber zu tun. Aus diesem Grund werden die Arbeitsverhältnisse mit Assistenzärzten gelegentlich befristet, etwa auf einen Zeitraum, für den der ausbildende Leitende Arzt selbst zur Weiterbildung ermächtigt oder das Krankenhaus als → Weiterbildungsstätte zugelassen ist. Der Assistenzarzt ist in der Ausübung seiner ärztlichen Tätigkeiten an Weisungen des Leitenden Arztes und der vorgesetzten Oberärzte gebunden.

114   Die Verträge zwischen dem Krankenhausträger und den Ärzten können je nach Stellung in unterschiedlichem Umfang ausgehandelt werden. Von den Vertragsparteien können sie auch einvernehmlich wieder geändert werden.

Kommt eine solche Einigung nicht zustande und will der Krankenhausträger nur die Arbeitsbedingungen verändern, hat er die Möglichkeit der → Änderungskündigung. Schließlich können sich, etwa durch gesetzliche Änderungen, die das Dienstverhältnis beeinflussen, die gegenseitigen Rechte und Pflichten derart verändert haben, daß die Geschäftsgrundlage für den → Dienstvertrag entfallen ist, so daß eine Vertragsanpassung notwendig wird. Schließlich kann der Krankenhausträger-sofern vereinbart-von einem Widerrufsvorbehalt Gebrauch machen. Die praktische Bedeutung vorstehender Ausführungen liegt v. a. in der Anpassung von Verträgen mit Leitenden Ärzten, die vor der Änderung des Pflegesatzrechtes geschlossen wurden.

115   Ein unbefristet geschlossenes Dienstverhältnis kann durch → Kündigung, aber auch durch Abschluß eines Aufhebungsvertrages und durch Tod des Arbeitnehmers beendet werden. Durch Aufhebungsvertrag kann von den tarifvertraglich oder einzelvertraglich vereinbarten Kündigungsfristen abgewichen werden.

116   Ohne daß es einer Kündigung bedarf, endet ein befristetes Dienstverhältnis mit Ablauf desjenigen Zeitraums, für den es geschlossen wurde. Während der Dauer des Zeitraums kann der Arbeitnehmer auf den Bestand des Arbeitsverhältnisses vertrauen, es sei denn, es lägen Gründe für den Ausspruch einer außerordentlichen → Kündigung vor oder Arbeitgeber und Arbeitnehmer schlössen einen Vertrag zur Aufhebung des Dienstverhältnisses. *(Li)*

Rechtsgrundlagen
§§ 611 ff. BGB, ergänzend: Bundesangestelltentarifvertrag; 57 a ff. HRG; Gesetz über befristete Arbeitsverträge mit Ärzten in der Weiterbildung vom 15.05.1986 (BGBl. I S. 742); Hochschul- und Universitätsgesetze der Länder

Literatur
BAG, ArztR 1988, S. 295
v. Maydell (1989) Die Anpassung von Arzt-Krankenhaus-Verträgen gemäß § 11 Abs. 1 S. 3 BPflV, 1986, ArztR S. 133
Schaub (1987) Arbeitsrechtshandbuch, 6. Auflage, §§ 121 ff.
Zuck (1988) Die Auswirkungen des Krankenhausfinanzierungsrechts auf bestehende Chefarztverträge, NZA S.763

117   Direktionsrecht

Mit dem Arbeits- oder → Dienstvertrag wird i. a. nur die Arbeitsverpflichtung des Arbeitnehmers festgelegt, sofern etwa im Arbeitsvertrag oder in einem Tarifvertrag (kollektivvertragliche Vereinbarung) anderes nicht bestimmt ist. Dagegen bleiben die Einzelheiten der zu erbringenden Arbeitsleistung ungeregelt. Dies gilt im Bereich des Krankenhauses für den Leitenden Arzt wie auch für das nachgeordnete ärztliche und nichtärztliche Personal. Dem Arbeitgeber steht die sog. Leitungs- oder Weisungsbefugnis, also das Direktionsrecht bei der Ausführung der Arbeit zu. Er hat die Arbeitsleistung nach Art, Ort und Zeit näher zu bestimmen, soweit eine Bestimmung nicht bereits durch Arbeitsvertrag oder Tarifvertrag erfolgt ist. Der Arbeitgeber kann danach arbeitsbezogene Weisungen erteilen, durch die die Art der Arbeit geregelt wird; durch arbeitsbegrenzende Weisungen kann er Verhaltensregeln für die Durchführung der Arbeit und organisationsgebundene Weisungen geben.

118   Im Krankenhaus ist das Direktionsrecht und seine Ausübung auf allen Entscheidungsebenen differenziert zu sehen. In ärztlichen Angelegenheiten unterliegen die Leitenden Ärzte keinen Weisungen des Arbeitgebers. Innerhalb der einzelnen Kliniken / Abteilungen unterliegen die Gebietsärzte in ärztlichen Angelegenheiten keinen Weisungen; lediglich die nachgeordneten Ärzte unterliegen auch im ärztlichen Bereich den Weisungen ihrer vorgesetzten Ärzte. Dem Direktionsrecht unterliegen alle Bediensteten des Krankenhauses in betriebsorganisatorischen Angelegenheiten. Die Befugnis zur Ausübung des Direktionsrechtes gegenüber dem Pflegepersonal besitzt grundsätzlich die Leitende Pflegekraft des Krankenhauses, in einzelnen Kliniken/Abteilungen

abgestuft die dort zuständige Leitende Pflegekraft. Im delegierten medizinischen Bereich obliegt das Direktionsrecht dem Leitenden Arzt und vertikal abgestuft den nachgeordneten Ärzten. Ergeben sich unter den einzelnen Leitenden Ärzten untereinander Probleme bei den organisatorischen Absprachen, die zur Aufrechterhaltung der Versorgung notwendig sind, so hat die Krankenhausleitung im Rahmen des Direktionsrechts Abhilfe zu schaffen. Differenzen im medizinischen Bereich hat der jeweils Leitende Arzt zu bereinigen. *(Li)*

Literatur
Schaub (1987) Arbeitsrechtshandbuch, 6. Auflage, § 32 VI mwN

119   Dokumentationspflicht

1. Begriff und Rechtsgrund

Unter ärztlicher Dokumentation ist das Aufzeichnen, Sammeln und Ordnen von Fakten zu verstehen mit dem Ziel, bestimmte Geschehensabläufe (Behandlung) festzuhalten.

Generell wird in diesem Zusammenhang von Krankenunterlagen gesprochen, wobei der Begriff weit auszulegen ist. Er umfaßt nicht nur das Krankenblatt, sondern auch die erhobenen Befunde einschließlich der technischen Aufzeichnungen. Die Rechtspflicht zur Dokumentation ergibt sich für bestimmte Heilmaßnahmen aus dem Gesetz, etwa § 28 Abs. 2 RöV und § 43 Abs. 1 Satz 2 StrlSchV und generell für alle Ärzte aus § 11 Abs. 1 Satz 1 der MBO. Der Arzt hat über die in Ausübung seines Berufes gemachten Feststellungen und getroffenen Maßnahmen die erforderlichen Aufzeichnungen zu machen. Die Gerichte verlangen in zunehmendem Maße die Vorlage ordentlich geführter Krankenblätter zu Beweiszwecken.

120   2. Umfang der Dokumentationspflicht

Der Umfang der Dokumentation ist letztlich von medizinischen, nicht von juristischen Gesichtspunkten bestimmt. Sehr vage spricht die Musterberufsordnung von den „erforderlichen Aufzeichnungen". Was erforderlich ist, mag im Einzelfall schwierig zu bestimmen sein. Als Anhaltspunkt gilt, daß jeder Umstand aufzuzeichnen ist, der für eine weitere Behandlung wichtig ist. Die Dokumentationspflicht dient nämlich vorrangig dem gesundheitlichen Interesse des Patienten. Die gefertigten Unterlagen sollen für die weitere Behandlung des Patienten ggf. auch durch einen anderen Arzt verfügbar sein. Das gilt in noch stärkerem Maße für Röntgenaufnahmen, um Doppeluntersuchungen zu vermeiden.

121   Die Röntgenverordnung bestimmt den Umfang der Aufzeichnungen genauer. Aus ihnen müssen der Zeitpunkt, die Art der Anwendung, die untersuchte oder behandelte Körperregion sowie die Angaben hervorgehen, die zur Ermittlung der Körperdosen erforderlich sind. Diese Vorgaben gelten mit entsprechenden Modifikationen auch für andere Behandlungsmaßnahmen. So hält es der BGH bei einem als Routinesache eingestuften kleineren Eingriff unter Lokalanästhesie für ausreichend, wenn der *e r f a h r e n e* Chirurg nur die Art, die Tatsache der Durchführung und die Namen der Beteiligten an der Operation vermerkt, sofern keine Komplikationen eingetreten sind (die freilich stets zu dokumentieren wären). Für schwierige Eingriffe wird ein „mehr" an Dokumentation erforderlich sein, ebenfalls für den Berufsanfänger.

122   Jedenfalls sollte die Verweisung des Patienten an einen anderen Gebietsarzt oder der dahingehende Vorschlag und unbedingt die Verweigerung des empfohlenen Eingriffs dokumentiert werden. Der erfahrene Arzt hat allerdings nicht jede Einzelheit seiner Behandlung aufzuzeichnen, weil das die Effektivität und Zügigkeit ärztlichen, vor allem operativen Handelns weitgehend lähmen müßte.

123   **3. Dauer der Aufbewahrung der Krankenunterlagen**

Auch die Dauer der Aufbewahrung von Krankenunterlagen richtet sich nach therapeutischen Belangen. Sie beträgt regelmäßig 10 Jahre nach Abschluß der Behandlung. Einige Gesetze schreiben eine 30jährige Aufbewahrungspflicht vor (§ 28 Abs. 4 No. 1 RöV für die Röntgen*behandlung*: § 28 Abs. 4 No. 2 RöV schreibt für die Röntgen*untersuchung* 10 Jahr vor).

124   **4. Einsichtsrecht**

Seit 1982 gewährt der BGH dem Patienten ein eingeschränktes Recht auf Einsicht in die Krankenunterlagen, soweit diese naturwissenschaftlich konkretisierbare Befunde und die Aufzeichnungen über Behandlungsmaßnahmen – insbesondere Angaben über Medikation und Operationsberichte – enthalten.

125   In den weiteren Inhalt der Krankenakten hat der Arzt dem Patienten die Einsicht nicht zu gewähren. Dazu gehören etwa persönliche Bemerkungen mit zwangsläufig emotioneller Färbung und in ihnen enthaltene subjektive Wertungen, später aufgegebene Verdachtsdiagnosen und Unterlagen über psychiatrisch behandelte Patienten.

126   Die Einsichtnahme kann im Rahmen eines Arztgespräches erfolgen. Auf Verlangen und auf Kosten des Patienten kann der Arzt diesem aber auch Ablichtungen zur Verfügung stellen. Diese müssen erkennen lassen, welcher Teil nicht zugänglich gemacht wird. Fraglich ist, ob das Einsichtsrecht erst nach Abschluß der Behandlung besteht oder auch schon während der Behandlung. Eine Herausgabe der Originalunterlagen zum Verbleib beim Patienten ist nicht zulässig, weil sie sich mit der Aufbewahrungspflicht nicht vereinbaren läßt.

Der Patient darf das Einsichtsrecht nicht mißbräuchlich oder zur Unzeit ausüben. Er hat auf den geordneten Ablauf des Klinikbetriebs Rücksicht zu nehmen.

127   Nach dem Tode des Patienten steht seinen Angehörigen oder Erben nur ein sehr eingeschränktes Einsichtsrecht zu. Zwar geht auf sie das Einsichtsrecht in dem Maß über, wie es dem Patienten selbst zustand, aber der Ausübung dieses Einsichtsrechts steht die ärztliche Schweigepflicht entgegen, die auch Angehörigen gegenüber und nach dem Tode des Betroffenen gilt. Sofern nicht ausdrücklich Anweisungen des Patienten vorliegen, das Schweigen auch gegenüber den Angehörigen zu bewahren oder nicht, hat der Arzt gewissenhaft zu überprüfen, ob und inwieweit der Patient in eine Preisgabe seiner Geheimnisse an seine Angehörigen mutmaßlich eingewilligt hätte.

128   Problematisch und vielfach abgelehnt ist ein Einsichtsrecht der Behörden. Anderes gilt ausdrücklich nur für die Aufzeichnungen einer Röntgenbehandlung oder -untersuchung. Der für die Untersagung von Tätigkeiten an Röntgeneinrichtungen zuständigen Behörde sind auf Verlangen die Aufzeichnungen vorzulegen. *(Ke)*

Rechtsgrundlagen
§ 11 MBO, § 28 Röntgenverordnung vom 08.01.1987 (BGBl. I S. 114), § 43 Strahlenschutzverordnung vom 13.10.1976 (BGBl. I S. 2905) i. d. F. vom 18.05.1989 (BGBl. I S. 943)

Literatur
Kern (1985) Dokumentation und Schweigepflicht. In: Gramberg-Danielsen (Hrsg.) Rechtsophtalmologie, S. 52–61
Laufs (1988) Arztrecht, Rdn. 294 ff.
Rieger (1984) Lexikon des Arztrechts, Rdn. 569 ff.

129   Einwilligung

Zur rechtswirksamen Einwilligung in den Heileingriff gehört das „Ja"
des informierten Patienten. Neben der Aufklärung bereiten die Fälle
Schwierigkeiten, in denen der Patient nicht selbst einwilligen kann, sei
es, weil er bewußtlos, Minderjähriger oder als Erwachsener nicht ein-
sichtsfähig ist. Bezüglich der Einwilligungsfähigkeit verlangen die Gerichte, daß der Patient die Bedeutung und Tragweite des Eingriffs und
seiner Gestattung zu ermessen vermag. Das kann unter bestimmten
Umständen bei einem noch nicht ganz Volljährigen der Fall sein, hingegen bei einem Erwachsenen nicht, z. B. wenn er betrunken ist. Auch
ein Entmündigter kann ggf. selbst einwilligen. Die Feststellung, ob die
Einwilligungsfähigkeit im Einzelfall und in der konkreten Situation
vorliegt, ist Aufgabe des Arztes.

130   1. Form und Reichweite

Die Einwilligung muß ausdrücklich oder schlüssig vor dem Eingriff erklärt werden. Die Schriftform ist dazu nicht erforderlich. Auch eine
Unterschrift des Patienten muß nicht vorliegen. Im Krankenhaus gilt
die Einwilligung, die einem Arzt gegenüber erklärt wird, für alle anderen Klinikärzte im Team mit, es sei denn, einzelne oder alle werden
ausdrücklich davon ausgenommen.

131   2. Der psychisch Kranke und Behinderte

Nicht alle psychisch Kranken sind einwilligungsunfähig. Ein solcher
Kranker vermag unter bestimmten Umständen wirksam in einen Heileingriff einzuwilligen. Fehlt es an der Einwilligungsfähigkeit, hat sein
gesetzlicher Vertreter (Vormund, Pfleger, Betreuer) einzuwilligen. Ist
kein gesetzlicher Vertreter vorhanden, so soll der Arzt oder das Krankenhaus für ihn beim Amtsgericht (Vormundschaftsgericht) einen Pfleger (ab 1992: Betreuer) bestellen lassen. Bei bestehender Vormund-
schaft soll sich der Arzt auch dann mit dem Vormund in Verbindung
setzen, wenn er den Patienten selbst für einwilligungsfähig hält.

132   3. Die Minderjährigen

Auch Minderjährige können generell selbst zustimmen, wenn sie ein-
sichtsfähig sind. Für die Einsichtsfähigkeit läßt sich keine feste Alters-

grenze nennen. Noch nicht 14jährige sind aber generell als nicht einwilligungsfähig anzusehen. Je stärker sich allerdings der Minderjährige der Volljährigkeitsgrenze nähert, desto eher kann von einer Einwilligungsfähigkeit ausgegangen werden. Erhebliches Gewicht kommt auch Art, Umfang und Risiken des geplanten Eingriffs zu. Ein 17jähriger, der in einen geringfügigen Eingriff einwilligen kann, ist nicht auch unbedingt befähigt, rechtswirksam in eine schwere, langandauernde, risikoreiche Behandlung einzuwilligen, die von erheblichem Einfluß auf sein weiteres Leben ist.

Dennoch sollen die Ärzte die Einwilligung der Personensorgeberechtigten, also in der Regel der Eltern, einholen, weil nur selten Eingriffe anfallen, für die allein die Einwilligung des Minderjährigen ausreicht. Ausnahmen gelten freilich bei geringfügigen oder dringenden Eingriffen, bei Notfällen. Hier darf durch Information der Eltern keine Zeit versäumt werden. Insoweit gilt ihre Einwilligung als mutmaßliche.

133   Bei der Einwilligung der Eltern in einen ärztlichen Eingriff an ihrem Kind handelt es sich um die Ausübung von elterlicher Personensorge, die beiden Elternteilen gemeinsam obliegt. Im Normalfall haben daher auch beide Elternteile gemeinsam in den Heileingriff einzuwilligen. Dabei dürfen sie keine unvernünftigen Entscheidungen zu Lasten ihres Kindes treffen. Wenn sich keine echten Alternativen anbieten, sind die Eltern an die medizinische Indikation gebunden. Das gilt beispielsweise auch für Zeugen Jehovas, die eine notwendige Bluttransfusion zwar für sich selbst verweigern können, nicht aber für ihre Kinder.

134   Von der ausdrücklichen Einwilligung durch beide anwesende Elternteile werden allerdings weithin Ausnahmen zugelassen. Für Eil- und Notmaßnahmen und für Geschäfte des Alltags und Besorgungen minderer Bedeutung aufgrund einer entsprechenden elterlichen Aufgabenverteilung etwa kann die Entscheidungsbefugnis einem Elternteil allein zustehen.

135   Darüber hinaus kann jeder Elternteil den anderen ermächtigen, im Einzelfall oder in bestimmten Fällen für ihn mitzuhandeln. Diese Ermächtigung kann ausdrücklich oder durch schlüssiges Handeln erfolgen. Der Arzt darf dabei weitgehend darauf vertrauen, daß der anwesende Elternteil auch im Namen des abwesenden handelt und befugt ist, rechtswirksam in eine Heilbehandlung einzuwilligen. Auf eine derartige Ermächtigung darf der Arzt vertrauen, solange ihm keine entgegenstehenden Umstände bekannt sind. Der Arzt ist auch nicht verpflichtet, dem anwesenden Elternteil eine irgendwie geartete Ermächtigung des anderen abzuverlangen. Ein solches Vorgehen wäre nicht nur nicht praktikabel, sondern widerspräche auch regelmäßig der Interessenlage der Eltern.

136   Das bedeutet im einzelnen folgendes: Bei der Behandlung leichterer Erkrankungen und Verletzungen darf der Arzt sich – ohne zu fragen – auf die Ermächtigung des erschienenen Elternteils verlassen. In Fällen schwererer Art mit nicht unbedeutenden Risiken hat der Arzt nachzufragen, ob die Ermächtigung des anderen Ehepartners vorliegt. Er darf aber auf die Richtigkeit der mündlichen Auskunft des Erschienenen vertrauen, solange nicht Anhaltspunkte für eine wahrheitswidrige Auskunft vorliegen. In dieser Situation kann es angebracht sein, auf den erschienenen Elternteil einzuwirken, den vorgesehenen Eingriff nochmals mit dem Ehegatten zu besprechen.

137   Anderes gilt bei schwierigen Entscheidungen über die Behandlung des Kindes, die mit erheblichen Risiken verbunden ist. Hier darf der Arzt nicht darauf vertrauen, daß der abwesende Elternteil die Einwilligung auf den Ehepartner delegiert hat. Der Arzt hat sich vielmehr die Gewißheit darüber zu verschaffen, daß der nicht erschienene Elternteil mit der vorgesehenen Behandlung des Kindes einverstanden ist.

138   Dies gilt umsomehr, wenn sich zuvor beide Elternteile um die Behandlung des Kindes bemüht hatten. Soll von einem Behandlungsplan, der mit beiden Elternteilen abgesprochen ist, erheblich abgewichen werden, so reicht die Einwilligung nur eines Elternteiles jedenfalls nicht aus.

139   4. Der bewußtlose Patient

Nicht einwilligungsfähig ist der Bewußtlose, etwa das bewußtlose Unfallopfer. Aber auch eine Bewußtseinsschwäche kann zur Einwilligungsunfähigkeit führen, etwa bei längeren Krankheitsverläufen mit starker Medikation oder infolge starker Schmerzen. Die Bewußtlosigkeit macht die Einwilligung nicht entbehrlich. Sie ist vielmehr von demjenigen zu erteilen, der anstelle des Kranken zu entscheiden hat, ob ein Eingriff erfolgen soll. Das sind entgegen der Meinung mancher Ärzte nicht ohne weiteres die nächsten Angehörigen des willensunfähigen Kranken. Da Erwachsene in aller Regel keinen gesetzlichen Vertreter haben, gilt es, einen Pfleger (ab 1992: Betreuer) bestellen zu lassen. Das gelingt bei Vorlage eines entsprechenden ärztlichen Zeugnisses ohne großen Zeitaufwand, ggf. durch ein Telefongespräch. Der Pfleger wird nur dafür bestellt, in die Behandlung einzuwilligen oder nicht (Teilpflegschaft, § 1910 Abs. 2 BGB). Wie die Eltern eines Minderjährigen darf er keine objektiv unvernünftige Entscheidung fällen. Ist eine Pflegschaft zur Einwilligung in einen bestimmten Eingriff bestellt, so endet sie mit der Erledigung, nicht erst mit dem Abschluß der Heilbehandlung. Gelangt der Patient wieder zur Einwilligungsfähigkeit, so gilt allein sein Wille.

140 Reicht die Zeit zur Pflegerbestellung nicht aus, so hat der Arzt die Behandlung nach dem mutmaßlichen Willen des Betroffenen auszuführen. Er ist nach objektiven Gesichtspunkten zu ermitteln und bestimmt sich danach, was man verständigerweise als den Willen eines vernünftigen Menschen unter den gegebenen Umständen ansehen kann. Der Arzt darf und soll den Eingriff vornehmen, wenn er z. B. nach dem bisherigen Verhalten des Kranken annehmen kann, daß dieser–wenn er gefragt werden könnte–seine Einwilligung nicht versagen würde. Anhaltspunkte für den mutmaßlichen Willen können Patiententestamente oder Gespräche mit Angehörigen oder sonst nahestehenden Personen, soweit anwesend oder erreichbar, ergeben. Größeres Gewicht kommt den Auskünften der Angehörigen nicht zu. Keinesfalls haben sie das Recht, einen eigenen rechtserheblichen Willen über die Behandlung zu äußern. Letztlich bleibt der Arzt auf die Indikation angewiesen. *(Ke)*

Rechtsgrundlagen
§§ 1626–1630, 1633, 1909, 1910, 1912, 1915, 1918–1920 BGB

Literatur
BGH-MedR 1989, S. 81
Kern/Laufs (1983) Die ärztliche Aufklärungspflicht, S. 23–40
Koch (1989) Kind und Medizin. In: Eser/v. Lutterotti/Sporken (Hrsg.) Lexikon Medizin-Ethik-Recht, Sp. 601–607
Lenckner (1989) Einwilligung. In: Eser/v. Lutterotti/Sporken (Hrsg.) Lexikon Medizin-Ethik-Recht, Sp. 271–279

141 Entwicklungsklausel

Jeder Chefarztvertrag mit einem Leitenden Krankenhausarzt im engeren Sinne enthält heute eine Entwicklungsklausel, mit der sich der Krankenhausträger das Recht vorbehält, zur Anpassung an künftige Entwicklungen organisatorische Änderungen vorzunehmen, ohne daß dadurch der Bestand des Anstellungsverhältnisses berührt wird, z. B. durch Änderungskündigung. Betroffen sind zumeist die Bettenzahl, die Bildung weiterer fachlich gleicher oder verwandter Abteilungen, die Einstellung weiterer Leitender Ärzte desselben oder eines verwandten Fachgebiets sowie die Zusammenlegung mehrerer Abteilungen zu einer oder die Bildung zentraler Abteilungen für mehrere Krankenhäuser desselben Trägers.

142   Es handelt sich hierbei um ein vertraglich vereinbartes Leistungsbestimmungsrecht des Krankenhausträgers, das dieser nicht nach freiem Belieben, sondern nach billigem Ermessen zumindest im Benehmen, selten im Einvernehmen mit den betreffenden Leitenden Ärzten ausüben kann. Für die beabsichtigte Maßnahme muß daher eine sachliche Notwendigkeit bestehen. Hieran fehlt es, wenn nicht medizinischen Notwendigkeiten, sondern einer wirtschaftlichen Situation Rechnung getragen werden soll, die der Krankenhausträger selbst herbeigeführt hat, so etwa die Teilung einer chirurgischen Abteilung in 2 selbständige Abteilungen nach verlorenem Kündigungsschutzprozeß mit vertraglicher Bindung an den gekündigten Chefarzt und den vor Rechtskraft bereits eingestellten neuen Chefarzt. Die Vergrößerung einer Abteilung zu Lasten einer anderen darf nicht ohne besondere Gründe erfolgen. Die Entwicklungsklausel darf nicht dazu führen, daß die organisatorischen Veränderungen das Verhältnis von Leistung und Gegenleistung so wesentlich verschieben, daß der Grundsatz der Vertragstreue verletzt wird. *(Li)*

Literatur
BAG NJW 1973, S. 581
BAG, Arztrecht, 1976, S. 150
Rieger (1984) Lexikon des Arztrechts, Rdn. 509 ff.

143   Erholungsurlaub

Vom Erholungsurlaub sind sonstige Beurlaubungen zu unterschiedlichen Zwecken zu unterscheiden. Hierzu zählen v. a. Beurlaubungen aus persönlichen Gründen, etwa zu Fortbildungszwecken (→ Dienstbefreiungen). Sie sind nicht auf den Erholungsurlaub anzurechen.

144   Hochschullehrer

Für Professoren als Leitende Ärzte an Einrichtungen der Hochschulklinika gelten die beamtenrechtlichen Vorschriften. Der Umfang des Erholungsurlaubes richtet sich für Bundes- wie Landesbeamte nach der jeweils geltenden Urlaubsverordnung. Er beträgt regelmäßig bei Professoren der Besoldungsgruppe C 4 30 Arbeitstage. Gleiches gilt für sonstige beamtete Leitende Ärzte. Für Sanitätsoffiziere als Leitende Ärzte der Bundeswehrkrankenhäuser gilt Gleiches nach der Erholungsurlaubsverordnung des Bundes. Professoren als Leitende Ärzte an Hochschuleinrichtungen müssen ihren Erholungsurlaub während der vorlesungsfreien Zeit nehmen.

145   Leitende Ärzte in Krankenhäusern

Bei ihnen richtet sich die Dauer des Erholungsurlaubs nach der Vereinbarung im Anstellungsvertrag. In Formularverträgen ist gelegentlich die Bezugnahme auf die einschlägigen Vorschriften des BAT zu finden, so daß in diesem Fall eine Dauer von 6 Wochen vereinbart ist. 5–6 Wochen Erholungsurlaub ist aber auch in Anstellungsverträgen zu finden, in denen diese Bezugnahme auf den BAT fehlt. Für Leitende Ärzte im weiteren Sinne, deren Anstellungsverträge sich nach dem BAT richten, gelten dessen Bestimmungen uneingeschränkt.

146   Nachgeordnete Krankenhausärzte

Für nachgeordnete Krankenhausärzte gelten hinsichtlich des Erholungsurlaubs die jeweiligen beamten- bzw. tarifrechtlichen Vorschriften, ansonsten vertragliche Vereinbarungen.

Nach den beamten- bzw. tarifrechtlichen Vorschriften für den öffentlichen Dienst erhalten nachgeordnete Ärzte nach Lebensalter gestaffelt bezahlten Urlaub. Beamte erhalten während des Urlaubs ihre Beamtenbezüge. Angestellte Ärzte, deren Verträge dem BAT unterfallen, erhalten ihre laufenden Bezüge nach dem Tarifvertrag sowie zusätzlich neben der Grundvergütung und dem Ortszuschlag einen Aufschlag für jeden Urlaubstag. Zusätzlich erhalten beamtete und angestellte Ärzte im öffentlichen Dienst ein tarifvertraglich festgelegtes Urlaubsgeld.

147   Nachgeordnete Ärzte, die Professoren sind, müssen ihren Jahresurlaub ebenfalls in der vorlesungsfreien Zeit nehmen. Angestellte nachgeordnete Ärzte bekommen den Urlaub auf Antrag nach den dienstlichen Belangen bewilligt. *(Li)*

Rechtsgrundlagen
Mindesturlaubsgesetz für Arbeitnehmer (Bundesurlaubsgesetz) vom 08.01.1963 (BGBl. I S. 2); Beamtengesetze des Bundes und der Länder; Hochschul- bzw. Universitätsgesetze der Länder; Gesetz über die Rechtstellung der Soldaten (Soldatengesetz) i. d. F. vom 19.08.1975 (BGBl. I S. 2273) mit Änderungen; Urlaubsverordnungen des Bundes und der Länder, SoldatenurlaubsVO, § 47 ff. BAT

148   Ethikkommission

§ 1 Abs. 4 der MBO für die deutschen Ärzte sieht vor, daß sich der Arzt vor der Durchführung klinischer Versuche am Menschen oder der epidemiologischen Forschung mit personenbezogenen Daten durch eine bei der Ärztekammer oder bei einer medizinischen Fakultät gebildeten Ethikkommission über die mit seinem Vorhaben verbundenen berufsethischen und berufsrechtlichen Fragen beraten lassen muß. Dies gilt ebenfalls bei der Durchführung von Forschungsvorhaben an vitalen menschlichen Gameten und lebendem embryonalem Gewebe. Verboten ist die Erzeugung von menschlichen Embryonen zu Forschungszwecken sowie der Gentransfer an Embryonen.

149   Rechtsgrundlage für die Einrichtung der Ethikkommissionen der medizinischen Fakultäten kann das jeweils geltende Universitäts-/ Hochschulgesetz sein (die aber überwiegend keine Regelungen vorsehen) sowie die Kammer-/Heilberufsgesetze sowie Statuten der Ärztekammern.

150   Die Ethikkommissionen legen ihrer Arbeit neben den allgemeinen Gesetzen die Deklaration von Helsinki (1964) in der revidierten Fassung von Tokyo (1975) und Venedig (1983) zugrunde. Sie sind zumeist mit Ärzten unterschiedlicher Fachgebiete, einem Juristen und einem Theologen besetzt. Die Mitglieder sind bei ihrer Amtsführung unabhängig und an Weisungen nicht gebunden. Allgemein verbindliche Vorschriften für das Verfahren vor der Ethikkommission existieren derzeit nicht. Die evtl. bestehende Haftung der Mitglieder der Ethikkommissionen richtet sich im Bereich der Hochschulen wie im Ärztekammerbereich nach Staatshaftungsrecht, ansonsten nach allgemeinen Haftungsgrundsätzen.

151   Ob und inwieweit eine berufsrechtliche Regelung der Ärztekammern in die Rechte eines Professors aus Art. 5 G eingreifen kann, stellt eine interessante, nicht entschiedene Rechtsfrage dar. *(Li)*

Rechtsgrundlagen
Universitäts-/Hochschulgesetze der Länder, Kammer-/Heilberufsgesetze der Länder, Statuten der Ärztekammern, § 1 Abs. 4, 5 MBO

Literatur
v. Bar/Fischer (1988) Haftung bei der Planung und Förderung medizinischer Forschungsvorhaben, NJW S. 2734
Bock (1984) Das Verfahren vor den Ethikkommissionen der medizinischen Fachbereiche
Deutsch (1981) Ethikkommissionen für Versuche am Menschen, Einrichtung, Funktion, Verfahren, NJW S. 614
Weißauer (1989) Ethikkommissionen und Recht, MMW, S. 551

152   Famulus

Es handelt sich hierbei um einen Studenten der Medizin, der während der unterrichtsfreien Zeit seines Studiums die nach der Approbationsordnung für Ärzte vorgeschriebene praktische Tätigkeit u. a. in einem Krankenhaus ableistet. Die Famulatur muß zwischen der ärztlichen Vorprüfung und dem 2. Abschnitt der ärztlichen Prüfung abgeleistet werden.

153   Während seiner Tätigkeit als Famulus darf der Medizinistudent nicht selbständig ärztliche Maßnahmen durchführen, sondern nur solche, die ihm entsprechend seinen Fähigkeiten und Kenntnissen vom Arzt zur Durchführung übertragen werden. Es gelten die allgemeinen Regeln der → Delegation ärztlicher Aufgaben zur Durchführung durch nachgeordnetes Personal.

154   Der Famulus unterliegt der Schweigepflicht. Zum Krankenhausträger tritt er in kein Arbeitsverhältnis. Da sein Status als Student erhalten bleibt, besteht keine zusätzliche Sozialversicherungspflicht. Der Famulus unterliegt nach § 539 Abs. 1 Nr. 7 RVO der gesetzlichen Unfallversicherung. *(Li)*

Rechtsgrundlagen
§§ 1, Abs. 1, Nr. 4, 7, Abs. 1, Approbationsordnung für Ärzte i. d. F. v. 20.12.1988 (BGBl. I, S. 2477)

155   Forschung

Den Universitäten und somit auch den Hochschulklinika obliegt neben → der Lehre und Krankenversorgung auch die (medizinische) Forschung. Die Verbindung von Forschung, Lehre und Krankenversorgung ist für die Universitäten ein institutionelles Kennzeichen. Forschung zeichnet sich durch Vermehrung von Erkenntnissen aus, die auf einem Weg gefunden werden, der sich selbst rational, d. h. aus der Sache heraus begründet. Forschung ist daher weniger durch die Ergebnisse als durch Methoden geprägt. Forschung kann dabei als angewandte Forschung oder als Grundlagenforschung der Hochschule verstanden werden.

156   Im Bereich der medizinischen Forschung tritt früher oder später die Notwendigkeit auf, anderweitig erzielte Forschungsergebnisse für den Menschen nutzbringend umzusetzen, sie also ggf. auch an ihm selbst auszuprobieren und zu optimieren.

157   Damit wird das Spannungsfeld zwischen der Freiheit der Wissenschaft, des forschenden Arztes und dem Recht des Patienten (Probanden) auf körperliche Unversehrtheit berührt. Dabei ist nicht nur an die spektakulären Dinge wie Gentechnologie oder Fortpflanzungsmedizin zu denken, sondern auch an eher banale Versuche, etwa ein bereits zugelassenes Medikament für eine andere Therapie nutzbar zu machen, sofern die Erprobung am Menschen dies erfolgreich erscheinen läßt. Nach der Berufsordnung für die deutschen Ärzte dürfen Versuche am Menschen fast ausnahmslos nur dann vom Arzt durchgeführt werden, wenn das Vorhaben zuvor der → Ethikkommission einer medizinischen Fakultät oder der Ethikkommission bei der Ärztekammer vorgelegt worden ist, wobei der forschende Arzt unter beiden die Wahl hat. Die Vorlage derartiger Forschungsvorhaben vor ihrem Beginn gehört damit zu den Berufs- und Standespflichten eines jeden forschenden Arztes. *(Li)*

Rechtsgrundlagen
§ 2 HRG, Landesrechtliche Universitäts-/Hochschulgesetze der Länder, § 1 Abs. 4, 5 MBO

Literatur
Thieme (1988) Hochschulrecht, 2. Auflage

158 Forschung in der Medizin

159 1. Begriff

Zu den Aufgaben jedenfalls der Universitätsklinika gehört auch die → Forschung. Sie beschränkt sich nicht etwa auf die Arzneimittelprüfung, die allerdings statistisch wohl am stärksten ins Gewicht fällt und in der Öffentlichkeit die größte Aufmerksamkeit findet. In der medizinischen Forschung ist zwischen Beobachtungs-- und Therapiestudien zu unterscheiden. Letztere lassen sich wiederum in Heilversuch und Humanexperiment untergliedern.

160 *Therapieversuch*

Therapiestudien dienen einem bewertenden Vergleich zweier oder mehrerer Behandlungsarten. Vom Ansatz her lassen sich dabei Heilversuch und Humanexperiment unterscheiden.

161   Der Heilversuch dient vorrangig der Heilung oder sonstigen Behandlung des gerade am Versuch teilnehmenden Patienten. Wissenschaftliche Ergebnisse fallen gleichsam als Nebenprodukt an. Um einen Versuch handelt es sich, weil die angewandten therapeutischen Mittel noch nicht erprobt sind und ihr Einsatz nicht der Schulmedizin (dem Standard) entspricht. In der rechtlichen Bewertung folgt der Heilversuch weithin den Vorgaben zur Heilbehandlung. Da es eine Indikation im strengen Sinne nicht gibt, gewinnen Einwilligung und insbesondere Aufklärung stärkeres Gewicht als sonst.

162   Das Humanexperiment hingegen wird an Probanden durchgeführt und dient nicht der Behandlung. In der Regel sind Probanden gar nicht behandlungsbedürftig. Derartige Humanexperimente kommen in der Arzneimittelforschung zur Erforschung von Nebenwirkungen und Unverträglichkeiten häufig vor.

163   *Feldstudien*

Vom Therapieversuch zu unterscheiden sind die empirischen Feldstudien, also z. B. in der Arzneimittelforschung Studien mit zugelassenen Arzneimitteln im zugelassenen Indikationsbereich oder in der psychiatrischen Forschung die relativ häufigen Beobachtungsstudien. Dabei handelt es sich nicht um die Anwendung einer Therapie, sondern darum, eine auf unterschiedliche Art und Weise definierte Gruppe (Kohorte) in ihrem Verhalten einmal oder häufiger zu beobachten, etwa das Trinkverhalten Alkoholabhängiger oder das Verhalten von behandelten Patienten, Therapieabbrechern usw.

Beobachtungsstudien sind sowohl für die klinische Verlaufsforschung als auch für die Grundlagenforschung von großer Bedeutung.

164   *Abgrenzung*

Beide Versuchsformen werfen juristisch andersartige Probleme auf; jedenfalls liegt der Schwerpunkt der Problematik anders. Beim Therapieversuch ist insbesondere die Einwilligung nach Aufklärung von Interesse, bei den Beobachtungsstudien mehr die Datenbeschaffung und – v.a. bei wiederholten Studien an einer kleinen Kohorte – die Freiwilligkeit der Teilnahme.

165 2. Verfahrensrechtliche Absicherung (Ethikkommission)

Zur Verhütung von mißbräuchlichen Versuchen sind überall in der Bundesrepublik Deutschland → Ethikkommissionen eingerichtet worden. Zu ihren Aufgaben gehört es nicht allein, die wissenschaftliche Plausibilität des Versuchsvorhabens und die Qualifikation der dafür verantwortlichen Wissenschaftler zu überprüfen; daneben haben sie auch die juristisch-ethischen Voraussetzungen zu überprüfen.

166 3. Therapiestudien

Therapiestudien sind nur dann rechtlich zulässig, wenn sie auch wissenschaftlich vertretbar sind. Weiterhin ist eine Vorteil-Risiko-Abwägung vorzunehmen. Der durch die Studie zu erwartende Vorteil (mögliche Verbesserung der Standardbehandlung) muß deren mögliche Risiken und Nachteile deutlich überwiegen.

167   Therapiestudien können in randomisierter und nichtrandomisierter Form durchgeführt werden. Pilotstudien (Phase--I-- und --II--Studien) werden generell nicht randomisiert durchgeführt. Sie bereiten in den rechtlichen Anforderungen kaum größere Schwierigkeiten als die Heilbehandlung selbst. Anderes kann bei Arzneimittelprüfungen gelten, sofern in der Phase I mit Probanden gearbeitet wird. Im Rahmen der Aufklärung ist dem Patienten mitzuteilen, daß an ihm eine nicht erprobte Behandlungsmethode versuchsweise angewendet wird. Auf konkret vorhandene sonstige Heilverfahren ist nachdrücklich hinzuweisen.

Bei der kontrollierten, d. h. generell randomisierten Studie widersprechen sich das Aufklärungserfordernis und die nötige zufällige Therapiezuweisung. Die Aufklärung kann eine unbekannte Einflußgröße darstellen, die die wissenschaftliche Aussagekraft der Studie ggf. nachdrücklich in Frage stellen kann. Dennoch ist die Selbstbestimmungsaufklärung in jedem Fall wegen ihrer Fundierung in der Menschenwürde rechtlich und berufsethisch unverzichtbar.

Auch wenn die wissenschaftliche Aussagekraft einer Studie durch die Randomisation wesentlich gesteigert würde, ist die Randomisation rechtlich nur zulässig, wenn sich für den gut informierten und kritischen behandelnden Arzt bisher keine der Methoden als überlegene herausgestellt hat.

168   Die grundsätzliche rechtliche Zulässigkeit der Studie besagt nicht, daß jeder erwünschte Patient daran teilnehmen muß. Vielmehr dürfen nur solche Patienten/Probanden einbezogen werden, die ausdrücklich

eingewilligt haben, daran teilzunehmen. Die Einwilligung ist wiederum nur dann rechtswirksam, wenn der Patient weiß, worin er einwilligt.

Die Aufklärung umfaßt – wie vor jedem Heileingriff auch – 1. die Aufklärung über die Erkrankung, 2. den Ablauf der vorgeschlagenen Maßnahmen, 3. die Risiken der vorgeschlagenen Behandlungsarten und 4. die Folgen der Verweigerung von notwendigen Maßnahmen.

169   Wenn medizinische Gründe dafür sprechen, soll der behandelnde Arzt dem Patienten eine andere Behandlung empfehlen und somit die erwünschte Randomisation aufheben. In die Studie kann dieser Patient dann nicht aufgenommen werden. Der Patient, der zunächst zugestimmt hat, an einer Studie teilzunehmen, kann seine einmal gegebene Einwilligung jederzeit – auch grundlos – widerrufen.

170   Die Aufklärung über die Art der zur Wahl stehenden Behandlungen und über die Tatsache der zufälligen Zuordnung für eine bestimmte Studie erfolgt grundsätzlich vor der Randomisation. Die Information kann auch nach der Randomisation erfolgen, muß aber den Umstand der zufälligen Zuordnung ebenfalls enthalten. Gewonnen wird dadurch also allein ein möglicherweise günstigerer Zeitpunkt für das Gespräch. Steht der Patient im Behandlungsverlauf vor mehreren Entscheidungen, so hat er vor jeder Entscheidung die notwendige Aufklärung zu erfahren.

171   Für die Aufklärung von Patienten ist keine bestimmte Form vorgeschrieben; sie soll im Gespräch erfolgen. Zu Beweiszwecken empfiehlt sich dringend die Dokumentation der wichtigsten Punkte des Aufklärungsgespräches; vorformulierte Texte können dabei hilfreich sein. Die Unterschrift des Patienten ist nicht erforderlich, wenn der Aufklärende unterschreibt. Probanden sollten jedenfalls schriftlich einwilligen und selbst unterschreiben; bei Arzneimittelstudien müssen sie es. Ihre Aufklärung hat absolut lückenlos zu erfolgen.

172   Jedes Studienprotokoll muß die Abbruchkritierien definieren, denen zufolge bei der wissenschaftlich gesicherten Überlegenheit einer Therapieart die Studie nicht fortgesetzt werden darf. Liegt ein signifikantes Ergebnis früher als erwartet vor, dann muß die Studie abgebrochen werden.

173   Zwischenergebnisse, die die Abbruchkriterien nicht erfüllen, wohl aber einen Überlegenheitstrend erkennen lassen, sind ebenfalls nicht ohne Einfluß auf den Studienverlauf. Zwar müssen solche Studien nicht abgebrochen werden, wohl aber muß der Patient über den Trend aufgeklärt werden.

174   Nur Patienten, die freiwillig an einer Studie teilnehmen wollen, dürfen auch dazu herangezogen werden. Unfreiwillig ist eine Zustimmung in diesem Zusammenhang nicht nur dann, wenn sie unter Druck oder

Gewaltanwendung zustandekommt, sondern auch, wenn eine freie Willensentscheidung eingeschränkt oder übermäßig beeinflußbar ist. Daher sind Humanexperimente an Strafgefangenen, Nichteinwilligungsfähigen und generell auch bei Kindern unzulässig. Beim Heilversuch gilt das nicht.

Eine Versicherungspflicht besteht nach § 40 AMG nur für Arzneimittelstudien an Probanden. Eine Erweiterung dieser Versicherungspflicht auf andere Fälle erscheint nur notwendig, wenn vergleichbare Gefahren drohen.

175   4. Beobachtungsstudien

Die Probleme bei den Beobachtungsstudien liegen nicht so sehr im Bereich der Aufklärung als vielmehr im Bereich der Datenbeschaffung einerseits und der Freiwilligkeit andererseits. Der Zugang zu den Daten interessanter Probandengruppen kann rechtlich so schwierig sein, daß eine eigentlich hochwillkommene Studie unterbleiben muß oder jedenfalls nur mit erheblichem finanziellen Aufwand durchgeführt werden kann.

176   Auch hier ist die rechtliche Zulässigkeit an die wissenschaftliche Vertretbarkeit gebunden: nur eine Studie, die wissenschaftlichen Ertrag verspricht, ist rechtlich zulässig, aber nur dann, wenn auch noch weitere Anforderungen erfüllt sind.

Da es sich hier nicht um eine Therapie handelt, kann sich die Aufklärung in aller Regel darauf beschränken, daß es sich um eine Studie handelt, welche Art der Mitwirkung verlangt wird, wie belastend diese Mitwirkung ist und welche finanziellen Zuwendungen vorgesehen sind. Wird eine Gruppe Kranker untersucht, etwa Therapieabbrecher, muß ihnen der Grund mitgeteilt werden, der zu ihrer Auswahl für die Studienteilnahme geführt hat. Die Teilnehmer sollen erfahren, daß sie jederzeit ihre Mitwirkung an dem Versuch abbrechen können. Die Freiwilligkeit wirft bei Beobachtungsstudien größere Probleme auf, z. B. bei der mehrmaligen Beforschung der gleichen Gruppe in bestimmten Abständen. Ist die Kohorte einmal für die erste Beobachtung festgelegt, so kann sie für die folgenden nicht mehr vergrößert werden. Da bei Abständen von 5 und 10 Jahren mit natürlichem Abgang und Unauffindbarkeit gerechnet werden muß, ist hier die Gefahr sehr groß, daß von den Forschern unzulässiger Druck auf die verbliebenen Probanden ausgeübt wird, um überhaupt aussagekräftige Ergebnisse zu erzielen. *(Ke)*

Rechtsgrundlage
§§ 40–42 AMG, § 41 StrlSchV

Literatur
Fischer (1987) Rechtsprobleme der Trendbeurteilung bei der klinischen Prüfung von Arzneimitteln, MedR S. 1 - 80
Kern (1990) Ethisch-juristische Gesichtspunkte bei Studien in der Psychiatrie. In: Klinische Studien in der Psychiatrie. Therapie und Rückfallprophylaxe psychischer Erkrankungen im Erwachsenenalter, S. 32 - 43
Kern/Laufs (1983) Die ärztliche Aufklärungspflicht
Kilian (1983), Rechtsfragen der medizinischen Forschung mit Patientendaten
Laufs (1987), Arztrecht, 4. Auflage, Rdn. 486 - 519
Rieger (1984), Lexikon des Arztrechts, Rdn. 952 ff.
Samson (1988) Ethische und rechtliche Fragen. In: Therapiestudien bei bösartigen Neubildungen, S. 41 - 70
zum Winkel/Dörr/Hermann/Kern/Laufs (Hrsg. 1984) Randomisation und Aufklärung bei klinischen Studien in der Onkologie

177 Fortbildung

Nach den Regelungen der Heilberufs- und Kammergesetze ist es Pflicht der Ärzte (Kammermitglieder), die in ihrem Beruf tätig sind, sich beruflich fortzubilden und sich dabei auch über die für die Berufsausübung geltenden Bestimmungen zu unterrichten. Die Satzungen der Kassenärztlichen Vereinigungen müssen Bestimmungen über die Fortbildung der Ärzte auf dem Gebiet der kassenärztlichen Tätigkeit, alles Nähere über Art und Weise der Fortbildung sowie die Teilnahmepflicht regeln.

178 Auch aus den Pflichten des angestellten bzw. beamteten Krankenhausarztes zum Arbeitgeber bzw. Dienstherrn können sich Fortbildungspflichten ergeben.

Der Umfang der ärztlichen Fortbildungspflicht richtet sich danach, wie weit die Fortbildung zur Erhaltung und Entwicklung der zur Ausübung des Berufes erforderlichen Fachkenntnisse notwendig ist. Die Verpflichtung zur Fortbildung ist wirtschaftlich wie zeitlich umfassend. Vom Krankenhausarzt wird man, insbesondere wenn er sich noch in der → Weiterbildung befindet, verlangen können, daß er sich über die Entwicklung seines Fachgebietes umfassend informiert, etwa durch einschlägige Zeitschriftenlektüre, aber auch durch Besuch von Kongressen und Fortbildungsveranstaltungen sowie die sonst in den Berufsordnungen genannten Möglichkeiten. *(Li)*

Rechtsgrundlagen
Kammer-/Heilberufsgesetze der Länder, § 81 SGB V, § 7 MuBO

179   Freistellungsanspruch

Bei den Anspruchsgrundlagen → Geschäftsführung ohne Auftrag und
→ unerlaubter Handlung besteht die Möglichkeit, daß der Geschädigte
den Handelnden unmittelbar aus dem schädigenden Ereignis auf Schadenersatz in Anspruch nehmen kann. In diesen Fällen wurde dem Arbeitnehmer bei Vorliegen gefahrgeneigter Tätigkeit bis zur groben
Fahrlässigkeit ein Anspruch auf Freistellung vom Direktanspruch des
Geschädigten gegen seinen Arbeitgeber zugestanden. Auch für diesen
Anspruch war Voraussetzung, daß eine gefahrgeneigte Tätigkeit ausgeübt worden war, was von ärztlicher Tätigkeit allerdings nicht generell
behauptet werden kann. Bei beamteten Ärzten richtet sich der Ersatzanspruch unmittelbar gegen den Dienstherrn, so daß eine Inanspruchnahme durch den Geschädigten regelmäßig ausscheiden wird. *(Li)*

Rechtsgrundlagen
S. Stichwort „Rückgriff"

Literatur
S. Stichwort „Rückgriff"

180   Fürsorgepflicht

In den Stichworten → Haftung, → Freistellung, → Rückgriff ist immer
wieder der Hinweis enthalten, daß einige wenige Arbeitgeber (des öffentlichen Dienstes zumeist) die betrieblichen Risiken der Patientenbehandlung noch immer nicht durch Abschluß von Haftpflichtversiche-
rungen abgedeckt haben. Aus diesem Umstand ergeben sich sowohl für
Leitende wie nachgeordnete Ärzte Haftungsprobleme, die sich im
Krankenhaus mit kommunaler und/oder privater Trägerschaft nicht
ergeben.

181   Nicht nur aus der Risikoverteilung der Pflichten aus dem Arbeitsverhältnis, sondern auch aus der allgemeinen Fürsorgepflicht des Krankenhausträgers für seine Ärzte (und sein übriges Personal, versteht
sich) ergibt sich v. a. im Falle der Selbstversicherung aus der allgemeinen Fürsorgepflicht die Pflicht des Arbeitgebers, den Arbeitnehmer
von Schadenersatzansprüchen Dritter freizustellen. Es sind dies v. a.
und gerade Schadenersatzansprüche, die mangels Versicherungsschutzes auf den Arbeitnehmer zurückfallen können. Es gilt dies aber nicht
nur für Schadenersatzansprüche aus gefahrgeneigter Tätigkeit, sondern

auch für solche Tätigkeiten, von denen dies nicht gesagt werden kann. Insbesondere gilt dies, wenn etwa organisatorische Mängel oder sonstige im Verantwortungsbereich des Krankenhausträgers liegende Ursachen schadensbegründend waren.

182   Die Fürsorgepflicht des Krankenhausträgers gebietet es, etwa auch einen Leitenden Arzt, dem ein Behandlungsfehler unterlaufen ist, zunächst gegen ungerechtfertigte Angriffe der Öffentlichkeit in Schutz zu nehmen, ehe die Sachverhaltsermittlung Anhaltspunkte für arbeitsrechtliche Maßnahmen nahelegt. Dies gilt insbesondere bei Strafanzeigen und der häufig vorschnell ausgesprochenenen außerordentlichen Kündigung. *(Li)*

Literatur
Schaub (1987) Arbeitsrechtshandbuch, § 108 V

183   **Gastarzt**

Der Gastarzt zählt zu den nachgeordneten Ärzten. Gastarzt ist, wer ohne rechtliche oder tatsächliche Eingliederung in ein Krankenhaus nach eigenem freien Belieben und ohne zeitliche und inhaltliche Festlegung seines Tätigkeitsbereiches bestimmte, für seine Berufsausübung bedeutsame Kenntnisse und Erfahrungen sammeln will. Er wird hierzu zumeist von seinem Dienstherrn unter Belassung der Bezüge beurlaubt oder auf seinen Wunsch abgeordnet. Er wird im wesentlichen nur beobachtend, nicht behandelnd tätig. *(Li)*

Literatur
Uttlinger/Breier, Bundesangestelltentarifvertrag, § 3 f.

184   **Gebietsbezeichnung**

Gebietsbezeichnung ist eine Erweiterung der Berufsbezeichnung, die auf besondere Kenntnisse in einem medizinischen Gebiet im Sinne der Weiterbildungsordnungen hinweist.

185   Sie darf nach erfolgreich absolvierter → Weiterbildung geführt werden. Die Anerkennung der Gebietsbezeichnung erteilt die Ärztekammer nach den Vorschriften der Weiterbildungsordnung.

186   Das Führen mehrerer Gebietsbezeichnungen ist nur in den in der Weiterbildungsordnung genannten verwandten Gebieten statthaft. Vor-

aussetzung für das Führen einer Gebietsbezeichnung ist, daß der Arzt in dem Gebiet tätig ist. *(Li)*

Rechtsgrundlagen
Kammer-/Heilberufsgesetze der Länder, Weiterbildungsordnungen der Ärztekammern

187   Gebührenordnung

Das ärztliche Honorar bestimmt sich nach der am 01.01.1983 in Kraft getretenen, auf § 11 BÄO fußenden Gebührenordnung für Ärzte vom 12.11.1982, jetzt in der Fassung der 2. Änderungsverordnung vom 20.12.1984.

An die Gebührenordnung ist der Arzt bei Erstellung seiner Liquidation gebunden. Das Hauptanwendungsgebiet der Gebührenordnung für Ärzte ist die Liquidation gegenüber dem Privatpatienten. Der zulässige Gebührenrahmen wurde vom früher möglichen 6fachen bei ärztlichen Leistungen auf das 3,5fache und bei medizinisch-technischen Leistungen auf das 2,5fache festgesetzt. Beide Werte bedürfen einer ausführlichen Begründung. Ohne zusätzliche Begründung ist das 2,3fache für ärztliche und das 1,8fache für medizinisch-technische Leistungen als Berechnungsgrundlage zulässig. Leistungen darf der Arzt nach der Gebührenordnung nur abrechnen, wenn er sie selbst erbracht hat oder sie durch Personen hat erbringen lassen, die seiner Aufsicht und Weisung unterstehen.

188   Durch schriftliche Vereinbarung mit dem Patienten kann eine von der Verordnung abweichende Gebührenhöhe vereinbart werden. Bei der Verwendung von formularmäßigen Abbedingungsvereinbarungen sind die Vorschriften des Gesetzes über die allgemeinen Geschäftsbedingungen zu beachten. Die Vergütung wird erst fällig, wenn dem Patienten eine dem § 11 GOÄ entsprechende Rechnung erteilt worden ist, die u. a. enthalten muß: das Datum der Leistungserbringung, bei Gebühren die Nummer und die Bezeichnung der einzelnen berechneten Leistungen sowie den jeweiligen Betrag und den Steigerungssatz, bei Entschädigungen nach §§ 7–9 GOÄ: Betrag und Art der Entschädigung und Berechnung. Bei Ersatz von Auslagen ist diese zu belegen, sofern sie DM 50,-- übersteigt. Zu begründen ist die Überschreitung des 2,3- bzw. 1,8fachen des Gebührensatzes. Bei stationären und teilstationären privatärztlichen Leistungen sind die nach der GOÄ berechneten Gebühren durch den liquidationsberechtigten Arzt um 15% zu mindern (→

Nutzungsentgelt → Pflegesatz). Auch hier bleibt der liquidationsberechtigte Arzt zur persönlichen Erbringung der Behandlung verpflichtet. In Ausnahmefällen kann er sich durch einen Vertreter vertreten lassen. Die Vertretung muß mit dem Patienten ausdrücklich vereinbart sein. *(Li)*

Rechtsgrundlagen
Gebührenordnung für Ärzte i. d. F. der 2. Änderungsverordnung vom 20.12.1984 (BGBl. I, S. 1680)

Literatur
Rieger (1984) Lexikon des Arztrechts, Rdn. 679
Schmatz/Goetz/Matzke (1983) GOÄ, 2. Auflage

189 Gerätesicherheit

Medizinisch-technische Geräte im Sinne der Verordnung über die Sicherheit medizinisch-technischer Geräte (MedGV) dürfen gewerbsmäßig oder selbständig nur in Verkehr gebracht oder ausgestellt werden, wenn sie den Vorschriften der Verordnung, den allgemein anerkannten Regeln der Technik sowie den Arbeitsschutz- und Unfallverhütungsvorschriften entsprechen. Es muß sichergestellt sein, daß Patienten, Beschäftigte und Dritte bei bestimmungsgemäßer Verwendung der Geräte gegen Gefahren für Leben und Gesundheit soweit geschützt sind, wie es die Art der bestimmungsgemäßen Verwendung gestattet.

190   Der Hersteller hat jedes Gerät mit einer Gebrauchsanweisung in deutscher Sprache zu versehen, die die notwendigen Angaben über Verwendungszweck, Funktionsweise, Kombinationsmöglichkeiten mit anderen Geräten, Reinigung, Desinfektion, Sterilisation, Zusammenbau, Funktionsprüfung sowie Wartung des Gerätes enthält.

Für bestimmte medizinisch technische Geräte wird überdies eine Bauartzulassung vorgeschrieben, ohne die die Geräte nicht in den Verkehr gebracht werden dürfen.

191   Geräte bestimmter Gruppen (die Verordnung teilt medizinisch-technische Geräte in 4 Gruppen ein) dürfen nur von Personen angewendet werden, die aufgrund ihrer Ausbildung oder ihrer Kenntnisse und praktischen Erfahrungen die Gewähr für eine sachgerechte Handhabung bieten (Geräte der Gruppen 1 und 3). Vor der Anwendung von Geräten der Gruppen 1, 3 und 4 hat sich der Anwender von der Funktionssicherheit und dem ordnungsgemäßen Zustand des Gerätes zu überzeugen. Geräte der Gruppen 1 und 3 dürfen nur von Personen angewendet

werden, die am Gerät unter Berücksichtigung der Gebrauchsanweisung in die sachgerechte Handhabung eingewiesen worden sind. Eingewiesen werden dürfen nur Personen, die aufgrund ihrer Kenntnisse und praktischen Erfahrungen für die Handhabung geeignet sind.

192   Der Betreiber muß bei Geräten der Gruppe 1 die erforderlichen sicherheitstechnischen Kontrollen in vorgeschriebenem Umfang fristgerecht durchführen lassen. Diese Kontrollen dürfen nur Personen zur Durchführung übertragen werden, die aufgrund ihrer Ausbildung, ihrer Kenntnisse und ihrer durch praktische Fähigkeit gewonnenen Erfahrung Kontrollen ordnungsgemäß durchführen können und bei den Kontrollen keinen Weisungen unterworfen sind. Der Betreiber hat für Geräte der Gruppen 1 und 2 ein Bestandsverzeichnis zu führen. Für Geräte der Gruppe 1 ist ein Gerätebuch zu führen, in welches u. a. einzutragen ist: Zeitpunkt der Funktionsprüfung vor der erstmaligen Inbetriebnahme des Gerätes; Zeitpunkt der Einweisung sowie die Namen der eingewiesenen Personen; Zeitpunkt und Durchführung der vorgeschriebenen sicherheitstechnischen Kontrollen und Instandsetzungsmaßnahmen sowie der Name dessen oder der Firma, die die Maßnahme durchgeführt hat; Zeit, Art und Folgen von Funktionsstörungen und wiederholte gleichartige Bedienungsfehler. Haben Funktionsausfälle oder -störungen bei Geräten der Gruppen 1 und 3 zu einem Personenschaden geführt, so hat der Betreiber diese der zuständigen Behörde unverzüglich anzuzeigen.

193   Als Vertreter des Eigentümers der in den Krankenhäusern eingesetzten Geräte hat der → Verwaltungsdirektor bzw. der Krankenhausdezernent für die Einhaltung der Vorschriften der Verordnung zu sorgen bzw. durch geeignete Kontrollmaßnahmen sicherzustellen, daß entsprechend den Vorschriften der Verordnung verfahren wird. Ergeben sich aus diesen Vorschriften Zielkonflikte dergestalt, ob ein neues Gerät beschafft oder vorhandene Geräte auf den neuesten Stand der Technik gebracht werden sollen, so hat der Verwaltungsdirektor als Verantwortlicher und Beauftragter für den Haushalt für eine Prioritätensetzung zu sorgen und entsprechende Beschlüsse der → Krankenhausleitung herbeizuführen: Unbeschadet seiner Gesamtverantwortung wird das Leitungsgremium Pflichten aus der Verordnung zur Durchführung auf den Betreiber der Geräte durch interne Dienstanweisungen delegieren. *(Li)*

Rechtsgrundlagen
Verordnung über die Sicherheit medizinisch-technischer Geräte (MedGV) vom 14.01.1985 (BGBl. I, S. 93)

Literatur
Nöthlichs-Weber (1985) Sicherheitsvorschriften für medizinisch-technische Geräte, Kommentar

194 Geschäftsführung ohne Auftrag

Das Recht der Geschäftsführung ohne Auftrag regelt Folgen des Handelns außerhalb des eigenen Zuständigkeitsbereiches. Die echte Geschäftsführung ohne Auftrag erfordert den Fremdgeschäftsführungswillen. Im ärztlichen Bereich beim bewußtlosen Patienten sind diese Voraussetzungen regelmäßig gegeben. Je nach Situation und Zustand eines Patienten hat der Arzt entsprechend dem mutmaßlichen Willen und dem Interesse des Patienten die erforderlichen Maßnahmen einzuleiten und durchzuführen. Zulässig sind in jedem Fall alle lebensrettenden Sofortmaßnahmen, um das Leben des Patienten zu erhalten. In diesen Fällen gibt die Geschäftsführung ohne Auftrag die Rechtfertigung für ärztliches Eingreifen zugunsten des Patienten überhaupt, da eine Willensäußerung des Patienten, also eine Einwilligung, nicht möglich ist. Darüber hinaus sichert sie auch Honoraransprüche gegen den Patienten, da ein Behandlungsvertrag nicht zustande kommt. Schließlich begrenzt § 680 BGB die Haftung des handelnden Arztes als Notgeschäftsführer auf Vorsatz und grobe Fahrlässigkeit. Gleiches gilt, wenn der Arzt einen geschäftsunfähigen oder beschränkt geschäftsfähigen Patienten behandelt, wobei hier im Gegensatz zum bewußtlosen Patienten immerhin noch die Möglichkeit einer Kontaktaufnahme besteht.

195   Die Begrenzung der Haftung des Geschäftsführers ohne Auftrag auf Vorsatz und grobe Fahrlässigkeit ist gerechtfertigt, auch wenn der Geschäftsführer ohne Auftrag gewerbsmäßig tätig wird (etwa der Krankenhausarzt als Notarzt). Jedoch sind an den Sorgfaltsmaßstab des so tätigen Arztes höhere Anforderungen zu stellen als an einen Laien.

196   Aus Verletzung der Pflichten eines Geschäftsführers ohne Auftrag kann der Arzt vom Patienten auch unmittelbar in Anspruch genommen werden. In diesem Fall hat er gegen seinen Arbeitgeber einen → Freistellungsanspruch bis zur mittleren Fahrlässigkeit (vgl. auch → Rückgriff, → Haftung). *(Li)*

Rechtsgrundlagen
§§ 677 ff. BGB

Literatur
Laufs (1988) Arztrecht, 4. Auflage, Rdn. 77 ff.
Medicus (1977) Gesetzliche Schuldverhältnisse, §§ 30 ff.
Seiler (1986) in: Münchner Kommentar zum BGB, 2. Auflage, §§ 677 ff.

197 Gutachten

Das ärztliche Gutachten läßt sich definieren als die Anwendung medizinischer Erkenntnisse und Erfahrungen auf einen Einzelfall im Hinblick auf eine (oft aus rechtlichen Gründen notwendige) Fragestellung, wobei der Arzt aus Tatsachen oder Zuständen, die er selbst oder ein anderer wahrgenommen hat, mit Hilfe seiner Sachkunde Schlüsse zieht. Wesensmerkmal des Gutachtens ist, daß es eine wissenschaftliche Schlußfolgerung enthält. Dies unterscheidet es vom Befundbericht.

198   Jedoch gilt nicht für alle relevanten Rechtsgebiete ein einheitlicher Gutachtenbegriff, so sehr dies erstaunen mag. So geht etwa das ärztliche Gebührenrecht von einem engeren Gutachtenbegriff aus, wenn es bei der Honorierung von Gutachten nach Schwierigkeit und Arbeitsaufwand differenzieren muß. Ein Befundbericht mit kritischer Stellungnahme nach Ziffer 15 GOÄ erfüllt sonach nicht die gebührenrechtliche Voraussetzung eines Gutachtens nach den Ziffern 20ff. GOÄ.

199   Von zentraler Bedeutung ist der Gutachtenbegriff indessen für das Nebentätigkeitsrecht der beamteten Hochschullehrer (Professoren), der sonstigen Beamten und Angestellten. Bei beamteten Hochschullehrern (Professoren) ist die mit Forschung und Lehre zusammenhängende Gutachtertätigkeit zwar nicht genehmigungspflichtig; wird sie jedoch entgeltlich durchgeführt, so ist sie unter Angabe des Umfanges vor Aufnahme anzuzeigen. Werden zur Gutachtenerstattung Personal, Räume und Sachmittel des Dienstherrn in Anspruch genommen, so richtet sich das Genehmigungsverfahren nach den Vorschriften über die → Nebentätigkeit. Für die Inanspruchnahme ist ein → Nutzungsentgelt zu entrichten. Der Dienstherr kann von seinen beamteten Hochschullehrern (Professoren), Beamten und Angestellten die Erstattung von Gutachten für dienstliche Zwecke im Rahmen der Dienstaufgaben fordern (s. → Sachverständige). Diese Vorschriften gelten für Leitende Krankenhausärzte, die Beamte oder beamtete Hochschullehrer (Professoren) sind wie auch für nachgeordnete beamtete Krankenhausärzte. Über § 11 BAT gelten diese Vorschriften auch für angestellte Krankenhausärzte in Krankenhäusern öffentlicher Träger im Geltungsbereich des BAT.

200   Das Bundesarbeitsgericht qualifiziert die → Leichenschau wie auch die Dokumentation im Rahmen der → Blutentnahme zur Feststellung der Blutalkoholkonzentration als Befundberichte, auf die Nr. 5 SR 2 c BAT nicht anwendbar seien. Somit haben Krankenhausärzte diese Papiere im Rahmen der Dienstaufgaben auszustellen, ohne daß sie hierfür liquidieren dürfen. Für den Fall der Durchführung der Leichenschau durch den Krankenhausarzt im Notarztdienst erscheint diese Auffassung zweifelhaft (vgl. auch → Sachverständige). *(Li)*

Rechtsgrundlage
Gebührenordnung für Ärzte i. d. F. v. 12.11.1982 (BGBl. I, S. 1522) mit Änderungen; Beamtengesetze des Bundes und der Länder, Nebentätigkeitsverordnungen, Bundesangestelltentarifvertrag

Literatur
Vgl. Stichwort „Nebentätigkeit"

201 Haftung

Die Haftung ist eine der möglichen Antworten des Rechts auf ärztliches Fehlverhalten, sei es → Behandlungsfehler oder → Aufklärungspflichtverletzung. Daneben finden sich noch Strafen und berufsgerichtliche Maßnahmen. Strafe und Haftung knüpfen nicht allein an das Fehlverhalten des Arztes an, sondern verlangen darüber hinaus eine bestimmte Rechtsgutverletzung (Leben, Körper, Gesundheit). Die berufsgerichtliche Verurteilung hingegen ist selbst bei einem folgenlosen Arztfehler möglich.

202 Die Haftung verlangt über die Voraussetzung der Rechtsgutverletzung hinaus weiterhin einen Schaden bei dem Verletzten. Den Schaden zu ersetzen, ist Aufgabe der Haftung. Dabei werden materieller Schaden (Heilungskosten, Verdienstausfall, Fahrtkosten für Besuche von Angehörigen usw.) und immaterieller Schaden (Schmerzensgeld) unterschieden. Der Ersatz materiellen Schadens dient dem Ausgleich. Das Schmerzensgeld hingegen kann eigentlich die Schmerzen nicht ausgleichen. Es soll aber die erlittenen Schmerzen und die entgangene Lebensfreude kompensieren; dem Betroffenen sollen anderweitige Annehmlichkeiten geboten werden. Daneben soll ihm allerdings auch eine gewisse Genugtuung verschafft werden.

203 Die Haftung kann auf einer Vertragsverletzung durch den Arzt beruhen (Verletzung des → Behandlungsvertrages) und auf dem allgemeinen deliktrechtlichen Anspruch des § 823 BGB, wonach jedermann, also auch der Arzt, dafür haftet, wenn er einen anderen am Körper oder an der Gesundheit verletzt oder ihn tötet. Der wesentliche Unterschied zwischen beiden Haftungsarten liegt in der Gewährung des Schmerzensgeldes. Wegen Vertragsverletzung haftet der Arzt soweit er Vertragspartner ist (→ Behandlungsvertrag), sonst der Krankenhausträger nur für den Ersatz materieller Schäden aus dem deliktischen Anspruch darüber hinaus auch auf Schmerzensgeld. Da Klagen gegen Ärzte häufig auf Schmerzensgeld abzielen, stehen deliktische Ansprüche im Vordergrund des Arzthaftpflichtrechts.

204   Außerordentlich verwickelt zu beantworten ist die Frage, welcher Arzt einer Klinik haftet und ob auch der Krankenhausträger haftet. Dabei besteht die Möglichkeit, daß mehrere Ärzte nebeneinander haften und zusätzlich der Krankenhausträger. Aus arbeitsrechtlichen Gründen ergeben sich u. U. interne → Freistellungsansprüche der Ärzte gegen den Krankenhausträger, d. h. im Verhältnis zu den Ärzten haftet der Träger alleine, etwa bei Organisationsmängeln. Der beamtete Arzt haftet regelmäßig nicht selbst, sondern für ihn der Träger, der aber unter Umständen intern bei dem Arzt Regreß nehmen kann. *(Ke)*

Rechtsgrundlagen
§§ 611, 278, 823, 831, 839, 81, 39 BGB

Literatur
Rieger (1984) Lexikon des Arztrechts, Rdn. 766 ff.
Schmid (1988) Die Passivlegitimation im Arzthaftpflichtprozeß

205   Hochschullehrer

Der medizinische Hochschullehrer ist ein akademischer Forscher und Lehrer, dem die selbständige Vertretung eines medizinisches Faches in → Forschung, → Lehre und Kankenversorgung übertragen ist, wobei die Qualifikation zur Ausübung des Amtes durch Habilitation oder gleichwertige Leistungen erbracht wird und die Anerkennung als Gebietsarzt Voraussetzung für die Ernennung zum Professor ist.

206   Medizinische Hochschullehrer haben zumeist den Status von Professoren und zählen als Leiter von Einrichtungen der Universitätsklinika zu den → Leitenden Ärzten. Gleiches gilt von ihren Stellvertretern im Professorenrang. Medizinische Hochschullehrer sind als Professoren Beamte nach den jeweils geltenden hochschul- und beamtenrechtlichen Vorschriften.

207   Krankenversorgung betreiben sie, um ihr Fach in Forschung und Lehre selbständig vertreten zu können. Als Leitende Ärzte, die eine Einrichtung eines Universitätsklinikums leiten, ist ihnen zumeist durch → Berufungsvereinbarung das → Liquidationsrecht eingeräumt. Hierfür entrichten sie ein → Nutzungsentgelt.

208   Sie können sich bei Ausübung ihrer Tätigkeit auf den Grundsatz der Wissenschaftsfreiheit berufen, allerdings in denjenigen Grenzen, die das dem Patienten zustehende Recht auf Unverletzlichkeit seiner Person zuläßt.

Die mitgliedschaftliche Stellung innerhalb der Universität ergibt sich aus den hochschulrechtlichen Vorschriften.

209   Von medizinischen Hochschullehrern im Professorenrang sind diejenigen Professoren zu unterscheiden, die innerhalb und/oder außerhalb des Universitätsbereiches berechtigt sind, die Bezeichnung eines außerplanmäßigen Professors zu führen. An außeruniversitären Krankenhäusern sind sie zumeist → Leitende Ärzte im Angestelltenverhältnis, innerhalb der Universität bemißt sich ihr Status nach den hochschulrechtlichen Vorschriften. Sie sind dort zumeist Angehörige des wissenschaftlichen Dienstes. Der Titel eines außerplanmäßigen Professors wird in der Regel nach sechsjähriger erfolgreicher Tätigkeit als Privatdozent verliehen. Auch nach dem Ausscheiden aus dem Beamtenverhältnis kann dem Professor die Weiterführung der Amtsbezeichnung gestattet werden. *(Li)*

Rechtsgrundlagen
§§ 36, 42 ff. HRG, Hochschul-/Universitätsgesetze der Länder; §§ 105 ff. BRRG, Beamtengesetze der Länder

Literatur
Grundlegend zum Hochschullehrerrecht: BVerfG NJW 1973, S. 1176 ff.
Kern (1985) Zum Weiterführen der Amtsbezeichnung „Professor" nach der Entlassung aus dem Beamtenverhältnis, MedR S. 242 ff.
Scheven (1982) In: Handbuch des Wissenschaftsrechts, S. 423 ff.
Schneider (1982) In: Handbuch des Wissenschaftsrechts, S. 995 ff.

210   Katastrophenschutz

Zivile Katastrophen im Sinne der Katastrophenschutzgesetze der Länder sind Ereignisse, die Leben oder Gesundheit zahlreicher Menschen, erhebliche Sachwerte oder die lebensnotwendige Versorgung der Bevölkerung in so ungewöhnlichem Maße gefährden oder schädigen, daß es geboten erscheint, ein zu ihrer Abwehr und Bekämpfung erforderliches Zusammenwirken von Behördenstellen und Organisationen unter die einheitliche Leitung der Katastrophenschutzbehörde zu stellen.

211   Die Bekämpfung ziviler Katastrophen, die Vorbeugung sowie die vorläufige Beseitigung der Katastrophenschäden ist Aufgabe der Katastrophenschutzbehörden der Länder.

Wegen der notwendigen medizinischen Versorgung sind die Krankenhäuser regelmäßig in die Planungen einbezogen. Die Ärzte (und das sonstige Personal) des Krankenhauses werden indessen selten vor Ort tätig werden, weil sie im Krankenhaus benötigt werden. Denkbar ist das Mitwirken Leitender Ärzte in Stäben des Katastrophenschutzes. Krankenhäuser selbst müssen für den Notfall gerüstet sein und über einen Katastrophenschutzplan verfügen, der sowohl das Verhältnis der Hilfe für Katastrophen außerhalb des Krankenhauses als auch das im Katastrophenfall im Krankenhaus (z. B. Brände usw.) berücksichtigen und festlegen muß. *(Li)*

Rechtsgrundlagen
Katastrophenschutzgesetze der Länder, Katastrophenschutzpläne der Krankenhäuser

212   Klinische Sektion

Unter klinischer Sektion versteht man die nach den Regeln der Kunst durchgeführte innere → Leichenschau. Während andere Sektionsarten gesetzlich geregelt sind, ist die klinische Sektion gesetzlich nicht geregelt. Sie dient der Feststellung von Todes- und Krankheitsursachen, also letztlich der Überprüfung der ärztlichen Behandlung unter dem Gesichtspunkt der → Qualitätskontrolle und Qualitätssicherung.

213   Der Gesetzgeber hat sich trotz der mit dem Fehlen einer gesetzlich notwendigen Regelung zusammenhängenden Unsicherheit bisher zu keiner gesetzlichen Regelung entscheiden können. Somit gelten für die Zulässigkeit der klinischen Sektion folgende von der Rechtsprechung und dem Schrifttum aufgestellten Grundsätze:

214   Wie der ärztliche Heileingriff stellt die klinische Sektion zunächst eine objektiv rechtswidrige Körperverletzung dar, die dadurch gerechtfertigt ist, daß der Verstorbene selbst vor seinem Tode oder die totensorgeberechtigten Angehörigen nach seinem Tode in die klinische Sektion eingewilligt haben. Zu dieser Erklärung berechtigt sind der Reihe nach der Ehegatte, die Kinder, die Eltern, die Großeltern, volljährige Enkel, volljährige Geschwister. Der Arzt darf grundsätzlich darauf vertrauen, daß derjenige Angehörige, der den Verstorbenen in die Klinik eingeliefert und dort besucht hat, der nächste Angehörige und zur Erklärung befugt ist. Bei minderjährigen Kindern sind beide Elternteile nur gemeinsam befugt. Bei Differenzen zwischen dem bekannten Willen des erwachsenen Verstorbenen und dem der nächsten Angehörigen geht der des Verstorbenen vor.

Können Angehörige in angemessener Zeit nicht ausfindig gemacht werden oder sind keine vorhanden und hat der Verstorbene keinen Willen geäußert, so kann eine klinische Sektion nur nach Güter- und Pflichtenabwägung zulässig sein. Sektionsklauseln, wie sie sich in den allgemeinen Vertragsbestimmungen der Krankenhäuser finden, stoßen auf erhebliche Bedenken. Der behandlungsbedürftige Kranke, der das Krankenhaus zur Gesundung aufsucht, will im Regelfall nicht darin einwilligen, seziert zu werden, auch wenn dies von dringendem ärztlichem Interesse im Hinblick auf die Klärung der Todesursache und des Krankheitsverlaufes ist.

215   Umstritten ist auch, ob eine klinische Sektion gegen den Willen des Verstorbenen oder seiner Angehörigen zu Forschungszwecken zulässig ist. Hat sich der Verstorbene zu Lebzeiten gegen eine derartige klinische Sektion ausgesprochen, hat das medizinische Forschungsinteresse keinen Vorrang. Steht die Weigerung der nächsten Angehörigen und das Forschungsinteresse gegeneinander, so tritt das schwächere Totensorgerecht der Angehörigen gegen das Interesse der Allgemeinheit an der Vervollkommnung des medizinischen Wissens zurück. *(Li)*

Literatur
Brugger-Kühn (1979) Die Sektion der menschlichen Leiche
Zimmermann (1975) Gesellschaft, Tod und medizinische Erkenntnis, Zur Zulässigkeit von klinischen Sektionen, NJW S. 569

216 Konsiliar

Ein Konsilium ist nach ärztlichem Sprachgebrauch die Besprechung zweier oder mehrerer Ärzte nach vorausgehender Untersuchung des Patienten zur Stellung der Diagnose oder Festlegung der Therapie.

217   Das Konsilium unterscheidet sich somit von der → Mitbehandlung, bei der der Patient durch einen weiteren Arzt behandelt wird, und der bloßen Erkundigung eines Arztes nach einem Patienten bei einem anderen Arzt oder der gelegentlichen Aussprache unter Ärzten über einen Patienten sowie der konsiliarischen Untersuchung aufgrund gezielter Überweisung.

218   Zieht der erstbehandelnde Arzt mit Wissen und Wollen des selbstzahlenden Patienten einen Konsiliar hinzu, so entstehen zu diesem neue Vertragsbedingungen, beim bewußtlosen Patienten Ansprüche aus Geschäftsführung ohne Auftrag. Beim Kassenpatienten gilt das soeben für die Mitbehandlung Gesagte entsprechend.

Eine Pflicht zur Zuziehung eines Konsiliars besteht für den behandelnden Arzt einmal nach der Berufsordnung, zum anderen aus dem

Behandlungsvertrag, sofern der Patient (ggf. seine Angehörigen) dies wünscht. *(Li)*

Rechtsgrundlagen
§ 3 Abs. 2 MBO

Literatur
Rieger (1984) Lexikon des Arztrechts, Rdn. 982 ff.

219 Kostendeckungsprinzip

Das → Nutzungsentgelt ist die Gegenleistung dafür, daß ein liquidationsberechtigter Leitender Arzt von seinem Dienstherrn die Erlaubnis erhält, bei Ausübung einer → Nebentätigkeit Personal, Räume und Sachmittel tatsächlich zu nutzen (→ Liquidationsrecht).

220 Das Kostendeckungsprinzip besagt in diesem Zusammenhang vor dem Grundsatz des Verbotes unentgeltlicher Staatsleistungen, daß das Nutzungsentgelt so zu bemessen ist, daß es den Kostenaufwand deckt, der dem Dienstherrn aus der Inanspruchnahme seines Personals, seiner Räume und seiner Sachmittel durch den Leitenden Arzt im Rahmen einer → Nebentätigkeit erwächst. Es verpflichtet also denjenigen, der die Leistungen in Anspruch genommen hat, zum Ersatz der hierdurch verursachten Kosten, soweit sie nicht anderweitig gedeckt sind. *(Li)*

Rechtsgrundlage
§ 42 Abs. 4 BRRG

Literatur
Weißauer (1986) Das Nutzungsentgelt der Hochschullehrer bei ärztlicher Nebentätigkeit

221 Krankenakten

Der Begriff der Krankenakten ist weit gespannt. Er umfaßt nicht nur das Krankenblatt, sondern auch die erhobenen Befunde einschließlich aller technischen Aufzeichnungen. Dabei handelt es sich nicht nur um Umstände, die der Patient dem Arzt oder dem nichtärztlichen Personal mitgeteilt hat, sondern auch um deren Notizen, die im Laufe der Be-

handlung aufgezeichnet wurden. Dazu gehören etwa die Krankenge-
schichte mit allen Anamneseformen, Untersuchungsbefunde, Arztbrie-
fe, Operations- und Transfusionsberichte, Anästhesieprotokolle, Röntgenbilder, Blutproben, EKG, EEG, aus dem Körper des Patienten ent-
fernte Fremdkörper, Audiogramme, Szintigramme, Patientenfotos,
Tonbandaufnahmen, histologische Präparate, Sektionsprotokolle.
Selbstverständlich fallen nicht für alle Patienten sämtliche hier aufge-
zählten Daten an; andererseits ist die Aufzählung aber auch nicht ab-
schließend.

222   Die Krankenakten dienen der Behandlung des Patienten. Dieses Ziel
bestimmt ihren Umfang und die Genauigkeit der Aufzeichnungen im
einzelnen (→ Dokumentationspflicht). In Krankenhäusern werden vielfach standardisierte Krankenblattsysteme (z. B. Optiplan, Standard,
Kartex) verwendet, die Vordrucke für alle notwendigen Eintragungen
enthalten. Diese Standardkrankenblätter sind praxisfreundlich, weil z.
T. durch einfaches Ankreuzen längere Eintragungen überflüssig werden und dadurch auch der Gefahr gegengesteuert wird, daß Wichtiges
vergessen wird. Die Krankenakten stehen generell in vollem Umfang im
Eigentum des Krankenhausträgers.

223   Nach Abschluß der Behandlung wird die Krankenakte 10 - 30 Jahre
aufbewahrt. Diese Pflicht betrifft behandelnde Ärzte und den Krankenhausträger gleichermaßen. Der Krankenhausträger ist dazu verpflichtet, dem Arzt die Erfüllung der Aufbewahrungspflicht zu ermöglichen, die auch für die Zeit nach dem Tod des Patienten fortwirkt. Die
unterschiedlichen Fristen ergeben sich aus den zahlreichen verschiedenen Rechtsgrundlagen. Die Klinik wird damit in die Lage versetzt, bei
erneuter Aufnahme von Patienten deren alte Krankenunterlagen heranzuziehen. Dazu sind die Ärzte jedenfalls dann verpflichtet, wenn sie
durch den Patienten von dessen früherem Aufenthalt in ihrer Klinik
erfahren.

224   Die Archivierung von Patientenunterlagen kann für Krankenhäuser
ein erhebliches räumliches Problem darstellen. Der ständig wachsende
Anfall von Krankenunterlagen aller Art zwingt Arzt und Krankenhausträger, moderne Archivierungsmethoden anzuwenden. Ohne den Einsatz von Computern und Mikroverfilmung wäre die notwendige Archivierung wohl nicht mehr denkbar. Bei der raumsparenden Archivierung
bereiten die technischen Aufzeichnungen größere Schwierigkeiten als
die schriftlichen. Da aber die Mikroverfilmung etwa von Röntgenbil-
dern heute technisch zuverlässig möglich ist, bestehen insoweit dagegen
keine juristischen Bedenken. Entsprechendes gilt auch für andere technische Aufzeichnungen. Die Originale dürfen nach der Verfilmung ver-
nichtet werden.

225 Den Krankenakten kommt im Prozeß eine steigende Bedeutung zu. Lückenhaft oder schlecht geführte Krankenunterlagen können im Zivilprozeß zu erheblichen Beweisnachteilen für den Arzt führen.

Im Strafverfahren gegen Patienten oder Dritte unterliegen die Krankenakten einem Beschlagnahmeverbot und sind somit dem Zugriff der Strafverfolgungsbehörden (Polizei, Staatsanwaltschaft) entzogen (§ 97 Abs. 1 StPO). Dieses Beschlagnahmeverbot besteht nicht, wenn der Arzt selbst Beschuldigter oder Angeklagter ist. *(Ke)*

Rechtsgrundlagen
§ 11 MBO

Literatur
Kern (1982) Röntgenbilder auf Mikrofilm, Krankenhaustechnik, Heft 3: S. 42 - 44
Laufs (1989) Lexikon Medizin–Ethik–Recht, Spalte 614 - 622
Rieger (1984) Lexikon des Arztrechts, Rdn. 1077 ff.

226 Krankenhaus

1. Definition
2. Das Krankenhaus im System der gesetzlichen Krankenversicherung
3. Ermächtigung
4. Rechtsformen

1. Definition

Nach § 2 Nr. 1 KHNG sind Krankenhäuser Einrichtungen, in denen durch ärztliche und pflegerische Hilfeleistungen Krankheiten, Leiden und Körperschäden festgestellt, geheilt und gelindert werden sollen oder Geburtshilfe geleistet wird und in denen die zu versorgenden Personen untergebracht und gepflegt werden können. Diese Definition hat durch § 107 SGB V noch zusätzliche Merkmale erhalten. Krankenhäuser zeichnen sich demnach dadurch aus, daß sie fachlich-medizinisch unter ständiger ärztlicher Leitung stehen, über ausreichende, ihrem Versorgungsauftrag entsprechende diagnostische und therapeutische Möglichkeiten verfügen, nach wissenschaftlich anerkannten Methoden arbeiten und mit Hilfe von jederzeit verfügbarem ärztlichen Pflege-, Funktions- und medizinisch-technischen Personals darauf eingerichtet sind, vorwiegend ärztliche und pflegerische Hilfeleistungen zu erbringen.

227 § 107 Abs. 1 SGB V nennt gegenüber dem KHNG Kriterien, die im wesentlichen der Krankenhausbehandlung zuzuordnen sind.

Wie § 184 RVO bisher, geht auch § 39 SGB V vom Sachleistungsprinzip bei der Krankenhauspflege aus. § 107 SGB V umschreibt daher die zur Erfüllung des Sachleistungsprinzips notwendigen Anforderungen. Sie bilden auch die Abgrenzung zu den Vorsorge- und Rehabilitationseinrichtungen

228 **2. Das Krankenhaus im System der gesetzlichen Krankenversicherung**

Wie bisher in § 371 RVO geregelt, wird die Krankenhausbehandlung in Hochschulkliniken, Plankrankenhäusern sowie in solchen Krankenhäusern erbracht, mit denen vertragliche Beziehungen zur Kassenseite bestehen.

Im Gegensatz zu § 371 RVO werden gemäß § 109 Abs. 1 SGB V mit Hochschulkliniken und Plankrankenhäusern Versorgungsverträge fingiert. Diese Versorgungsverträge können unter den näheren Voraussetzungen von § 110 SGB V gekündigt werden, also auch mit Hochschulkliniken.

229 **3. Ermächtigung**

Durch die Neuregelung im SGB V ist die Teilnahme von Krankenhausärzten und Einrichtungen der Hochschulen an der kassenärztlichen Versorgung von einer Ermächtigung abhängig.

Krankenhausärzte mit abgeschlossener → Weiterbildung können mit Zustimmung des Krankenhausträgers vom Zulassungsausschuß nach § 96 SGB V zur Teilnahme an der kassenärztlichen Versorgung der Versicherten ermächtigt werden, soweit und solange eine ausreichende ärztliche Versorgung der Versicherten ohne die besonderen Untersuchungs- und Behandlungsmethoden der hierfür geeigneten Krankenhäuser nicht sichergestellt wird (§ 116 SGB V).

230 Die Ermächtigung der Krankenhausärzte ist nicht auf → Leitende Ärzte beschränkt. Alle Krankenhausärzte mit abgeschlossener Weiterbildung können einen Antrag stellen. Dieser bedarf allerdings der Zustimmung des Krankenhausträgers. Es steht also zu erwarten, daß in der Praxis, wie bisher, nur die Leitenden Ärzte diese Zustimmung erhalten werden. Einen Anspruch auf Ermächtigung nach entsprechendem Antrag ihrer Träger haben die poliklinischen Institutsambulanzen der Hochschulen.

231   Die Ermächtigung ist so zu gestalten, daß die Polikliniken die Untersuchung und Behandlung der Versicherten und Heilfürsorgeberechtigten in dem für → Forschung und → Lehre erforderlichen Umfang durchführen. Die Einzelheiten sind in einem Vertrag (§ 115 SGB V) mit den Landesverbänden der Krankenkassen und den Verbänden der Ersatzkassen zu regeln (§ 117 SGB V).

232   Für die Ermächtigung zur ambulanten Behandlung von Versicherten der Ersatzkassen ist wohl der Zulassungsausschuß nach § 96 SGB V nicht zuständig. Hierüber ist in einem Arzt-Kassen-Vertrag gemäß § 83 Abs. 3 SGB V zu entscheiden.

233   Die Vergütung der vom Krankenhaus erbrachten ambulanten Leistungen der ermächtigten Krankenhausärzte, Polikliniken und sonstiger ermächtigter ärztlich geleiteter Einrichtungen erfolgt aus der kassenärztlichen Gesamtvergütung nach den für Kassenärzte geltenden Grundsätzen.

Die Vergütung der in den genannten Einrichtungen erbrachten Leistungen kann nach § 120 Abs. 3 SGB V pauschaliert werden. Bei den öffentlich geförderten Krankenhäusern ist ein Investitionskostenabschlag von 10% vorzunehmen, bei Polikliniken zusätzlich ein Abschlag von 20% für Forschung und Lehre.

234   Bei ermächtigten ärztlich geleiteten Einrichtungen der Hochschulen, die nicht Polikliniken sind, verbleibt es beim 10%igen Investitionskostenabschlag.

Im einzelnen hält das SGB V für den hier zur Erörterung anstehenden Krankenhausbereich sicher noch eine Fülle von zu lösenden Problemen bereit. Sie können schon aus Raumgründen an dieser Stelle nicht vertieft werden.

235   **4. Rechtsformen**

Krankenhäuser können in unterschiedlichen Rechtsformen des öffentlichen Rechts, des Privatrechts einschließlich des Kirchenrechts betrieben werden. Die Rechtsform muß eine klare Abgrenzung von Krankenhausträger und Krankenhausleitung ermöglichen. In den möglichen Rechtsformen wird dieses Ziel in unterschiedlichem Umfang verwirklicht.

236 *Rechtsformen des öffentlichen Rechts*

Krankenhäuser können als rechtlich unselbständige Einrichtungen organisiert sein. Sie sind dann entweder Regie- oder Eigenbetriebe kommunaler Träger oder rechtlich unselbständige Anstalten (z. B. die Universitätsklinika in Baden-Württemberg als Anstalten der Körperschaft Universität); sie können als rechtlich teilweise oder gänzlich selbständige Einrichtungen organisiert sein und sind dann teilrechtsfähige Anstalten des öffentlichen Rechts, Zweckverbände oder auch Stiftungen des öffentlichen Rechts. Sie verfügen über eigenes Vermögen und – vom Zweckverband abgesehen, der über 2–4 Entscheidungsebenen verfügt – regelmäßig über 2 Entscheidungsebenen. Die Organisation in Form des Eigenbetriebs herrscht im kommunalen Bereich vor. Auf sie finden die Vorschriften über die Eigenbetriebe Anwendung. Entscheidungsebenen sind der Oberbürgermeister (Gemeindedirektor, Landrat), Gemeinderat/Kreisrat, Werksausschuß und Werkleitung (Krankenhausleitung).

237 *Rechtsformen des Privatrechts*

Krankenhäuser, die in den Rechtsformen des Privatrechts organisiert sind, sind als juristische Personen rechtlich verselbständigt und mit eigenem Vermögen ausgestattet. Für die Organisation des Trägers gelten die Vorschriften des Bürgerlichen Gesetzbuches (eingetragener Verein und Stiftung), des GmbH-Gesetzes sowie des Aktiengesetzes. Im Regelfall verfügen diese Träger über 2 Entscheidungsebenen. *(Li)*

Rechtsgrundlagen
Gesetz zur Neuordnung der Krankenhausfinanzierung (Krankenhausneuordnungsgesetz-KHNG) vom 20.12.1984 (BGBl. I, S. 1716)
Gesetz zur Strukturreform im Gesundheitswesen (GRG) vom 20.12.1988; SGB V (BGB.l I S. 2477);
Gemeinde- und Landkreisordnungen der Länder; Landeskrankenhausgesetze, Eigenbetriebsgesetze der Länder

Literatur
Fack-Robbers (1989) Gesundheitsreformgesetz
Jung (1985) Krankenhausfinanzierungsgesetz, 2. Auflage

238 **Krankenhausapotheke**

Hierunter ist eine in einem Krankenhaus eingerichtete, unter Leitung eines Apothekers stehende Apotheke zu verstehen. Sie versorgt die Insassen und das Personal des Krankenhauses mit Arzneimitteln. Durch sog. Versorgungsverträge kann die Versorgung weiterer Krankenhäuser erfolgen.

Die Arzneimittelversorgung umfaßt das Recht zur Herstellung und Abgabe von Arzneimitteln. Soweit Kankenhausapotheken Eigenherstellungen von Arzneimitteln in Verkehr bringen, unterliegen sie der Haftung nach dem Arzneimittelgesetz. Die Entscheidungen über die Arzneimittelversorgung in Krankenhäusern wird häufig von → Arzneimittelkommissionen getroffen. *(Li)*

Rechtsgrundlagen
Gesetz über das Apothekenwesen vom 15.10.1980 (BGBl. I, S. 1993)
Apothekenbetriebsordnung vom 09.02.1987 (BGBl. I, S. 547)

239 Krankenhausaufnahmevertrag

1.   Allgemeines
2.   Stationärer Patient
2.1   Kassenpatient
2.2   Privatpatient
2.2.1 Die Leistung
2.2.2 Die Gegenleistung
3.   Ambulanter Patient
3.1   Kassenpatient
3.2   Privatpatient

240 1. Allgemeines

Juristische Personen des öffentlichen Rechts als Krankenhausträger können die Rechtsbeziehungen zu den Patienten nach freier Wahl öffentlich-rechtlich oder privatrechtlich gestalten. Sogar Mischformen sind denkbar. Zum Privatpatienten sind sie regelmäßig privatrechtlich ausgestaltet. Die privatrechtliche Natur der Rechtsbeziehungen hat der Bundesgerichtshof im Gegensatz zum Bundessozialgericht selbst dann bejaht, wenn die Vertragspartner auf beiden Seiten juristische Personen des öffentlichen Rechts sind, etwa bei der Aufnahme von Kassenpatienten in ein Universitätsklinikum.

241   KHNG und BPflV bestimmen im Rahmen ihres Anwendungsbereiches, der auch die Universitätsklinika umfaßt, als zwingende Norm des öffentlichen Rechts, über Art und Umfang der von den Krankenhäusern im Rahmen der stationären Versorgung zu erbringenden Leistun-

gen und über das Entgelt, das sie dafür vom Patienten oder seinem Kostenträger erhalten. Die Entscheidung über Leistung und Gegenleistung ist damit der Disposition der Vertragspartner in wesentlichen Teilen entzogen. Die zwingenden Normen des Pflegesatzrechts entscheiden daher auch, ob und inwieweit Raum für eine privatärztliche Behandlung ist, welchen Einfluß sie auf das Leistungsspektrum hat, das vom Krankenhaus zu erbringen ist und wie sich dies auf die Bemessung des Leistungsentgelts im Pflegesatz auswirkt. Das Pflegesatzrecht orientiert sich dabei an den traditionellen Vertragstypen. Die Vertragsbeziehungen bei der gesondert berechenbaren ärztlichen Behandlung sind die Ausnahme.

Die Krankenhausträger legen den Krankenhausaufnahmeverträgen regelmäßig ihre allgemeinen Vertragsbestimmungen (AVB) zugrunde. Diese müssen einer Inhaltskontrolle nach dem AGB-Gesetz standhalten. Die Sektionsklausel, aber auch die Gerichtsstandsvereinbarung, dürfte einer Inhaltskontrolle nicht standhalten.

2. Stationärer Patient

242 *2.1 Kassenpatient*

Nach dem Konzept des Pflegesatzrechts hat der Kassenpatient aufgrund des Krankenhausaufnahmevertrages einen Anspruch auf die medizinisch zweckmäßigen und ausreichenden Krankenhausleistungen. Diese umfassen ärztliche Leistungen, Pflege, Verpflegung, Unterkunft und stationäre oder halbstationäre Nebenleistungen sowie die Versorgung mit Arzneimitteln. Das Krankenhaus erhält hierfür als Entgelt den allgemeinen oder einen besonderen → Pflegesatz oder auch Sonderentgelte (totaler Krankenhausaufnahmevertrag).

Beim totalen Krankenhausaufnahmevertrag bestehen zwischen Kassenpatient und behandelndem Arzt keine vertraglichen Beziehungen, auch nicht beim Selbstzahler. Die Ärzte werden beim totalen Krankenhausaufnahmevertrag als Erfüllungsgehilfen des Krankenhausträgers tätig, der allein Vertragspartner des Kassenpatienten ist. Diese Vertragsgestaltung ist der Regelfall. Nach § 7 Abs. 1 BPflV dürfen neben dem Pflegesatz andere als die allgemeinen Krankenhausleistungen als Wahlleistungen gesondert berechnet werden, wenn die gesonderte Berechnung mit dem Krankenhausträger vorher schriftlich vereinbart ist. Für ärztliche Wahlleistungen gilt, daß sie als diagnostische und therapeutische Leistungen nur gesondert berechnet werden dürfen, wenn sie von einem Arzt erbracht werden. Eine Vereinbarung über ärztliche Wahlleistungen erstreckt sich auf alle an der ärztlichen Leistung beteiligten Ärzte im Krankenhaus, die zu gesonderter Berechnung ihrer Leistungen berechtigt sind (Bündelungsprinzip). Auch der Selbstzahler wird also erst durch eine den Anforderungen des § 7 Abs. 2 BPflV genügende Vereinbarung mit dem Krankenhausträger zum Privatpatienten.

243   *2.2 Privatpatienten*

Die Leistung

Patienten, die sich für ärztliche Wahlleistungen entscheiden, schließen mit den liquidationsberechtigten Ärzten → Behandlungsverträge über die gesondert berechenbaren Leistungen. In der Literatur besteht seit langem ein Meinungsstreit darüber, ob diese Vertragsbeziehungen die vertraglichen Verpflichtungen des Krankenhauses aus dem Aufnahmevertrag unberührt lassen (Arztzusatzvertrag) oder ob allein die liquidationsberechtigten Ärzte vertraglich zur Erbringung der ärztlichen Wahlleistung verpflichtet sind (gespaltener Aufnahmevertrag). Die Frage ist vor allem von erheblicher haftungsrechtlicher Bedeutung. Die Rechtsprechung ging bisher vom gespaltenen Aufnahmevertrag aus. Der Bundesgerichtshof vertritt nunmehr die Auffassung, daß der Krankenhausträger mangels anderer Vereinbarung die ärztliche Leistung auch dann schulde, wenn der Patient ärztliche Wahlleistungen beansprucht. Der Regelfall sei danach der Arztzusatzvertrag, der gespaltene Aufnahmevertrag könne aber zwischen Patient und Krankenhausträger vereinbart werden.

244   Den Ausschlag für den Wandel der Rechtsprechung gaben offenbar haftungsrechtliche Probleme, die im gespaltenen Aufnahmevertrag bei der Abgrenzung der wahlärztlichen Leistungen auftraten und der Bedarf nach einem umfassenden Schutz der Privatpatienten gegen Mängel in der personellen Besetzung des Krankenhauses, die der Träger zu vertreten hat.

Welche der beiden rechtlichen Gestaltungsmöglichkeiten zum Zuge kommt, entscheidet im Ergebnis der Krankenhausträger durch Gestaltung seiner Aufnahmebedingungen.

245   Beim Arztzusatzvertrag bleibt der Krankenhausträger zur Erbringung aller ärztlichen Leistungen verpflichtet und haftet dem Patienten aus Vertrag auch für Fehlleistungen der liquidationsberechtigten Ärzte, die hinsichtlich der ärztlichen Wahlleistung einen Doppelstatus haben: sie sind zugleich Vertragspartner des Patienten und Erfüllungsgehilfen des Krankenhausträgers.

Gegenstand der eigenen vertraglichen Verpflichtungen der liquidationsberechtigten Ärzte ist, wie dies der Bundesgerichtshof formuliert, die persönliche Betreuung der Wahlleistungspatienten, die sie selbst oder mit Hilfe ihrer Vertreter und unter Mitarbeit nachgeordneter Ärzte erbringen.

246   Im gespaltenen Aufnahmevertrag sind Vertragspartner des Patienten hinsichtlich der gesondert berechenbaren Behandlung ausschließlich die liquidationsberechtigten Ärzte. Sie führen die Behandlung im eigenen Namen und auf eigene Rechnung durch. Nur die liquidationsberechtigten Ärzte haften aus Vertrag für eigene Fehlleistungen und die ihrer Erfüllungsgehilfen, nicht der Krankenhausträger. Ärztliche Mitarbeiter, die in Vertretung eines Hochschullehrers oder Chefarztes gesondert berechenbare Leistungen erbringen oder bei ihrer Erbringung mitarbeiten, handeln als Vertreter oder als Erfüllungsgehilfen des Hochschullehrers bzw. Chefarztes, nicht des Krankenhausträgers.

247   Je nach Gestaltung als Arztzusatzvertrages oder als gespaltener Aufnahmevertrag sind die liquidationsberechtigten Ärzte neben dem Krankenhausträger oder an seiner Stelle verpflichtet, die ärztliche Behandlung zu erbringen. Es besteht insoweit gegenüber dem totalen Aufnahmevertrag entweder eine *zusätzliche* oder eine *andere* Rechtsbeziehung. Davon ist strikt zu unterscheiden, ob die gesondert berechenbare Behandlung von der medizinischen Leistung her gesehen, also nach Art und Umfang, mit der allgemeinen Krankenhausleistung im totalen Aufnahmevertrag identisch ist oder ob sie ihr gegenüber eine andere zusätzliche Leistung darstellt. Im ersteren Fall tritt die persönliche Behandlung anstelle der allgemeinen Krankenhausleistung (Anstattleistung), im letzteren Fall ist sie zusätzlich zu dieser zu erbringen und erweitert das Leistungsvolumen (Zusatzleistung).

248   Bei der Ausgestaltung als Anstattleistung wird das Volumen der allgemeinen Krankenhausleistungen um die gesondert berechenbare ärztliche Leistung reduziert. Damit stellt sich notwendig zugleich die Frage, ob und inwieweit dies bei der Bemessung des ‹ Pflegesatzes zu berücksichtigen ist.

In der Neufassung der BPflV durch die Harmonisierungsnovelle geht der Verordnungsgeber eindeutig von der Anstattleistung aus. Schon der durch § 4 Abs. 3 S. 3 und Abs. 4 GOÄ vorgezeichnete Ausgangspunkt läßt keinen Zweifel: Das Problem der Doppelzahlung von Sach- und Personalkosten (ärztliche wie nichtärztliche) im Pflegesatz und im Honorar stellt sich nur, wenn die im Honorar für die privatärztliche Behandlung abzugeltenden Leistungen an die Stelle allgemeiner Krankenhausleistungen treten. Würden dagegen die gesondert berechenbaren ärztlichen Leistungen zusätzlich zu den Krankenhausleistungen erbracht, so müßte der Privatpatient die damit verbundenen Sach- und Personalkosten auch zusätzlich bezahlen.

249   Die zur Harmonisierung erörterten Lösungsmodelle, also die GOÄ-Lösung, die Pflegesatzlösung und die vom Verordnungsgeber schließlich beschlossene Mischlösung sind lediglich unterschiedliche Methoden zur Vermeidung der Doppelzahlung des Patienten im ärztlichen Honorar und im Pflegesatz. Das Konzept der Anstattleistung ist ihnen gemeinsam.

Der Unterschied zur ärztlichen Behandlung im Rahmen der allgemeinen Krankenhausleistung liegt nicht in der Art der ärztlichen Leistung, sondern in der Person des behandelnden Arztes. Damit ist klargestellt, daß die wahlärztliche Leistung nicht zu den allgemeinen Krankenhausleistungen hinzutritt, sondern einen Teil dieser Leistungen ersetzt.

250   *Die Gegenleistung*

Die Einrichtungen, das Material und das nichtärztliche Personal des Krankenhauses nimmt der Privatpatient rechtlich und wirtschaftlich als Benutzer in Anspruch. Er bezahlt dafür das Entgelt im kostendeckenden → Pflegesatz. Der Hochschullehrer/Chefarzt nimmt die Leistungen weder vom Krankenhaus in Anspruch noch stellt er sie dem Patienten zur Verfügung. Er hat vielmehr sein Honorar, um die in den Gebühren enthaltenen Kosten der Inanspruchnahme zu mindern (Honorarminderung um 15% nach § 6a Abs. 1 GOÄ).

251   Das ärztliche Personal und die Arztschreibkräfte werden rechtlich und wirtschaftlich von den Hochschullehrern/Chefärzten in Anspruch. Sie erbringen mit Hilfe dieses Personals die rein ärztlichen Leistungen. Der Pflegesatz wird zugunsten der Privatpatienten um 5% gekürzt, weil der Umfang der Krankenhausleistungen bei der gesondert berechenbaren Behandlung gegenüber dem totalen Aufnahmevertrag um die rein ärztlichen Leistungen reduziert ist. Die Höhe der *Kostenerstattung* ist bundesrechtlich fixiert. Der Klinikträger hat je Pflegetag des Wahlleistungspatienten einen Abzug in Höhe von 6% der pflegesatzrelevanten Selbstkosten hinzunehmen (§ 13 Abs. 2 Nr. 6 BPflV). Dies sind die Kosten, die ihm aus der stationären Privatbehandlung entstehen. Hochschullehrer und Chefärzte haben dem Dienstherrn den Kostenabzug zu erstatten ohne Rücksicht darauf, ob und in welchem Umfang sie ärztliche Mitarbeit in Anspruch nehmen.

252   Der Dienstherr erhält aufgrund Bundesrechts als *Kostenerstattung* vom Wahlleistungspatienten 95% des kostendeckenden Pflegesatzes und von den Hochschullehrern/Chefärzten 6%, also mehr als für die

Behandlung des Patienten im totalen Aufnahmevertrag, obwohl sein Leistungsvolumen deutlich reduziert ist, weil Hochschullehrer und Chefärzte einen wesentlichen Teil der privatärztlichen Behandlung als persönliche → Nebentätigkeit erbringen. Die privatärztliche Behandlung verursacht schon bei der auf 6% limitierten Kostenerstattung dem Dienstherrn keine zusätzlichen Kosten, sondern subventioniert den Pflegesatz für alle Patienten.

253   **3. Ambulanter Patient**

Hierbei ist strikt zu unterscheiden zwischen der ambulanten ärztlichen Behandlung, welche Kliniken aufgrund ihrer Rechtsbeziehung zum Patienten oder Kostenträger als eigene Leistungen erbringen, und der Behandlung durch Hochschullehrer / Chefärzte im Rahmen genehmigter → Nebentätigkeiten. Im ersteren Fall sind die Hochschullehrer / Chefärzte Erfüllungsgehilfen des Krankenhausträgers, im zweiten Fall erfüllen sie mit der Behandlung eigene vertragliche Verpflichtungen unter Inanspruchnahme von Einrichtungen, Personal und Material des Dienstherrn.

3.1 Kassenpatient

Unmittelbarer Partner der Vertrags- und Leistungsbeziehungen des Patienten bzw. ihrer Kostenträger sind auch bei der ambulanten Behandlung der Versicherten der gesetzlichen Krankenkassen im Rahmen genehmigter Nebentätigkeiten Hochschullehrer und Chefärzte. Die im Krankenhaus erbrachten ambulanten ärztlichen Leistungen der ermächtigten Krankenhausärzte, Polikliniken und sonstiger ermächtigter ärztlich geleiteter Einrichtungen werden nach den für Kassenärzte geltenden Grundsätzen aus der kassenärztlichen Gesamtvergütung vergütet. Die den ermächtigten Krankenhausärzten zustehende Vergütung wird für diese vom Krankenhausträger mit der Kassenärztlichen Vereinigung abgerechnet und nach Abzug der anteiligen Verwaltungskosten sowie der dem Krankenhaus zustehenden Kosten für die Verwendung von Geräten, Praxiskosten etc. an die berechtigten Krankenhausärzte weitergeleitet, § 120 SGB V.

254   Es gibt eine Reihe weiterer Patientengruppen, die unter ähnlichen Bedingungen aufgrund spezieller Nebentätigkeitsgenehmigungen ambulant behandelt werden können, so z. B. die Versicherten der Ersatzkassen und Patienten im D-Arztverfahren. Die Ausnahme in den Ver-

trags- und Leistungsbeziehungen gegenüber der Privatbehandlung liegt auch insoweit regelmäßig in einem System der unmittelbaren Sachkostenerstattung zwischen Krankenhausträger und Kostenträger aufgrund spezieller Vereinbarungen sowie einer damit korrespondierenden Freistellung des Hochschullehrers/Chefarztes von der Kostenerstattung. Für Patienten der Ersatzkassen wird die Abrechnung in Gesamtverträgen geregelt, § 83 Abs. 3 SGB V.

255   *3.2 Privatpatient*

Der Privatpatient, der sich vom Hochschullehrer/Chefarzt in der Klinik ambulant behandeln läßt, tritt auschließlich zu ihm in vertragliche Beziehungen. Er nimmt von ihm sämtliche Leistungen einschließlich der für die Behandlung benötigten sächlichen und personellen Mittel in Anspruch. Von den (internen) Rechtsbeziehungen des Hochschullehrers/Chefarztes zum Klinikträger wird der Patient nicht berührt.

256   Seit dem 01.01.1984 ist es dem Krankenhausträger verwehrt, bei ambulanter privatärztlicher Behandlung dem Patienten (bzw. dessen Kostenträger) die Sachkosten unmittelbar in Rechnung zu stellen. Der Hochschullehrer/Chefarzt liquidiert das volle Honorar einschließlich der in den Gebühren enthaltenen Kosten für die Inanspruchnahme der Leistung Dritter. Die Honorarminderungspflicht gilt nur für die stationäre Privatbehandlung.

257   Die zur ambulanten Behandlung benötigten Einrichtungen, das Material und das ärztliche wie nichtärztliche Personal der Kliniken und Institute nehmen die Hochschullehrer/Chefärzte aufgrund allgemeiner und spezieller Genehmigung (→ Nebentätigkeit) des Dienstherrn rechtlich und wirtschaftlich in Anspruch. Sie sind zur Zahlung von → Nutzungsentgelt dem Grunde nach verpflichtet. *(Li)*

Rechtsgrundlagen
Bundespflegesatzverordnung (BPflV) i. d. F. v. 20.12.1988 (BGBl. I, S. 2477); Gesetz zur Strukturreform des Gesundheitswesens (Gesundheitsreformgesetz-GRG) SGB V vom 20.12.1988 (BGBl. I, S. 2477); Gebührenordnung für Ärzte i. d. F. der 2. Änderungsverordnung vom 20.12.1984 (BGBl. S. 1680), sog. Harmonisierungsnovelle

Literatur
Diederichsen (1979) Die Vergütung ärztlicher Leistungen im Krankenhaus
Franzki (1981) Aktuelle Rechtsprechung zur Haftung des Arztes, 2. Auflage
Weißauer (1986) Das Nutzungsentgelt der Hochschullehrer bei ärztlicher Nebentätigkeit

258 Krankenhausbedarfsplan

Der Krankenhausbedarfsplan enthält allgemeine Zielsetzungen und Einzelfestsetzungen. Die Ziele und Erfordernisse der Raumordnung und der Landesplanung sind dabei zu beachten. Die Versorgung durch Universitätskliniken und sonstige nicht nach dem KHNG geförderte Krankenhäuer (z. B. die Bundeswehrkrankenhäuser) ist zu berücksichtigen. Der Krankenhausbedarfsplan bildet einzelne Versorgungsgebilde. Er ordnet die darin zur Versorgung der Bevölkerung benötigten Krankenhäuser in ein bedarfsgerecht gegliedertes System verschiedener Leistungsstufen ein. Für Fachkrankenhäuser und besondere zentrale Krankenhausfacheinrichtungen sind bei Bedarf besondere Versorgungsgebilde zu bilden. Der Krankenhausbedarfsplan weist den Bedarf an Krankenhausplanbetten aus. Der Bedarf ist nach Fachrichtungen aufzuteilen. Dabei sind nach fachlichen Gesichtspunkten gegliederte Bereiche überschaubarer Größe vorzusehen. Der Krankenhausbedarfsplan nimmt die vorhandenen Krankenhäuser, die für eine bedarfsgerechte Versorgung der Bevölkerung benötigt werden, nach gegenwärtiger und künftiger Aufgabenstellung, Größe und Leistungsstufe auf. Er legt fest, wie und in welchen öffentlichen Bereichen ein zusätzlicher Bedarf oder Ersatzbedarf gedeckt werden soll. Gemäß den Verteilungsprinzipien des Krankenhausbedarfsplanes ist der voraussichtliche Gesamtbedarf an Krankenhausleistungen nach Art, Häufigkeit und Schwierigkeit der Behandlung bedarfsgerecht auf 4 Leistungsstufen eines gegliederten Systems sich ergänzender Krankenhaustypen zu verteilen:

Leistungsstufe I: Grund- und Ergänzungsversorgung,
Leistungsstufe II: Regelversorgung,
Leistungsstufe III: Zentralversorgung,
Leistungsstufe IV: Maximalversorgung.

259 Die Zuordnung eines Krankenhauses zu einer Leistungsstufe richtet sich nach seiner Aufgabenstellung im Krankenhaussystem. Als Kriterien für die Zuordnung dienen die Zahl der Betten, die Zahl, Art und Größe der Fachabteilungen, die personelle und apparative Ausstattung, wobei den unterschiedlichen fachlichen und regionalen Bedingungen durch Differenzierungen innerhalb bestimmter Größenordnungen Rechnung getragen wird. Die Ausstattung der Krankenhäuser muß sich auf die Aufgabenstellung der jeweiligen Leistungsstufe beschränken.

Die Zahl der Abteilungen reicht von mindestens 3 bis zur Vertretung aller Fachgebiete einschließlich der Teil- und Spezialgebiete durch hauptamtliche Krankenhausärzte. Die Bettenzahl beträgt zwischen 100 bis 1000 Betten. Der Einzugsbereich liegt zwischen 60000 und 1,7 Mio Einwohnern. Die Feststellung der Aufnahme eines Krankenhauses in den Krankenhausbedarfsplan durch die zuständige Behörde hat zur Folge, daß das betreffende Krankenhaus durch Übernahme der Investitionskosten öffentlich gefördert wird. *(Li)*

Rechtsgrundlagen
Krankenhausgesetze der Länder

260   Krankenhausfinanzierung

Durch das Gesetz zur wirtschaftlichen Sicherung der Krankenhäuser und zur Regelung der Krankenhauspflegesätze wurden 1972 die Grundlagen der bisherigen durch das KHNG von 1984 in wesentlichen Bereichen veränderte Krankenhausfinanzierung gelegt. Zum besseren Verständnis der Reform 1984 sind folgende Grundzüge des Krankenhausfinanzierungsgesetzes 1972 hervorzuheben:

261   Das Krankenhausfinanzierungsgesetz geht von einem dualen Finanzierungssystem aus. Die öffentliche Hand übernimmt die Investitionskosten der Krankenhäuser. Die laufenden Betriebs- und Behandlungskosten werden von den Patienten und ihren Kostenträgern über die → Pflegesätze finanziert.

262   Die öffentlichen Mittel zur Finanzierung der Krankenhausinvestitionen werden von Bund und Ländern gemeinsam aufgebracht (Mischfinanzierung gemäß Art. 104 a Abs. 4 GG) und den Krankenhausträgern von den Ländern als Fördermittel zur Verfügung gestellt. Die Krankenhäuser erhalten die Zusage der Selbstkostendeckung. Danach müssen Investitionsförderung und Pflegesätze zusammen die Selbstkosten eines sparsam wirtschaftenden und leistungsfähigen Krankenhauses decken. Die Durchführung des Gesetzes obliegt den Ländern. Sie stellen → Krankenhausbedarfspläne auf und entscheiden über die Aufnahme von Krankenhäusern in die Krankenhausbedarfspläne. Ein zu förderndes Krankenhaus muß in den Krankenhausbedarfsplan und das entsprechende Investitionsprogramm aufgenommen sein.

263   Die Pflegesätze werden nach vorherigen Einigungsversuchen zwischen den Krankenhausträgern und den betroffenen Sozialleistungsträgern von den zuständigen Landesbehörden festgesetzt.

Nach 12 Jahren Krankenhausfinanzierungsgesetz klaffte auf der einen Seite eine Finanzierungslücke in Milliardenhöhe, die selbst dringende Investitionsmaßnahmen vereitelte; auf der anderen Seite hatte die

Belastung der Krankenversicherung durch die Pflegesätze eine Größenordnung erreicht, die von den Krankenkassen nicht zu verkraften war.

264   Das Gesetz zur Neuordnung der Krankenhausfinanzierung ist ein Kompromiß zwischen Bund und Ländern. Danach wird die gemeinsame Finanzierung der Krankenhausinvestitionen durch Bund und Länder kostenneutral aufgelöst. Die Mittel für die öffentliche Förderung der Krankenhäuser werden ab 1985 allein von den Ländern aufgebracht. Die Finanzbeihilfen des Bundes entfallen. Das duale System der Krankenhausfinanzierung wird beibehalten. Die Investitionskosten werden weiterhin durch öffentliche Fördermittel, die laufenden Betriebs- und Behandlungskosten von Patienten und ihren Kostenträgern über die → Pflegesätze getragen. Bezüglich der Investitionen beschränken sich die bundesgesetzlichen Vorgaben auf Grundsatzvorschriften, in denen bestimmte Fördertatbestände und der Rechtsanspruch auf Förderung festgeschrieben werden. Krankenkassen und Krankenhäuser erhalten die Möglichkeit, durch den Abschluß von Investitionsverträgen Rationalisierungsinvestitionen ganz oder teilweise durch einen Zuschlag auf die Pflegesätze zu finanzieren. Die Pflegesätze werden künftig zwischen den Krankenhäusern und den Sozialleistungsträgern vereinbart. Gibt es keine Einigung, werden die Pflegesätze durch eine paritätisch besetzte Schiedsstelle festgesetzt und von der zuständigen Landesbehörde genehmigt. Bei der Bemessung der Pflegesätze sind künftig auch die Kosten und Leistungen vergleichbarer Krankenhäuser sowie die gemeinsamen Empfehlungen der DKG und der Spitzenverbände der Krankenkassen zur Wirtschaftlichkeit und Leistungsfähigkeit der Krankenhäuser zu berücksichtigen.

265   Neuerungen des bisherigen Pflegesatzrechts sind die Einführung eines flexiblen Budgets und die Vorauskalkulation der Selbstkosten. Die Vertragspartner vereinbaren auf der Grundlage der im voraus kalkulierten Selbstkosten und der voraussichtlichen Belegung des Krankenhauses für einen zukünftigen Zeitraum (Pflegesatz-Zeitraum) ein Budget. Die mit der Vorauskalkulation verbundenen Risiken werden in zweifacher Weise abgefangen. Weicht die tatsächliche Belegung von den gemeinsamen Annahmen der Vertragspartner ab, so kann dies zu einer Über- bzw. einer Unterdeckung des Budgets führen. Diese allein auf mehr oder weniger zufällige Belegungsschwankungen zurückzuführende Über- oder Unterdeckung wird ausgeglichen, und zwar nur in Höhe der kurzfristig nicht beeinflußbaren Kosten des Krankenhauses. Dabei geht § 4 Abs. 1, 2 BPflV davon aus, daß die von der Belegung unabhängigen Fixkosten mangels anderer Vereinbarung bei 75% der Gesamtkosten des Krankenhauses liegen, während der Anteil bele-

gungsabhängiger variabler Kosten 25% beträgt. Dementsprechend werden Mehr- bzw. Mindereinnahmen nur bis zu 75% abgeschöpft bzw. ausgeglichen. Mit 25% seiner Kosten muß sich der Krankenhausträger an Belegungsschwankungen anpassen. Es ist derjenige Anteil, den er kurzfristig beeinflussen kann. Bei nicht vorhersehbaren Kostenveränderungen läßt § 4 Abs. 3 BPflV eine begrenzte Berichtigung des Budgets zu. Eine zwingende Ausgleichsregelung ist nur im Personalbereich vorgesehen, wenn Löhne, Gehälter und Lohnnebenkosten sich aufgrund von Rechtsvorschriften anders entwickeln als in der Budgetvereinbarung angenommen. Bei sonstigen Kostenänderungen außerhalb des Personalbereiches müssen die Vertragspartner für nicht vorauskalkulierte Preisänderungen im voraus eine Budgetberichtigung vereinbaren. Wesentliche Änderungen, die das Austauschverhältnis von Leistung und Gegenleistung grundlegend stören, können zu einer Neuvereinbarung des Budgets führen.

266   Überschüsse und Unterdeckungen, die dadurch entstehen, daß die tatsächlichen Selbstkosten das bereinigte Budget und die Erlöse aus den Sonderentgelten unter- oder überschreiten, verbleiben dem Krankenhaus.

Neben dem allgemeinen Pflegesatz können die Vertragspartner auch für bestimmte Abteilungen oder besondere Einrichtungen, in denen die Kosten der Patientenversorgung erheblich von den durchschnittlichen Kosten abweichen, besondere Pflegesätze vereinbaren; dies gilt etwa für die Behandlung von Querschnittsgelähmten, schwer Brandverletzten oder die Versorgung von psychisch Kranken. Die gesonderte Berechnung von besonders teuren diagnostischen und therapeutischen Verfahren wird durch § 6 BPflV für die Therapie etwa von Herzoperationen, Herz-, Nieren- und Knochenmarkstransplantationen oder die Behandlung von Blutern erleichtert und erweitert.

267   Die Vereinbarung von Sonderentgelten steht im Ermessen der Vertragsparteien. Vor Ort können die Parteien u. a. auch Alternativ-Entgeltformen wie degressive Pflegesätze und Fallpauschalen vereinbaren und so zu einer Weiterentwicklung des Pflegesatzrechts beitragen. *(Li)*

Rechtsgrundlagen
Gesetz zur Neuordnung (Krankenhausneuordnungsgesetz–KHNG) i. d. F. v. 20.12.1988 (BGBl. I, S. 2477; Verordnung zur Regelung der Krankenhauspflegesätze (Bundespflegesatzverordnung–BPflV) i. d. F. vom 20.12.1988 (BGBl. I, S. 2477)

Literatur
Vollmar (1985) Die Reform des Krankenhausfinanzierungsrechts, NJW S. 2161

268 Krankenhausleitung

Krankenhäuser verfügen über eine Krankenhausleitung, der in der Regel ein Leitender Arzt, der Verwaltungsdirektor und die Leitende Pflegekraft angehören. Die Kompetenzen der Leitenden Ärzte, der Leitenden Pflegekräfte sowie des Verwaltungsleiters sind in den einzelnen landesrechtlichen Regelungen sehr unterschiedlich festgelegt. So verzichten etwa die Regelungen in Baden-Württemberg und Hessen auf die Festlegung detaillierter Zuständigkeiten im Gegensatz zur Rechtslage in Rheinland-Pfalz, Nordrhein-Westfalen und Berlin.

269 Für die Leitung der Universitätsklinika bietet der Wissenschaftsrat 2 Modelle an: ein 2stufiges mit einem Direktorium und einem Vorstand als Beratungsgremium und ein 1stufiges mit einem Klinikumvorstand mittlerer Größe. Er fordert für das Klinikum eine eigene Verwaltung, innerhalb derer der Verwaltungsdirektor für den Vollzug des Haushaltes sowie die Personal- und Wirtschaftsverwaltung zuständig sein soll. In den einzelnen Bundesländern sind diese Empfehlungen über die Organisation der Hochschulklinika und ihre Einbindung in die Universität sowie ihre Verwaltung in höchst unterschiedlicher Weise umgesetzt worden. So sind die Universitätsklinika teils nicht rechtsfähige Anstalten der Universitäten (Baden-Württemberg und Hessen), Betriebseinheiten der Universitäten (Bayern, Nordrhein-Westfalen und Schleswig-Holstein) oder Betriebseinheiten der Fakultäten bzw. Fachbereiche (Berlin, Hamburg und Niedersachsen).

270 In fast allen Bundesländern führen die Klinika die Bezeichnung „Klinikum der Universität" oder „Universitätsklinikum". Die größten organisatorischen Unterschiede finden sich zwischen Universitätsklinika der Flächen- und denen der Stadtstaaten und dem Saarland, wo ihre Organisationsform der kommunaler Krankenhäuser am ähnlichsten ist.

271 Das Leitungsgremium nimmt seine Aufgaben arbeitsteilig wahr. Nach dem Vertrauensgrundsatz kann jedes Gremienmitglied sich darauf verlassen, daß die anderen Mitglieder ihre Aufgaben ordnungsgemäß erfüllen. *(Li)*

Rechtsgrundlagen
Krankenhausgesetze sowie Hochschul- / Universitätsgesetze der Länder

272 Krankenhausorganisation

1. Organisation
2. Organisationspflicht des Trägers
3. Organisationspflicht des Krankenhauses
3.1 Organisation des allgemeinen Betriebsablaufs
3.2 Organisation der Hygiene
3.3 Schutz von Mitarbeitern und Patienten
     Gerätesicherheit
4. Gliederung der Krankenhäuser in der Patientenversorgung
4.1 Organisation der Krankenversorgung

273 1. Organisation

Die Rechtsvorschriften über die Rechtsform der → Krankenhäuser befassen sich mit der Organisation des Trägers der Krankenhäuser und seiner wirtschaftlichen Betätigung. Organisation und innere Struktur der Krankenhäuser regeln diese Vorschriften nicht. Auch die in diesem Bereich einschlägigen Krankenhausgesetze der Länder sind hier nicht sonderlich ergiebig, ausgenommen die von Berlin, Bremen, Rheinland-Pfalz und des Saarlandes.

Erhebliche Abweichungen weisen demgegenüber die Organisationsstrukturen der Hochschul-/Universitätsklinika auf. Zu ihrer Organisation hat der Wissenschaftsrat 1976 Empfehlungen unterbreitet. Sie sehen eine Zusammenfassung von vorklinischen, klinisch-theoretischen und klinisch-praktischen Einrichtungen der Medizin vor. Die Empfehlungen gehen dabei von einem 3stufigen Aufbau aus. Sie gliedern in Abteilungen, Zentren und einen Gesamtbereich und fordern die Anbindung dieses der Krankenversorgung dienenden Bereiches an die entsprechende Einrichtung für → Forschung und → Lehre (Fakultät / Fachbereich).

274 2. Organisationspflichten des Trägers

Die primäre Sorgfaltspflicht eines Trägers eines Krankenhauses besteht darin, für eine an der zu erfüllenden Aufgabe orientierte zweckmäßige Organisation des Krankenhauses zu sorgen. Dies schließt die Auswahl einer geeigneten Rechtsform unter Berücksichtigung des Wirtschaftlichkeitsgebotes ein; Verstöße hiergegen stellen ein körperschaftliches Organisationsverschulden dar. Legt der Träger bei der Organisation eines Krankenhauses für verschiedene Organisationsebenen bestimmte Zuständigkeiten fest, so muß organisatorisch sichergestellt werden, daß durch geeignete Maßnahmen kontrolliert werden kann, ob und wie die Aufgaben im jeweiligen Bereich erfüllt werden, ggf. muß steuernd eingegriffen werden können (sekundäre Sorgfaltspflichten). Es besteht kein Anlaß, den Staat als Träger der Klinika bezüglich der Organisations- und Überwachungspflichten anders zu behandeln als freie Träger oder Unternehmen der privaten Wirtschaft.

Daneben hat der Träger für die finanzielle, räumliche und personelle Ausstattung der Klinika unter Berücksichtigung ihrer spezifischen Aufgaben zu sorgen. In diesem Bereich haben die Krankenhausträger bei der Erstellung des Haushalts- bzw. Wirtschaftsplanes die Pflicht, darauf hinzuwirken, daß die Ausstattung der Aufgabenstellung entsprechend ausfällt.

275   Im Rahmen der Fachaufsicht hat die Aufsichtsbehörde die Pflicht, den Betriebsablauf und die Organisation der Krankenhäuser zu beeinflussen. Gleiches gilt, wenn auch nur im Grundsatz, bei Krankenhäusern, die privatrechtlich organisiert sind und die (von der Aktiengesellschaft abgesehen) über kein ausgesprochenes Kontrollgremium verfügen, welches der Aufsichtsbehörde vergleichbar wäre. Weitere Einflußmöglichkeiten bestehen über die Mitwirkung bei der Besetzung von Spitzenpositionen in den Krankenhäusern einschließlich der des → Verwaltungsdirektors. Bei der Besetzung der Posten → Leitender Ärzte im Rahmen der Berufungsverfahren in den Universitätsklinika kann, wenn auch eingeschränkt, das zuständige Ministerium neben der Qualifikation der Bewerber in Forschung und Lehre auch qualitative Gesichtspunkte im Hinblick auf die Krankenversorgung einfließen lassen.

276   **3. Organisationspflicht des Krankenhauses**

Nicht nur den Träger eines Krankenhauses trifft die Organisationspflicht, sondern das Krankenhaus bzw. im Hochschulbereich die Universität und das Klinikum selbst.

Krankenhäuser sind bei der Erfüllung der ihnen kraft Gesetzes übertragenen Aufgabe nicht nur an die speziell für diesen Bereich erlassenen Rechtsvorschriften gebunden, sondern darüber hinaus auch an die allgemeinen Gesetze, die sie bei der Organisation des Betriebes und des Betriebsablaufes zu beachten haben. Diese allgemeinen gesetzlichen Vorschriften verlangen von den Krankenhäusern teilweise in erheblichem Umfang finanzielle, räumliche und personelle Maßnahmen, die mit Aufgaben an anderen Stellen Zielkonflikte auslösen können.

277   Solange Mittel und Personal etwa nicht in ausreichendem Maße bewilligt sind, darf ein Krankenhaus neue Bereiche nur auf- oder ausbau-

en, sofern dies an anderer Stelle nicht zur Gefährdung der Patienten oder anderer Betriebsteile führt. Die Leitung des Krankenhauses oder des Universitätsklinikums (letzteres in Zusammenwirken mit den Organen der Universität) muß durch interne Umschichtung Sorge dafür tragen, daß der Betrieb aufrechterhalten werden kann. Neue Vorschriften, etwa im Sicherheitsbereich, sind für die Krankenhäuser in staatlicher Trägerschaft ebenso verbindlich wie für andere Betreiber, und der Hinweis auf fehlende Mittel, Räume oder Personal steht einem staatlichen Träger wie einem anderen privaten Träger nicht unbeschränkt zu. Ein heißes Eisen dürfte hier u. a. sein, ob ein Krankenhaus mit einzelnen seiner Abteilungen die Leistungsstufe des Hauses dauernd übersteigen und unter Hinweis auf diese Leistungen hierzu erforderliches Personal und Mittel fordern kann.

Umstritten ist auch, inwieweit etwa Personalanhaltszahlen, wie sie von der DKG zur Bemessung des Personalbedarfes erstellt wurden, als allgemein gültige Regeln anzusehen sind oder ob sie nur einen Anhalt bieten, der bei räumlichen und örtlichen Besonderheiten auch über- oder unterschritten werden kann bzw. muß.

278   *3.1 Organisation des allgemeinen Betriebsablaufs*

Die Organisation des allgemeinen Betriebsablaufes eines Krankenhauses hängt wesentlich von dessen Größe ab. Kleine Häuser können mit einer Leitungsebene auskommen, große Häuser verfügen über mehrere. Kleine Häuser werden verwaltungsmäßig oft gemeinsam betreut, große benötigen eine eigene, in sich gegliederte Verwaltung.

279   Zu den großen Krankenhäusern zählen die Universitätsklinika. Beispielhaft seien hier die Universitätsklinika Baden-Württembergs herausgegriffen. Sie verfügen über 2 Organisationsebenen, nämlich die Leitungsebene und die Ebene der Kliniken. Unbeschadet der Verantwortung der zentralen Kollegialorgane der Universität, des Präsidenten bzw. Rektorates und des Kanzlers ist der Klinikumvorstand zuständig für die Organisation des Betriebsablaufes des Universitätsklinikums (§ 29 a Abs. 1 Nr. 3 UG). Bei den Kliniken ist die Organisation, die Regelung des Betriebsablaufes und der Nutzung der Klinik angesiedelt.

280   Der Abteilungsleiter ist in Fragen der allgemeinen Organisation und der wirtschaftlichen und verwaltungsmäßigen Betriebsführung seiner Abteilung an die staatlichen Vorschriften gebunden, was eine bare Selbstverständlichkeit sein dürfte. Er unterliegt aber in diesem Bereich auch den Anordnungen, die im Rahmen ihrer Zuständigkeit vom Präsi-

denten bzw. Kanzler oder dem Verwaltungsdirektor ergehen, und schließlich ist er an Beschlüsse des Klinikumsvorstandes und des Klinikvorstandes gebunden. Normierte Kontrollmechanismen dafür, ob die Anordnungen und Anweisungen auch befolgt werden und Beschlüsse des Klinikumsvorstandes bzw. Klinikvorstandes ausgeführt werden, bestehen ersichtlich nicht.

281   *Arbeitsteilung im allgemeinen Betriebsablauf:* Durch Festlegung der Kompetenzen der einzelnen Mitglieder der Krankenhausleitung wird ansatzweise Arbeitsteilung innerhalb der Krankenhausleitung betrieben. Arbeitsteilung findet hier zwischen dem Vorsitzenden des Klinikumvorstandes und dem → Verwaltungsdirektor, je nach ihrer Stellung im Klinikumvorstand auch mit der Leitenden Pflegekraft statt. Von Arbeitsteilung kann im Verhältnis von medizinischem Bereich und Klinikumverwaltung gesprochen werden. Auch die Bestellung von Beauftragten (Hygiene-Beauftragter, Strahlenschutzbeauftragter usw.) deuten ansatzweise auf eine Arbeitsteilung hin.

Eigentlich nur im Bereich der Krankenversorgung findet unter den einzelnen selbständigen Fachgebieten, v. a. aber innerhalb der Struktureinheiten, die der Krankenversorgung dienen, arbeitsteilige Aufgabenerfüllung statt.

282   ### 3.2 Organisation der Hygiene

Die hygienischen Verhältnisse eines Krankenhauses nehmen eine zentrale Stellung im Betriebsablauf ein. In den Krankenhausgesetzen einiger Bundesländer ist dieser Bereich gesondert angesprochen (Rheinland-Pfalz, Saarland). Danach ist das Krankenhaus verpflichtet, die erforderlichen Maßnahmen zur Verhütung, Erkennung und Bekämpfung von Krankenhausinfektionen zu treffen (Rheinland-Pfalz). Im Saarland ist diese Aufgabe sogleich der Hygienekommission übertragen, in der der Ärztliche Direktor den Vorsitz übernimmt. In Rheinland-Pfalz steht die Hygienekommission unter ärztlicher Leitung.

283   Wie verbindlich die Beschlüsse der Hygienekommission sind und ob eine Kontrolle bei der Umsetzung der Beschlüsse erfolgt, bleibt nach dem Wortlaut dieser gesetzlichen Vorschriften offen. Wenn die Einrichtung derartiger Kommissionen sowie die Einsetzung von Hygienebeauftragten Sinn machen soll, dann müssen die Beschlüsse für die Betroffenen verbindlich sein und muß ihre Umsetzung auch kontrolliert werden.

284 *3.3 Schutz von Mitarbeitern und Patienten*

Die für den hier abzuhandelnden Bereich einschlägigen Rechtsvorschriften richten sich ungeachtet der unterschiedlichen Terminologie der Einzelgesetze immer an den Betriebsleiter (vgl. zur unterschiedlichen Terminologie: § 120 a GewO, § 618 BGB, § 636 ff. RVO, § 3 ArbStättV, § 1 ASiG, § 29 StrlSchV). So bestehen keine grundsätzlichen Bedenken dagegen, etwa im Universitätsbereich den Präsidenten bzw. den Rektor, also die gesetzlichen Vertreter der Universität, als die für den Betriebs- und Gefahrenschutz Verantwortlichen anzusehen bzw. nach baden-württembergischem Recht den Kanzler, zu dessen Zuständigkeit intern die Personal- und Wirtschaftsverwaltung gehört. Er trägt innerhalb der Universitätsleitung die Gesamtverantwortung für diesen Bereich. Die anderen Mitglieder der Universitätsleitung können sich nach dem Vertrauensgrundsatz darauf verlassen, daß der Kanzler in diesem Bereich entsprechende Maßnahmen trifft und insbesondere für eine zweckmäßige Organisation im Rahmen des rechtlich und finanziell Möglichen sorgt.

285 In den Universiätsklinika in Baden-Württemberg ist der Leiter der Verwaltung des Universitätsklinikums als Vertreter des Kanzlers für den Bereich des Betriebs- und Gefahrenschutzes im Klinikum zuständig. Er hat wie der Kanzler im Gesamtbereich durch eine geeignete Organisation, Delegation und Überwachung sicherzustellen, daß der Betriebs- und Gefahrenschutz entsprechend den gesetzlichen Vorschriften durchgeführt wird.

286 Bei Krankenhäusern kommunaler Träger ist entweder der Oberbürgermeister bzw. der Landrat der nach diesen Gesetzen Verantwortliche. Intern verantwortlich ist derjenige Bürgermeister oder Dezernent, dessen Aufgabengebiet die Verwaltung der Krankenhäuser umfaßt. Bei privatrechtlich organisierten Krankenhäusern trifft die Verantwortung den Vorstand bzw. das für die Leitung des Krankenhauses zuständige Vorstandsmitglied bzw. den Leiter der Krankenhausverwaltung.

287 *Gerätesicherheit*

Die bisher im Bereich des Einsatzes medizinisch-technischer Geräte geltenden allgemeinen Grundsätze sind nunmehr in der Verordnung über die Sicherheit medizinisch-technischer Geräte (MedGV) enthalten, die am 01.01.1986 in Kraft getreten ist. Sie enthält u. a. Vorschriften, nach denen Gerätehersteller medizinisch-technische Geräte in den Verkehr bringen dürfen, welche Vorschriften sie dabei zu beachten haben, aber auch Vorschriften für Errichtung und Betrieb dieser Geräte durch den

Nutzer. Medizinisch-technische Geräte, einschließlich Laborgeräten und Gerätekombinationen,die dazu bestimmt sind, in der Heilkunde oder Zahnheilkunde bei der Untersuchung oder Behandlung von Menschen verwendet zu werden, dürfen nur noch nach dieser Verordnung in Verkehr gebracht, aufgestellt, errichtet und betrieben werden. Bei der Anwendung und dem Umgang mit offenen und umschlossenen radioaktiven Stoffen und beim Betrieb von Anlagen zur Erzeugung ionisierender Strahlen ist die Strahlenschutzverordnung, beim Betrieb von Röntgenanlagen die Röntgenverordnung zu beachten.

288   4. Gliederung der Krankenhäuser in der Patientenversorgung

Für die der Krankenversorgung dienenden Dienstleistungen sowie die der Abteilung anvertrauten Kranken trägt der Abteilungsleiter (Leitender Arzt) die ärztliche bzw. fachliche Verantwortung. Bei der Durchführung dieser Aufgabe ist er unabhängig und nur dem Gesetz unterworfen. Er entscheidet über alle Angelegenheiten auf dem Gebiet der Organisation und der Krankenversorgung bzw. des Dienstleistungssektors, soweit diese nicht ausdrücklich dem Leitungsgremium des Krankenhauses bzw. des Universitätsklinikums vorbehalten sind. In einigen Bundesländern steht dem → Ärztlichen Direktor im Bereich der Krankenversorgung in Form einer eingeschränkten Fachaufsicht eine minimale Kontrolle über die Krankenversorgung zu (vgl. etwa die Regelungen bezüglich des Saarländischen Universitätsklinikums sowie bezüglich der Universitätsklinika in Berlin und Hamburg).

Soweit es nicht ausschließlich um medizinische Fragen geht, sondern um mit der Krankenversorgung zusammenhängende Rechtsfragen (z. B. der Aufklärungspflicht des Geräteeinsatzes, des Einsatzes von Ärzten in Weiterbildung), treffen den Krankenhausträger ebenfalls Organisationspflichten.

289   *4.1 Organisation der Krankenversorgung*

Die Krankenversorgung ist nach den meisten landesrechtlichen Regelungen den Abteilungen und ihren Leitern als Dienstaufgabe übertragen, den Leitern universitärer Abteilungen daneben die Wahrnehmung ihres Faches in → Forschung und → Lehre. In fachlichen Fragen der Krankenversorgung, wie etwa der Methodenwahl bei der Patientenbehandlung, ist der Abteilungsleiter weisungsfrei und nur dem Gesetz, den Erkenntnissen der Wissenschaft und seinem Gewissen unterworfen. Hinsichtlich ihrer sonstigen Aufgaben in den Abteilungen werden den Abteilungsleitern von den Gesetzgebern in unterschiedlichem Umfang gelegentlich auch sehr ins Detail gehende Vorgaben gemacht, die sich teils auf den internen Abteilungsbereich, teils auf das Verhalten zu anderen Abteilungen oder zu den Gremien des Klinikums bzw. der Krankenhäuser beziehen. Für den Abteilungsleiter (zumindest in den Universitätsklinika in Baden-Württemberg) kann gesagt werden, daß er im Rahmen der zu erledigenden Aufgaben in der Krankenversorgung verantwortlich dafür ist, daß er für die Aufgabenerfüllung das notwendige Personal zur Verfügung hat, daß dieses über den notwendigen Kenntnisstand verfügt und daß es sachgerecht, aufgabenorientiert und wirtschaftlich eingesetzt wird. Er hat letztlich zu verantworten, ob und in welchem Umfang → Ärzte in Weiterbildung bereits selbständig tätig werden dürfen. Ferner muß der Betriebsablauf den Anforderungen an das Fachgebiet entsprechend organisiert werden, soweit hierfür nicht schon generelle Anweisungen vorhanden sind, die damit zu beachten wären. Kontrollen in der Krankenversorgung finden sich in den landesrechtlichen Vorschriften so gut wie nicht. In einigen Bundesländern obliegt eine eingeschränkte fachliche Kontrolle der Krankenversorgung dem Ärztlichen Direktor als dem hierfür zuständigen Mitglied der Krankenhausleitung. Im übrigen bleibt es der Interpretation der gesetzlichen Vorschriften überlassen, eine solche Überwachungskompetenz bei der Zuständigkeit des Leitungsgremiums anzusiedeln. Klar dürfte indessen sein, daß ein fachliches Aufsichtsrecht in medizinischen Fragen nicht zu dem vom Verwaltungsdirektor wahrzunehmenden Aufgabenbereich gehört. In den Landesgesetzen von Hamburg und Nordrhein-Westfalen finden sich Vorschriften über die Qualitätssicherung. *(Li)*

Rechtsgrundlagen
Krankenhaus- und Hochschul- bzw. Universitätsgesetze der Länder; Verordnung über die Sicherheit medizinisch-technischer Geräte; MedGV vom 14.01.1985 (BGBl. I, S. 94); Verordnung über den Schutz vor Schäden durch Röntgenstrahlen vom 08.01.1987 (BGBl. I, S. 114); Strahlenschutzverordnung i. d. F. vom 08.01.1987 (BGBl I, S. 114)

Literatur
Landwehr (1964) Die Haftung der juristischen Person für körperschaftlichen Organisationsmangel, AcP, 164 S. 482
Lippert (1980) Sorgfaltspflicht, Organisation und die Beherschung von Notsituationen. In: Vollmar/Müller/Kalff (Hrsg.) Notfälle im Krankenhaus, S. 99ff.
Lippert (1984) Das Organisationsverschulden in Hochschulklinika, NJW, S. 2606
Mertens (1986) In: Münchener Kommentar zum BGB 2. Aufl. § 823, Rdn. 400ff.

290   **Kündigung**

Die Kündigung beendet das Dienstverhältnis für die Zukunft. Zumeist sind Kündigungsfristen einzuhalten. Grundsätzlich haben beide Vertragspartner das Recht zur Kündigung. Dieses kann durch allgemeine → Kündigungsschutzvorschriften, wie sie im Kündigungsschutzgesetz verankert sind, oder durch → besondere Kündigungsschutzvorschriften eingeschränkt sein, etwa durch die Zustimmungserfordernis bei schwerbehinderten Arbeitnehmern, Betriebsratsmitgliedern, bei Schwangerschaften u. ä.

291   Eine „Rücknahme" der Kündigung läßt das alte Arbeitsverhältnis nicht wieder aufleben. Es ist durch die Kündigung endgültig beendet. Die Rücknahmeerklärung ist daher als Angebot auf Abschluß eines neuen Arbeitsverhältnisses zu werten; das alte Arbeitsverhältnis kann dadurch je nach Sachlage zu den alten Bedingungen neu begründet werden. Vor jeder Kündigung hat der Arbeitgeber, sofern ein Betriebs-/Personalrat gebildet ist, diesen zu beteiligen. Eine ohne Mitbestimmung oder Anhörung des Betriebs- bzw. Personalrates ausgesprochene Kündigung ist unwirksam.

292   Die außerordentliche Kündigung ist bei befristeten und unbefristeten Arbeitsverhältnissen zulässig. Sie bedarf grundsätzlich keiner Frist. Sie ist jedoch für beide Vertragsteile nur zulässig, wenn ein wichtiger Grund vorliegt.

Wichtig ist ein Grund dann, wenn dem Kündigenden die Fortsetzung des Arbeitsverhältnisses bis zum Ablauf der Kündigungsfrist nicht zugemutet werden kann. Dies kann etwa bei dauernder (abgemahnter) Schlechtleistung des Arbeitnehmers, Tätlichkeiten gegen den Arbeitgeber und Kollegen oder Beleidigung des Arbeitgebers und Kollegen, Verdacht strafbarer Handlungen oder nachhaltiger Störung des Betriebsfriedens der Fall sein. Das Recht zur außerordentlichen Kündigung erlischt, sofern es nicht binnen 2 Wochen seit Erlangung der Kenntnis von den für die Kündigung maßgeblichen Tatsachen ausgeübt wird. Im Kündigungsschreiben müssen die Kündigungsgründe nicht mitgeteilt werden; der Arbeitnehmer hat aber einen Anspruch darauf, daß sie ihm mündlich oder schriftlich auf Verlangen mitgeteilt werden.

293   Obgleich das Kündigungsschutzgesetz davon ausgeht, eine berechtigte außerordentliche Kündigung könne niemals sozialwidrig sein, räumt es in § 13 Abs. 1 Satz 2 Kündigungsschutzgesetz dem Arbeitnehmer das Recht ein, ebenfalls Kündigungsschutzklage zu erheben.

294   Wird dem Arbeitnehmer außerordentlich gekündigt und sogleich die Weiterarbeit untersagt, so muß er zur Sicherung seines Lohnanspruches dem Arbeitgeber seine Arbeitsleistung tatsächlich anbieten.

Nur auf diese Weise setzt er den Arbeitgeber, der die angebotene Arbeitsleistung im Regelfall ablehnen wird, in Annahmeverzug, sofern sich erweist, daß die Kündigung unwirksam ist (→ Weiterbeschäftigungsanspruch).

295   Die Kündigung beendet das Dienst- bzw. Anstellungsverhältnis. Wegen dieser unwiderruflichen Wirkungen wird in der Praxis um die Kündigung sowohl in formaler wie inhaltlicher Hinsicht zumeist erbittert gestritten. Als letzte Maßnahme des Arbeitgebers gegenüber dem Arbeitnehmer hat sie die Rechtsprechung wie keine andere arbeitsrechtliche Maßnahme beschäftigt. Das Recht der Kündigung ist ein kaum noch zu übersehender Spezialbereich geworden, der sich auch dem Spezialisten nur noch schwer erschließt. Für den angestellten Arzt ist die außerordentliche Kündigung etwa wegen schwerer Behandlungsfehler mit Todesfolge die einschneidendste Maßnahme in ein bestehendes Dienstverhältnis. Wegen der häufig existenzvernichtenden Wirkung einer außerordentlichen Kündigung und der damit verbundenen Publizität in der Öffentlichkeit wird um eine derartige Kündigung in der Praxis zumeist und in mehreren Instanzen gestritten, letztlich um den Preis einer Abfindungssumme, die sich im Ergebnis auch ohne Prozeß hätte aushandeln lassen. Abgesehen davon, daß letztlich häufig das Fehlen eines wichtigen Grundes bei Ausspruch der außerordentlichen Kündigung verneint wird, gibt es auf dem gerichtlichen Weg dorthin noch eine Fülle formaler Aspekte, an denen eine außerordentliche Kündigung scheitern kann. Häufig wird die Kündigung nicht von dem formal zuständigen Vertreter des Arbeitgebers ausgesprochen, die Frist des § 626 BGB versäumt oder die Anhörung der Personalvertretung unterlassen. Bei Leistungsmängeln (Behandlungsfehlern) als Kündigungsgrund fehlt es häufig an der vorausgegangenen Abmahnung. *(Li)*

Rechtsgrundlagen
§§ 621 ff. BGB; 53 ff. BAT

Literatur
Stahlhacke (1982) Kündigung und Kündigungsschutz im Arbeitsverhältnis, 4. Auflage
Schaub (1987) Arbeitsrechtshandbuch, 6. Auflage, §§ 123 ff.
Zöllner (1979) Arbeitsrecht, 2. Auflage, §§ 22 ff.

296   Kündigungsschutz

Ziel des Kündigungsschutzes ist es, den Arbeitnehmer gegen Nachteile der Kündigung seines Arbeitsverhältnisses zu schützen.

Als Kündigungsschutz im weiteren Sinne lassen sich alle Regelungen begreifen, durch die die Auflösung des Arbeitsverhältnisses durch Kündigung des Arbeitgebers gegenüber der gesetzlichen Normallage beschränkt oder aufgehalten wird oder durch die sonstige Kündigungsnachteile ausgeglichen werden. Das Kerngebiet des Kündigungsschutzgesetzes, also des Kündigungsschutzes im engeren Sinne, bilden dagegen diejenigen Regelungen, die das Kündigungsrecht des Arbeitgebers in seinen Voraussetzungen einschränken und nicht nur die Wirkungen seiner Ausübung abmildern. Dazu gehört der den Großteil der Arbeitsverhältnisse erfassende allgemeine Kündigungsschutz nach den §§ 1 ff. KSchG, der die ordentliche Kündigung des Arbeitgebers auf bestimmte Gründe beschränkt. Zum anderen gehört hierher der besondere Kündigungsschutz, der die ordentliche, teilweise auch die außerordentliche Kündigung bestimmter Arbeitnehmer gänzlich oder fast gänzlich ausschließt.

297   Der allgemeine Kündigungsschutz

Der allgemeine Kündigungsschutz greift nur gegenüber ordentlichen Kündigungen ein. Eine außerordentliche Kündigung kann also nicht daraufhin untersucht werden, ob sie sozial gerechtfertigt ist oder nicht. Der Gesetzgeber geht zutreffend davon aus, daß ein wichtiger Grund im Sinne von § 626 BGB stets auch die soziale Rechtfertigung der Kündigung einschließt.

Die Anwendung von § 1 KSchG setzt voraus, daß der Arbeitnehmer vor der Kündigung im selben Betrieb oder Unternehmen länger als 6 Monate als Arbeitnehmer beschäftigt war.

298   Das Gesetz unterscheidet in § 1 Abs. 2 und Abs. 3 KSchG zwischen positiven und negativen Gründen. Positive Gründe müssen vorliegen, um die Kündigung sozial zu rechtfertigen, wenn sie wirksam sein soll. Positive Gründe im Sinne des Gesetzes sind: Gründe in der Person des Arbeitnehmers, Gründe im Verhalten des Arbeitnehmers und betriebliche Gründe. Negative Gründe machen die Kündigung trotz vorliegender positiver Gründe sozialwidrig. Soll die Kündigung rechtswirksam sein, müssen sie fehlen.

299   § 1 Abs. 2 Nr. 2, Abs. 3 KSchG sieht 3 Negativgründe vor: Verstoß gegen eine Richtlinie nach § 95 BetrVG, Weiterbeschäftigungsmöglichkeit und unsoziale Auswahl.

Will der Arbeitnehmer die Sozialwidrigkeit einer ordentlichen Kündigung feststellen lassen, so muß er gegen die Kündigung Klage beim Arbeitsgericht binnen einer Frist von 3 Wochen erheben. Bei unverschuldeter Versäumnis ist eine nachträgliche Zulassung der Klage durch das Gericht möglich.

300   Der arbeitsrechtliche Status des Arbeitnehmers während des Kündigungsschutzprozesses ist rechtlich unklar. Hat bei einem Arbeitnehmer außerhalb des öffentlichen Dienstes der Betriebsrat, bei einem Arbeitnehmer im öffentlichen Dienst der Personalrat einer ordentlichen Kündigung frist- und ordnungsgemäß widersprochen und hat der Arbeitnehmer nach dem Kündigungsschutzgesetz fristgerecht Klage auf Feststellung erhoben, daß das Arbeitsverhältnis durch die Kündigung nicht aufgelöst ist, oder wird die Klage nachträglich zugelassen, so muß der Arbeitgeber den Arbeitnehmer auf sein unverzügliches Verlangen hin bis zum rechtskräftigen Abschluß des Rechtsstreites bei unveränderten Arbeitsbedingungen weiterbeschäftigen. Beschäftigt er ihn nicht weiter, gerät er in Annahmeverzug mit der Folge der Verpflichtung zur Vergütungsfortzahlung. Der gekündigte Arbeitnehmer kann diesen → Weiterbeschäftigungsanspruch im Wege der einstweiligen Verfügung und mit der Zwangsvollstreckung gemäß § 888 ZPO durchsetzen.

301   Hat der Arbeitgeber außerordentlich gekündigt oder außerordentlich und hilfsweise ordentlich gekündigt, so besteht kein Weiterbeschäftigungsanspruch. Dieser kann nur ausnahmsweise bestehen, wenn die Kündigung rechtsmißbräuchlich ist.

302   Aber auch aus der allgemeinen Beschäftigungspflicht kann ein Weiterbeschäftigungsanspruch resultieren. Etwa wenn der Arbeitnehmer glaubhaft macht, daß die Unwirksamkeit der Kündigung wahrscheinlich ist und es etwa wegen der Natur des Beschäftigungsverhältnisses notwendig ist, das Arbeitsverhältnis fortzusetzen, um den Erfahrungsstand zu wahren, was im ärztlichen Bereich in einzelnen Bereichen durchaus vorkommen kann.

303   So hat der Große Senat des Bundesarbeitsgerichtes neuestens entschieden, daß ein Arbeitnehmer ein überwiegendes Interesse an seiner Weiterbeschäftigung hat, sofern er in erster Instanz im Kündigungsschutzprozeß ein obsiegendes Urteil erstreitet. Will der Arbeitgeber auch in diesem Fall die Weiterbeschäftigung verweigern, so muß er zusätzliche Umstände anführen, aus denen sich sein überwiegendes Interesse an der Nichtbeschäftigung ergibt.

304   Der Arbeitgeber kann auf seinen Antrag im Wege der einstweiligen Verfügung von der Pflicht zur Weiterbeschäftigung befreit werden. Dies kann dann der Fall sein, wenn die Klage des gekündigten Arbeitnehmers aussichtslos oder mutwillig erscheint oder unzumutbare wirtschaftliche Verhältnisse die Folge der Weiterbeschäftigung wären.

305   Erhebt ein befristet beschäftigter Arbeitnehmer Kündigungsschutzklage mit der Behauptung, es fehle dem Arbeitsverhältnis am zulässi-

gen Befristungsgrund, so besteht nach dem Gesetz kein Weiterbeschäftigungsanspruch. De facto wird der Arbeitgeber allerdings durch das Angebot der Arbeitsleistung in Annahmeverzug gesetzt, den Arbeitnehmer – und sei es nur befristet oder bedingt – bis zum Abschluß des Rechtsstreits weiterzubeschäftigen, um zu verhindern, die Vergütung fortzahlen zu müssen, ohne die Arbeitsleistung zu erhalten, sofern der Ausgang des Rechtsstreites ungewiß ist.

306   Besonderer Kündigungsschutz

Besonderer Kündigungsschutz kommt bestimmten Arbeitnehmern mit besonderen Eigenschaften oder unter besonderen Voraussetzungen wegen erhöhter Schutzbedürftigkeit zugute. Für den ärztlichen Dienst im Krankenhausbereich ist dies einmal die Tätigkeit als Betriebs- oder Personalratsmitglied sowie die Schwerbehinderteneigenschaft und der Mutterschutz. Die Einzelheiten des Schutzes richten sich nach den genannten spezialgesetzlichen Vorschriften.

307   Ausnahmen

Dem allgemeinen Kündigungsschutz unterfallen nicht leitende Angestellte. Chefärzte wird man hierunter fallen lassen können. *(Li)*

Rechtsgrundlagen
Kündigungsschutzgesetz vom 25.08.1969 (BGBl. I, S. 1317); Schwerbehindertengesetz vom 26.08.1986 (BGBl. I, S. 1421); Mutterschutzgesetz i. d. F. v. 20.12.1988 (BGBl. I, S. 2477)

Literatur
Schaub (1986) Arbeitsrechtshandbuch, 6. Auflage, §§ 126 ff.
Stahlhacke (1982) Kündigung und Kündigungsschutz im Arbeitsverhältnis, 4. Auflage, S. 161 ff.

308   Lehre

Hochschullehrer haben ihr Fachgebiet in Forschung und Lehre zusätzlich als Mediziner in der Krankenversorgung zu vertreten.

Wenn der Begriff in diesem Zusammenhang gebraucht wird, so handelt es sich um Vermittlung von Wissen in einen akademischen Studiengang, der mit einer staatlichen oder akademischen Prüfung abgeschlossen wird. Die entsprechende Fähigkeit, an der Lehre in einem akademischen Studienfach mitzuwirken, wird durch das Habilitationsverfahren festgestellt. Die Berechtigung zur Lehre ergibt sich aus der Lehrbefugnis. Sie ist auch ohne Habilitationsverfahren aufgrund eines Lehrauftrages für ein bestimmtes Fachgebiet gegeben.

309   Sie ist Dienstaufgabe der Professoren, Privatdozenten, Hochschuldozenten, Honorarprofessoren und Lehrbeauftragten in unterschiedlichem Umfang. In den hochschulrechtlichen Vorschriften werden Lehre und Studium immer im Kontext verstanden. Beides soll den Studenten auf ein berufliches Tätigkeitsfeld vorbereiten und ihm die dafür erforderlichen fachlichen Kenntnisse, Fähigkeiten und Methoden vermitteln und ihn zu wissenschaftlicher Arbeit befähigen. *(Li)*

Rechtsgrundlagen
§ 38 HRG, Hochschul-/Universitätsgesetze der Länder

310   Leichenschau

Nach den Bestattungsgesetzen der Länder ist es Aufgabe der Krankenhausärzte, die Leichenschau bei Toten in der Anstalt vorzunehmen, ausgenommen bei Toten, deren Tod der behandelnde Arzt durch eigenes Fehlverhalten verursacht hat. In Niedersachsen und im Saarland besteht nur für den Amtsarzt des zuständigen Gesundheitsamtes die Pflicht zur Leichenschau. Ob die Leichenschau Dienstaufgabe oder Nebentätigkeit ist, war bis vor kurzem heftig umstritten; daß sie vertraglich zur Dienstaufgabe gemacht werden kann, solange eine tarifvertragliche Bindung nicht besteht, war dabei immer unumstritten.

311   Das Bundesarbeitsgericht hat nunmehr letztinstanzlich entschieden, daß die Ausstellung des Leichenschauscheines sowie der Todesbescheinigung eine ärztliche Bescheinigung im Sinne des Tarifrechts und damit Dienstaufgabe der dem BAT unterfallenden Krankenhausärzte sei. Damit entfällt auch die gesonderte Abrechnung.

312   Im Notarztdienst ist die Ausstellung von Leichenschauschein und Todesbestätigung → Nebentätigkeit. Der Notarzt ist auch als Krankenhausarzt im Notarztdienst zur Leichenschau nicht verpflichtet. Sie wird von einem „Dritten" veranlaßt, so daß der Notarzt bei den Erben bzw. dem Leistungsträger gesondert liquidieren kann. *(Li)*

Rechtsgrundlagen
Bestattungsgesetze der Länder, Nr. 3 und 5 SR 2 c BAT

Literatur
BAG, Urteil vom 10.10.1984, 5 AZR 302 / 82
Lippert (1986) Die Abrechnung der Leichenschau im Notarztdienst, Notfallmedizin, S. 156
Lippert (1987) Notarztdienst und Leichenschau, DMW, S. 73

313   Leitender Arzt

1.   Leitende Ärzte
2.   Hauptpflichten
2.1 Hochschullehrer in Universitätsklinika
2.2 Leitende Ärzte außerhalb des Hochschulbereichs
3.   Nebenpflichten
3.1 Mitwirkungspflichten
3.2 Kooperationspflichten
3.3 Organisationspflichten

314   1. Leitende Ärzte

Wenn es darum geht, die funktionale Stellung des Krankenhausarztes innerhalb der Organisationseinheit Krankenhaus zu beschreiben, hilft die Definition des → Arztes wenig weiter. In funktionaler Hinsicht haben sich die Bezeichnungen Leitender und nachgeordneter Arzt eingebürgert. Innerhalb der Organisation eines Krankenhauses sind es diejеnigen Ärzte, die in einer Struktureinheit, die für ein bestimmtes medizinisches Fachgebiet gebildet ist, Leitungsfunktion ausüben. Für diesen Personenkreis (die Leitenden Ärzte im engeren Sinne) hat sich die Bezeichnung Chefarzt/Abteilungsleiter/Leitender Arzt/Institutsleiter/Ärztlicher Direktor eingebürgert. Haftungsrechtlich werden sie, um dem Träger des Krankenhaus den Entlastungsbeweis nach § 831 BGB zu verweigern, von der Rechtsprechung als Organe des Krankenhauses angesehen. Zu den Leitenden Ärzten gehören aber auch deren ständige Stellvertreter, zumeist Oberärzte oder Leitende Oberärzte (Leitende Ärzte im weiteren Sinne). Ihnen allen ist gemeinsam, daß sie in einem oder mehreren Fachgebieten eine → Weiterbildung durchlaufen haben oder über eine → Zusatzbezeichnung nach der jeweilig geltenden Weiterbildungsordnung verfügen. Nach den Rechtsgrundlagen, auf die sich ihr Status gründet, sind sie entweder Angestellte oder Beamte. Ob sie

Leitende Angestellte im Sinne des → Personalvertretungsrechts sind, ist umstritten. Dies werden sie jedenfalls dann sein, wenn sie Mitglied der Krankenhaus- bzw. Klinikleitung sind. Als Beamte können sie beamtete → Hochschullehrer (Professoren) im Regelfall in der Besoldungsgruppe C 4 oder leitende Medizinalbeamte, z. B. in psychiatrischen Landeskrankenhäusern oder → Sanitätsoffiziere an Bundeswehrkrankenhäusern sein.

315 Daneben gibt es je nach landesrechtlicher Ausgestaltung auch Leitende Ärzte in den Einrichtungen der Hochschulen, die zwar nicht Leiter einer Abteilung oder Klinik sind, die aber dennoch für einen fachlich umgrenzten Bereich in einer Struktureinheit unterhalb dieser Ebene Leitungsfunktion übertragen bekommen haben, z. B. Sektions- und/oder Abteilungsleiter. Auch sie sind zumeist → Hochschullehrer (Professoren), allerdings in der Regel in Besoldungsgruppe C 3. Zu unterscheiden sind diese beamteten Professoren an Einrichtungen der Hochschulen von denjenigen Leitenden Ärzten außeruniversitärer Krankenhäuser, die berechtigt sind, den Titel eines Professors (genauer: außerplanmäßigen Professors) zu führen.

Es handelt sich hierbei um Privatdozenten der Universitäten, die eine Lehrtätigkeit von bestimmter Dauer nachweisen können (regelmäßig 6 Jahre) und aufgrund dieser Tätigkeit berechtigt sind, den *Titel* eines außerplanmäßigen Professors zu führen. Diese sich aus der korporationsrechtlichen Stellung zur Universität ergebenden Befugnisse zur Titelführung beeinflussen den rechtlichen Status als leitender Angestellter des Krankenhausträgers nicht.

316 **2. Hauptpflichten**

2.1 *Hochschullehrer an Universitätsklinika*

Dienstaufgabe der Hochschullehrer an Universitätsklinika ist die Vertretung ihres Faches in → Forschung, → Lehre und Krankenversorgung. Die Wahrnehmung von Aufgaben der Krankenversorgung gehört bei Hochschullehrern der Medizin traditionell zu den Dienstaufgaben, weil nur so das jeweilige Fach in Forschung und Lehre vertreten werden kann. Dies schließt aber auch Aufgaben, wie die Leitung einer Krankenpflege-, Hebammen- oder Kinderkrankenpflegeschule zu übernehmen und ggf. an der Aus- und Fortbildung der in ihnen ausgebildeten Personen teilzunehmen, ein. Sie hängen mit den Aufgaben von Forschung und Lehre untrennbar zusammen. Die nähere Ausgestaltung des Dienstverhältnisses einschließlich der Bestimmungen des konkreten

Amtes im funktionalen Sinn erfolgt durch → Berufungsvereinbarungen, Sonderzusagen, Stellen- und Funktionsbeschreibungen, Dienstanweisungen und sonstige allgemeine oder spezielle Organisationsverfügungen.

317   Ist dem Hochschullehrer die Leitung einer Klinik, einer Abteilung oder eines Instituts übertragen, so obliegt ihm auch diese Aufgabe sowie die Mitwirkung an der unmittelbaren und mittelbaren Patientenversorgung in aller Regel im Rahmen seines Hauptamtes. Die Behandlung von Privatpatienten kann dem Hochschullehrer entweder als Teil des Hauptamtes oder als → Nebentätigkeit genehmigt werden. Die Übertragung von Dienstaufgaben auf Hochschullehrer findet ihre Grenzen nur im Mißbrauch und der übermäßigen Inanspruchnahme sowie in der Freiheit von Forschung und Lehre, die wenigstens im Kernbereich gewährleistet bleiben muß.

318   Differenzierungen innerhalb der Hochschule gemäß den übertragenen Ämtern sind zulässig und stehen nicht im Widerspruch zu Obengenanntem. Auch Professoren der Besoldungsgruppe C 2 und C 3 haben ihr jeweiliges Fach in Forschung, Lehre und Krankenversorgung zu vertreten. Solange ihre Rechte aus Artikel 5 GG nicht im Kernbereich tangiert sind, kann der Dienstherr ihnen auch im Vergleich zu Professoren der Besoldungsgruppe C 4 eine unterschiedliche Ausstattung ihres Bereiches gewähren.

319   Die Einordnung der beamteten Krankenhausärzte in das geltende Beamten- und Besoldungsrecht hat nicht unerhebliche Schwierigkeiten bereitet. So wurde insbesondere die Auffassung vertreten, die stationäre Behandlung aller Patienten (also auch der Privatpatienten) gehöre zum Hauptamt des beamteten Chefarztes; demzufolge widerspreche die Einräumung eines → Liquidationsrechts dem Verbot, dem Beamten eine im Besoldungsrecht nicht vorgesehene zusätzliche Vergütung zu gewähren. Inzwischen ist jedoch allgemein, insbesondere auch höchstrichterlich anerkannt, daß das atypische Beamtenverhältnis der Krankenhausärzte Besonderheiten aufweist, „die im wesentlichen auf den Umstand zurückzuführen sind, daß die öffentlichrechtlichen Körperschaften für ihre Krankenhäuser qualifizierte Leitende Ärzte benötigen, die freiberuflich regelmäßig ein Mehrfaches der besoldungsrechtlich vorgesehenen Einkünfte haben, diese aber ohne Einräumung des Eigenliquidationsrechts nicht gewinnen können (BVerwG)". Es ist deshalb mit dem geltenden Beamtenrecht („gerade noch") vereinbar, die stationäre Behandlung von Wahlleistungspatienten aus dem Hauptamt beamteter Klinikleiter auszugliedern und ihnen das Recht zur Privatliquidation einzuräumen sowie sonstige spezielle Vergütungszusagen zu machen.

320   Es ist eine Eigentümlichkeit des Hochschullehrerrechts, daß die Rechtsstellung der Universitätsprofessoren über die unmittelbar geltenden gesetzlichen Bestimmungen hinaus durch ergänzende Zusicherungen und → Berufungsvereinbarungen geregelt wird.

Gegenstand von Einstellungszusicherungen und Berufungsvereinbarungen können insbesondere die Definition des konkreten dienstlichen Aufgabenbereiches (z. B. die Leitung einer Klinik) sein, die sachliche und personelle Ausstattung des Lehrstuhls, Besoldungsfragen, der Umfang der Lehr- und Forschungstätigkeit und Fragen der Nebentätigkeit (Zuweisung der ärztlichen Betreuung aller Patienten zum Hauptamt, Zahl der für die privatärztliche Behandlung zur Verfügung gestellten Betten, Genehmigung einer nicht bereits allgemein genehmigten Nebentätigkeit, z. B. der Tätigkeit als Kassenarzt, und der Inanspruchnahme von Einrichtung, Material und Personal für diese Tätigkeit). Für die auf Sonderzusagen beruhenden Rechtspositionen der Hochschullehrer besteht, auch wenn sie den hergebrachten Grundsätzen des Beamtenrechtes zuzuordnen sein sollten, kein absoluter Bestandsschutz. Voraussetzung für die normative Beschränkung oder Beseitigung eines zugesagten Rechts ist das Vorliegen sachlich gebotener Gründe und die Notwendigkeit des Eingriffes zur Erreichung des gesetzgeberischen Anliegens, die Wahrung der Grundsätze der Verhältnismäßigkeit und der Zumutbarkeit sowie u. U. eine angemessene Übergangsregelung.

321   Das Bundesverfassungsgericht hat es für zulässig erklärt, daß im Rahmen der Reform der Hochschulorganisation die auf Berufungsvereinbarungen beruhende Stellung als „alleiniger Instituts- und Klinikdirektor" entfällt und daß im Zuge der Krankenhausreform in zugesagte → Liquidationsrechte eingegriffen, Abführungspflichten erweitert, → Mitarbeiterbeteiligung eingeführt, die Koppelung von privatärztlicher Behandlung und Unterbringung in einem Ein- oder Zweibettzimmer gelöst und die Amtszeit des Ärztlichen Direktors befristet wird. Die Befugnis des Gesetzgebers zu derartigen Eingriffen in zugesicherte Liquidationsrechte besteht unabhängig davon, ob diese in Form genehmigter Nebentätigkeit oder in sonstiger Weise ausgeübt werden.

322   *2.2 Leitende Ärzte außerhalb des Hochschulbereichs*

Zu den Hauptpflichten der Leitenden Ärzte, die nicht Hochschullehrer sind, gehört die ärztliche Behandlung aller stationären Patienten in den von ihnen geleiteten Bereichen nach den jeweiligen medizinischen Standards des Fachs. Hierunter fallen auch stationäre Patienten mit Wahlleistungen „Arzt" sowie die konsiliarärztliche Tätigkeit für diese Patienten.

Nur sofern dies im Chefarztvertrag ausdrücklich vereinbart ist, gehört die Behandlung von stationären Patienten anderer Krankenhäuser, die Untersuchung und Befundung eingesandter Materialien oder Präparate von stationären Patienten anderer Krankenhäuser, die Übernahme der → ärztlichen Leichenschau, die → Blutentnahme nach § 81 a StPO und die Teilnahme am → Rettungsdienst zu den Dienstaufgaben. Gelegentlich wird die Mitwirkung an der Erbringung ambulanter ärztlicher Leistungen und ärztlicher Sachleistungen im Rahmen der sog. Institutsleistungen des Krankenhauses vertraglich zu den Dienstaufgaben gemacht oder die Erstattung von ärztlichen → Gutachten für den Krankenhausträger selbst. Hinzu kommen kann auch, sofern das Krankenhaus des Trägers als Akademisches Lehrkrankenhaus für die Ausbildung der Medizinstudenten im 3. klinischen Abschnitt (praktisches Jahr) zur Verfügung steht, die Vertretung des Fachgebietes in der → Lehre sowie die Teilnahme an Prüfungen. Die Arbeitsbedingungen der Leitenden Ärzte im weiteren Sinne, also der Oberärzte, werden in aller Regel in einem tarifvertraglichen Regelungen unterliegenden → Dienstvertrag geregelt sein. Im öffentlichen Dienst kann dies der Bundesangestelltentarifvertrag sein. Dann gelten primär für den Umfang der Dienstaufgaben diese Regelungen. Dies schließt nicht aus, daß weitere Dienstaufgaben durch Vertrag begründet werden. So kann etwa die → Leichenschau zur Dienstaufgabe gemacht werden. In medizinischen Fragen sind die Leitenden Ärzte an Weisungen nicht gebunden.

323   Die im Rahmen der Dienstaufgaben zu treffenden ärztlichen Maßnahmen müssen im Sinne des Pflegesatzrechtes ausreichend und zweckmäßig sein, wobei beide Begriffe durch die konkreten Gegebenheiten des jeweiligen medizinischen Fachgebietes noch eine genauere Ausformung erhalten. Es gilt der jeweils fachliche Standard des Fachgebietes.

324   **3. Nebenpflichten**

Zu den Hauptpflichten aus dem Dienst- bzw. Beamtenverhältnis der Leitenden Ärzte kommen noch Nebenpflichten, die sich grob in Mitwirkungs-, Kooperations-, Organisations-, Auswahl-, Überwachungs- und Anleitungspflichten einteilen lassen.

325   *3.1 Mitwirkungspflichten*

Folgen der Arbeitsteilung im Krankenhaus sind, daß weder der Krankenhausträger noch der jeweilige Leitende Arzt für sich alleine alle ihn und seinen Bereich betreffenden Entscheidungen ausschließlich und alleine treffen kann. In besonderem Maße gilt dies bei den wirtschaftlichen Entscheidungen, die im Krankenhaus neben medizinischen zu treffen sind.

326   *Teilnahme an Gremiensitzungen, Mitwirkung in der Klinikleitung*

Für Hochschullehrer ergibt sich die Pflicht zur Übernahme von Funktionen in der Selbstverwaltung bereits aus § 37 Abs. 1 HRG sowie den jeweiligen landesrechtlichen Vorschriften. Bei Leitenden Ärzten außerhalb des Hochschulbereichs ist eine Pflicht zur Übernahme von Ämtern in der Klinikleitung, in der Regel die Übernahme des Amtes eines Ärztlichen Direktors sowie die Teilnahme an Gremiensitzungen gelegentlich in den Chefarztverträgen ausdrücklich erwähnt, gelegentlich auch nicht. Sie dürfte in diesem Fall von der zumeist gewählten Formulierung „vertrauensvolle Zusammenarbeit zum Wohle des Krankenhauses" mit umfaßt sein.

327   *Erstellung des Wirtschaftsplanes*

Bei der Erstellung des Wirtschaftsplanes wird der Krankenhausträger auf die Mitwirkung der Leitenden Ärzte angewiesen sein. Dies v. a., soweit es um die Mitteilung und Dokumentation von Leistungsdaten des übertragenen Bereiches geht. Bei der Erstellung des Wirtschaftsplanes wird der Leitende Arzt jeweils ein starkes Eigeninteresse daran haben, in die entsprechenden Entscheidungsprozesse einbezogen zu werden. Dies v. a. dann, wenn im Rahmen der sparsamen und wirtschaftlichen Haushaltsführung Budgets für die einzelnen Bereiche innerhalb des Krankenhauses festgelegt werden.

328   *Mitwirkung in Personalangelegenheiten*

Es ist Aufgabe des Krankenhausträgers, dem Leitenden Arzt die Erbringung seiner medizinischen Leistungen dadurch zu ermöglichen, daß die übertragene Struktureinheit der Klinik auch über das zur Erfüllung der Aufgaben erforderliche Personal verfügt. An der Erstellung der Stellenpläne seines Bereiches hat der Leitende Arzt mitzuwirken.

Nach den meisten Chefarztverträgen steht dem Leitenden Arzt bei Einstellung zumindest des nachgeordneten ärztlichen Personals ein Mitwirkungsrecht in Form eines Vorschlagsrechtes zu, bei anderen nichtärztlichen Mitarbeitern seines Bereiches ist er vor der Maßnahme (Einstellung, Kündigung) zu hören. Aus diesem Mitwirkungsrecht unterschiedlicher Stärke ergibt sich im Gegenzug eine Mitwirkungspflicht im jeweiligen Umfang.

329   Landesrechtliche Vorschriften sehen für den Hochschulbereich vor, daß das Personal nur auf Vorschlag oder Antrag etwa eines Leitenden Arztes einer Klinik/Abteilung eingestellt werden darf. Diese Vorschrift ändert an der Mitwirkungspflicht des Hochschullehrers nichts, sondern setzt sie voraus. Derartige Vorschriften wollen lediglich sicherstellen, daß ihm gegen seinen Willen kein Personal aufgezwungen werden kann. Seiner Mitwirkungspflicht hat er bis zur Grenze des Mißbrauchs nachzukommen.

330   *Beschaffungswesen*

Von erheblicher Bedeutung, weil die medizinische Behandlung der aufgenommenen Patienten des Krankenhauses tangierend, ist die Beschaffung medizinischen Geräts und der Medikamente. Im Bereich der Gerätebeschaffung wird der Leitende Arzt wiederum ein Vorschlagrecht eingeräumt bekommen, dem eine Mitwirkungspflicht korrespondiert. Bei der Beschaffung der Medikamente wird zumeist eine für das Krankenhaus/die jeweiligen Krankenhäuser des Trägers gebildete → Arzneimittelkommission in den Beschaffungsprozeß eingeschaltet, deren Beschlüsse bei der Beschaffung zu beachten sind.

331   *Aus- und Fortbildung nachgeordneten Personals*

Vor allem die Ausbildungsstätten, die der Krankenhausträger für nichtärztliches medizinisches Personal (Krankenpflege/Kinderkrankenpflege, Hebammen, MTA) betreibt, sind auf qualifiziertes Personal für die Aus-, aber auch für die → Fortbildung angewiesen. Daher wird in den Chefarztverträgen regelmäßig die Pflicht zur Mitwirkung bei der Aus- und Fortbildung nichtärztlichen Personals, gelegentlich auch die Pflicht zur fachlichen Leitung einer derartigen Ausbildungsstätte, vertraglich vereinbart oder kraft Weisungsrechts dem Beamten im Rahmen der Dienstaufgaben auferlegt. Dieser Mitwirkungspflicht kann er sich nicht entziehen, solange seine sonstlichen dienstlichen Aufgaben hierunter nicht leiden. Daneben tritt auch noch die → Fortbildung nachgeordneten ärztlichen Personals des eigenen Bereiches, aber auch des Krankenhauses insgesamt.

332   *3.2 Kooperationspflichten mit Ärzten anderer Fachgebiete*

Leitende Ärzte sind nach den Chefarztverträgen üblicherweise verpflichtet, u. a. mit den übrigen Leitenden Ärzten des Krankenhauses

vertrauensvoll zusammenzuarbeiten. Diese Pflicht zur Kooperation hat
neben administrativen Aspekten auch medizinische. In medizinischer
Hinsicht verpflichtet die Kooperation des Leitenden Arztes mit Leitenden Ärzten anderer Bereiche dazu, daß die jeweiligen Bereiche fachlich
den jeweils an sie zu stellenden Ansprüchen genügen und so geleitet
werden, daß im Rahmen der → Mit- oder Weiterbehandlung nach dem
→ Vertrauensgrundsatz verfahren werden kann. Eine fachliche Kontrolle der Leistungen des jeweils anderen Bereichs ist demnach im Regelfall nicht notwendig und findet nicht statt. Schließlich gebietet es die
Kooperationspflicht, bei organisatorischen Maßnahmen (z. B. Erstellung des Operationsprogrammes) auf Ärzte anderer Fachgebiete und
deren Belange Rücksicht zu nehmen.

333   Im Rahmen seines Weisungsrechts gegenüber nachgeordnetem ärztlichen Personal und im Rahmen des ihm ggf. gemeinsam mit der Leitenden Pflegekraft seines Bereiches zustehenden Weisungsrechts hat
der Leitende Arzt dafür Sorge zu tragen, daß nach den oben genannten
Grundsätzen auch im nachgeordneten Bereich verfahren wird und auch
hier nach dem Vertrauensgrundsatz gehandelt werden kann.

334 *Kooperationspflichten mit dem Krankenhausträger*

Der Leitende Arzt ist unter dem Gesichtspunkt vertrauensvoller Zusammenarbeit dem Krankenhausträger gegenüber verpflichtet, diesen
über alle wesentlichen Vorkommnisse seines Bereiches rechtzeitig und
vollständig zu unterrichten, damit dieser entsprechende Maßnahmen
ergreifen kann. Dies gilt v. a. dann, wenn der Krankenhausträger bestimmte Zuständigkeiten auf den Leitenden Arzt delegiert und die
Durchführung dieser Maßnahmen zu kontrollieren hat. Zu den melde-
pflichtigen Vorkommnissen gehören sicher Behandlungsfehler mit Personenschaden, sowie neuerdings nach § 15 MedGV die Anzeige von
Funktionsausfällen und -störungen an medizinisch-technischen Geräten, die zu einem Personenschaden geführt haben. Bei derlei Anzeigen
braucht der Leitende Arzt nicht auf die Verschuldensfrage einzugehen.
Er ist lediglich verpflichtet, die Fakten mitzuteilen (keine Pflicht zur
„Selbstanzeige").

335 *Kooperationspflichten im Krankenhausverbund*

Hat der Krankenhausträger etwa für mehrere Krankenhäuser einen
Verbund in der Weise hergestellt, daß der Bereich, der dem Leitenden
Arzt übertragen ist, für mehrere Krankenhäuser zuständig sein soll
(etwa zentrale Anästhesieabteilung, Zentrallabor), so gelten die Koope-

rationspflichten auch im Verhältnis zu den Ärzten der anderen Krankenhäuser. Sie gelten auch, sofern der Krankenhausträger mit dem Träger anderer Krankenhäuser eine Kooperationsvereinbarung geschlossen hat. Auch in diesem Fall wird der Leitende Arzt zur Kooperation verpflichtet; die Wahrnehmung der Pflichten für das andere Haus ist Teil der Dienstaufgaben.

336 ### *3.3 Organisationspflichten*

Der Leitende Arzt ist nach dem Chefarztvertrag regelmäßig verpflichtet, seinen Bereich mit dem vom Krankenhausträger zur Verfügung zu stellenden Personal so zu organisieren, daß die Aufgaben des Bereichs in der Krankenversorgung gewährleistet werden können. Hierzu gehört die Organisation eines sinnvollen und wirtschaftlichen Betriebsablaufes und Personaleinsatzes ebenso, wie das Aufstellen der Dienstpläne, die Regelung der → Rufbereitschaft und des → Bereitschaftsdienstes sowie die Erstellung von Urlaubsplänen.

337 Ferner kommt die Entscheidung hinzu, welcher nachgeordnete Arzt in welchem Umfang nach seinem jeweiligen Kenntnisstand welche ärztlichen Aufgaben durchführen kann und soll. Sind für die Erfüllung bestehender Aufgaben formale Qualifikationen erforderlich, so hat der Leitende Arzt beim Personaleinsatz darauf zu achten, daß sie vorhanden sind; andernfalls darf das Personal nicht eingesetzt werden. Die Pflicht zur Führung der Krankenakten sowie die Pflicht zu ordnungsgemäßer Aufklarung der Patienten entsprechend den von der Rechtsprechung aufgestellten Richtlinien ist ebenfalls diesem Bereich zuzuordnen wie die Einhaltung gesetzlicher Meldepflichten und die Wahrung der ärztlichen Schweigepflicht.

338 Schließlich gehört in diesen Bereich die Organisation und Umsetzung von Maßnahmen der Hygiene unter Beachtung der Richtlinien des Hygienebeauftragten bzw. der Beschlüsse der Hygienekommission im eigenen Bereich, je nach Betroffenheit.

Nimmt der Krankenhausträger am → Rettungsdienst teil und ist die Teilnahme dem Leitenden Arzt als Dienstaufgabe übertragen, so hat er – sofern er den Dienst nicht selbst durchführt – nachgeordnete Ärzte mit entsprechender Befähigung einzusetzen. Diese Ärzte müssen über die Kenntnisse und Fähigkeiten des Fachkundenachweises „Rettungsdienst" der Ärztekammer verfügen. Gleiches gilt, sofern nur einem der Leitenden Ärzte die Pflicht zur Organisation des → Rettungsdienstes übertragen wird. Er hat dann in Absprache mit den anderen Leitenden Ärzten und den Trägern des Rettungsdienstes die erforderlichen Maßnahmen zu treffen, damit der Dienst durchgeführt werden kann.

339   Neuestens obliegt es den Leitenden Krankenhausärzten, bei der Durchführung der MedGV dafür zu sorgen, daß die ärztlichen Mitarbeiter in die Funktionsweise der Geräte eingewiesen werden und daß der Betreiber der Geräte, der die Bestandsverzeichnisse und Gerätebücher führt, die hierfür notwendigen Informationen erhält (Namen der eingewiesenen Personen, Zeitpunkt der Einweisung, Zeitpunkt, Art und Folgen von Funktionsstörungen und Bedienungsfehlern sowie Funktionsausfällen und -störungen der Geräte bei Gerätegruppen 1 und 3, die zu einem Personenschaden geführt haben). Sie sorgen für Organisation und Überwachung der Anwendung medizinisch-technischer Geräte am Patienten im laufenden Betrieb unter Beachtung von § 6 MedGV. Die Pflichten aus der MedGV können durch betriebsorganisatorische Maßnahmen auf geeignete Mitarbeiter delegiert werden.

340   *Auswahl-, Aufsichts- und Anleitungspflichten*

Oben wurde auf die Mitwirkung der Leitenden Ärzte bei der Personalauswahl hingewiesen. Diesem Recht auf Mitwirkung bei der erstmaligen Einstellung von Personal korrespondiert die Pflicht, bei der Auswahl mitzuwirken und diese ggf. auch eigenverantwortlich durchzuführen, sofern eine Einstellung gegen den Willen des Leitenden Arztes – etwa im Hochschulbereich – nicht stattfinden kann.

341   Leitende Ärzte sind i. allg. nach den Anstellungsverträgen berechtigt, ärztliche Maßnahmen zur Durchführung zu delegieren. Dieser Pflicht zur → Delegation entspricht eine Pflicht zur sorgfältigen Auswahl desjenigen, auf den die Maßnahme delegiert wird. Bei Ärzten in Weiterbildung ist eine geordnete Aufsicht unbedingt sicherzustellen, so daß bei Überforderungen sogleich ein entsprechend befähigter, zumeist ein Gebietsarzt, einspringen kann. Für die sachgerechte Organisation der Aufsicht ist der Leitende Arzt dem Krankenhausträger gegenüber verantwortlich. Überträgt er Gebietsärzten Aufgaben zur Wahrnehmung, so kann er sich darauf verlassen, daß diese ihre Aufgabe nach den Standards des Fachgebiets mit den entsprechenden Kenntnissen und Fähigkeiten durchführen → Assistenzärzte in Ausbildung sowie nachgeordnetes Personal ist zur Aufgabenerfüllung anzuleiten. In diesem Bereich der vertikalen Arbeitsteilung innerhalb seines Bereiches gibt es praktisch keinen Teilbereich, um den sich der Leitende Arzt nicht zu kümmern hätte. Zwar kann er sich im Grundsatz darauf verlassen, daß ein Mitarbeiter, der einen berufsqualifizierenden Abschluß vorweisen kann, die hierfür notwendigen Kenntnisse und Fähigkeiten

besitzt. Dennoch muß er sich von den Kenntnissen und Fähigkeiten ein Bild gemacht haben, ehe er Aufgaben zur Durchführung im Einzelfall oder generell überträgt. Insbesondere muß der Mitarbeiter in fachlicher und persönlicher Hinsicht die übertragenen Aufgaben auch erfüllen können. Auch bei langer gemeinsamer Tätigkeit muß eine stichprobenhafte Kontrolle erfolgen und erst recht, sofern Mängel zutage getreten sein sollten.

342   Bei der → Delegation tritt anstelle der eigenen Ausführung der Tätigkeit die Kontrolle. Einer abgestuften Delegation von Pflichten korrespondiert ein abgestuftes System von Überwachungspflichten und Weisungsrechten des Delegierenden gegenüber seinen Mitarbeitern.

343   Das oben Gesagte gilt auch für nichtärztliches Personal, wobei zu berücksichtigen ist, daß dieses Personal primär der Leitenden Pflegekraft unterstellt ist und ihr die Auswahl und Anleitung sowie das Weisungsrecht generell obliegt. Nur die Auswahl und Anleitung im jeweiligen Bereich des Leitenden Arztes ist ihm alleine oder gemeinsam mit der Leitenden Pflegekraft übertragen. *(Li)*

Rechtsgrundlagen
§§ 2, 43 HRG, Bundesbeamtengesetz, Beamtenrechtsrahmengesetz, Hochschul-/Universitätsgesetze, Krankenhausgesetze sowie Beamtengesetze der Länder

Literatur
BAG, ArztR 1981, S. 177
BAG, Urteil vom 10.10.1984, 5 AZR 302 / 82 (Leichenschau)
Blümel/Scheven (1982) Nebentätigkeitsrecht des wissenschaftlichen und künstlerischen Personals. In: Handbuch des Wissenschaftsrechts, S. 553 ff.
BVerwG NJW 1970, S. 1248
BVerfG NJW 1977, S. 1049; 1980, S. 1327
Dallinger/Bode/Dellian (1978) Hochschulrahmengesetz
Luxenburger (1981) Das Liquidationsrecht der Leitenden Krankenhausärzte
Thieme (1977) Berufungszusagen und Hochschulreform
Weißauer/Hirsch (1980) Nutzungsentgelt der Hochschulkliniker
Weißauer (1986) Das Nutzungsentgelt der Hochschullehrer bei ärztlicher Nebentätigkeit

344   Liquidationsrecht

Das Liquidationsrecht berechtigt Leitende Krankenhausärzte (angestellte wie beamtete) dazu, unter Inanspruchnahme von Räumen, Personal und Sachmitteln des Krankenhauses selbstzahlende Patienten stationär zu behandeln und dafür von diesen oder dem für sie eintretenden Kostenträger die entsprechende Vergütung zu verlangen (→ Nebentätigkeit). Angestellten Leitenden Ärzten wird das Liquidationsrecht im Anstellungsvertrag eingeräumt. Wie es dem Patienten gegenüber ausgeübt wird, hängt von den vertraglichen Beziehungen zum Patienten ab (→ Krankenhausaufnahmevertrag). Der Theorienstreit um das „originäre" oder „abgeleitete" Liquidationsrecht hilft hier nicht weiter.

345   Leitende Ärzte im Beamtenverhältnis erhalten das Liquidationsrecht – soweit nicht Rechtsvorschriften die Einräumung ausdrücklich vorsehen – durch öffentlichrechtlichen Vertrag oder durch Verwaltungsakt eingeräumt (→ Nebentätigkeit). Auch hier besteht zwischen dem Leitenden Arzt und dem Patienten ein → Behandlungsvertrag. Gesetzlich verankert ist das Liquidationsrecht der Leitenden Krankenhausärzte dagegen im KHNG und in der Bundespflegesatzverordnung, allerdings mit Modifikationen gegenüber der früher geltenden Rechtslage in wesentlichen Punkten.

346   Es ist nunmehr nicht mehr möglich, das Liquidationsrecht der Leitenden Krankenhausärzte automatisch an die gesondert berechenbare Unterbringung in einem Ein- oder Zweibettzimmer zu koppeln. Das Liquidationsrecht wird von der Wahlleistung „Arzt" abhängig gemacht. Nicht geregelt ist die Frage, ob die Inanspruchnahme der Wahlleistung „Arzt" von der Inanspruchnahme einer gesondert berechenbaren Unterkunft abhängig gemacht werden darf oder ob der Patient die Wahlleistung „Arzt" auch ohne eine solche Inanspruchnahme wählen kann.

347   Der Patient kann die Wahlleistung „Arzt" nur insgesamt wählen und nicht auf einzelne Ärzte beschränken (sog. Bündelung). Strittig ist der Umfang des in der Bundespflegesatzverordnung enthaltenen Bestandsschutzes für Altverträge, in denen das Liquidationsrecht vor dem 01.07.1972 eingeräumt wurde.

Nach höchstrichterlicher Rechtsprechung schützt die Bundespflegesatzverordnung nicht das automatische Liquidationsrecht bei Selbstzahlern in Drei- oder Mehrbettzimmern, der früheren 3. Pflegeklasse. Das Liquidationsrecht im Mehrbettzimmer besteht nur bei ausdrücklicher Wahlleistung „Arzt", wenn der Krankenhausträger diese auch im Mehrbettzimmer anbietet.

Hinsichtlich des automatischen Liquidationsrechtes gegenüber Selbstzahlern der früheren 1. und 2. Pflegeklasse schließt die Bundespflegesatzverordnung eine automatische Anpassung der noch vor dem 01.07.1972 begründeten Liquidationsrechte aus. Dieser Bestandsschutz schließt gleichwohl eine Anpassung bei angestellten wie beamteten Leitenden Ärzten nicht aus.

348   Bei angestellten Ärzten kommt neben der Änderungs- und/oder Teilkündigung des Anstellungsvertrages der Abschluß eines Änderungsvertrages unter dem Gesichtspunkt des Wegfalles der Geschäftsgrundlage in Betracht oder aber auch ein Widerruf nach billigem Ermessen – gegen finanziellen Ausgleich –, sofern der Anstellungsvertrag eine Widerrufsklausel enthält. Auf eine Entwicklungsklausel kann die Vertragsanpassung regelmäßig nicht gestützt werden, weil mit ihr nur auf organisatorische Veränderungen im Krankenhaus reagiert werden soll. Der Bestandsschutz des beamteten Leitenden Krankenhausarztes hängt davon ab, ob ihm das Liquidationsrecht durch öffentlichrechtlichen Vertrag nach dem 01.07.1972 eingeräumt worden ist oder durch Verwaltungsakt.

349   Für den öffentlichrechtlichen Vertrag und seine Anpassung gelten die Verwaltungsverfahrensgesetze des Bundes und der Länder. Danach kommt eine Anpassung wie auch eine Kündigung des Vertrages in Betracht.

Ist das Liquidationsrecht durch Verwaltungsakt eingeräumt, so kommt dessen Widerruf nach den Vorschriften des → Nebentätigkeitsrechts in Betracht, sofern die Voraussetzungen für einen Widerruf vorliegen.

350   Bildet die Liquidationsmöglichkeit nach dem Anstellungsvertrag auf Belegabteilungen einen Teil der vertraglich geschuldeten Vergütung, ist der Krankenhausträger nach Wegfall des Liquidationsrechts verpflichtet, dem angestellten Leitenden Krankenhausarzt einen hieraus resultierenden Einkommensverlust in Form einer höheren Festvergütung zu gewähren. Ein Schadenersatz kommt nach der Rechtsprechung nicht in Betracht. Beamteten Ärzten steht ein derartiger Ausgleich nicht zu. Nachgeordnete Ärzte haben im Regelfall kein Recht zur Eigenliquidation. Die liquidationsberechtigten Leitenden Ärzte sind aufgrund vertraglicher Vereinbarung oder aufgrund beamtenrechtlicher Vorschriften verpflichtet, dem Krankenhausträger für seine Aufwendungen im liquidationsberechtigten Bereich ein → Nutzungsentgelt zu entrichten. *(Li)*

Rechtsgrundlagen
Anstellungsverträge, Nebentätigkeitsverordnungen der Länder, § 7 BPflV.

Literatur
BAG AP Nr. 4 zu § 611 Arzt-Krankenhaus-Vertrag; NJW 1980, S. 1912
Diederichsen (1979) Die Vergütung ärztlicher Leistungen im Krankenhaus
Gitter (1975) Zum Privatliquidationsrecht der Leitenden Krankenhausärzte
Luxenburger (1981) Das Liquidationsrecht der Leitenden Krankenhausärzte
Zum Bestandsschutz: BAG NJW 1979, 1948; 1981, S. 646

BVerfG NJW 1980, S. 1327
Ulsenheimer (1981), Arzt und Krankenhaus, S. 97
Zum Ausgleichsanspruch: Andreas (1982) ArztR S. 36
BAG, ArztR 1983, S. 214; NJW 1980, S. 1327 (für beamtete Ärzte)
Weißauer (1982) Anästhesie und Intensivmedizin, S. 291
Zur Bündelung: Weißauer (1974) BayÄBl, S. 71

351   Mitarbeiterbeteiligung

Standesrechtlich sind die liquidationsberechtigten Ärzte verpflichtet, die im Liquidationsbereich tätigen Ärzte an den Einnahmen angemessen zu beteiligen. Zu dieser standesrechtlichen Regelung treten in den Ländern Baden-Württemberg, Hessen, Nordrhein-Westfalen und Rheinland-Pfalz noch gesetzliche Vorschriften über die Beteiligung der ärztlichen Mitarbeiter am Liquidationserlös.

In Baden-Württemberg und Rheinland-Pfalz zählen kraft Gesetzes zu den Abgabepflichtigen Hochschullehrer und Belegärzte, in Hessen und Rheinland-Pfalz sind die Hochschullehrer ausgenommen. Die Abführungspflicht gilt für Liquidationserlöse aus stationärer Behandlung, in Rheinland-Pfalz auch für den ambulanten Bereich. In allen 4 Bundesländern genießen „Altverträgler" Bestandsschutz. Die Einzugsmodalitäten und die Verwaltung der abgeführten Liquidationserlöse sowie ihre Einbringung in einen Honorarpool differiert von Bundesland zu Bundesland. Teilweise ziehen die Krankenhausträger nach vertraglicher Vereinbarung mit den Leitenden Ärzten die privatrechtliche Vergütung ein, teils ist dies Aufgabe des Leitenden Arztes selbst, teilweise ist vertraglich die Abführung sicherzustellen. Die Leitenden Ärzte sind zumeist zur Auskunft und zur Rechnungslegung verpflichtet.

352   Die Bruttoerlöse aus der privatärzlichen Tätigkeit bilden den Ausgangsbetrag für den Honorarpool (Gesamt- oder Bereichspool) und sind mit diesem zunächst nicht identisch. Vom Bruttoerlös ist zunächst das Nutzungsentgelt, gelegentlich (in Baden-Württemberg und Rheinland-Pfalz) sowie auch Werbungskosten zum Erwerb der Erlöse abzusetzen. In Nordrhein-Westfalen wird vorab ein Bruttojahresgehalt des Leitenden Arztes abgesetzt. Der verbleibende Betrag ist der Abführungsbetrag, der von Bundesland zu Bundesland stufenweise nach einem bestimmten Prozentsatz abzuführen und unter beteiligungsberechtigten nachgeordneten Ärzte zur Verteilung zu bringen ist.

353   Über die Verteilung des Honoraraufkommens entscheiden in den Bundesländern unterschiedliche Verteilungsausschüsse oder die ärztlichen Vorstände der Krankenhäuser. Die Zusammensetzung der Vertei-

lungsgremien weist dementsprechend starke Unterschiede auf; auch die Verteilungskriterien differieren erheblich (Befähigung, Leistung, Erfahrung, Qualifikation und Verantwortung sind die anzuwendenden Kriterien).

354   Für beamtete liquidationsberechtigte Leitende Ärzte wurzelt die Abgabepflicht im Beamtenrecht, ist also öffentlichrechtlicher Natur, das Verhältnis des beamteten Leitenden Arztes zum nachgeordneten beamteten Arzt ist vom → Nebentätigkeitsrecht geprägt. Eine Beteiligung nachgeordneter beamteter Ärzte an den Honorarabgaben beamteter Leitender Ärzte ist nur bei Vorliegen einer Nebentätigkeitserlaubnis möglich.

355   Die Tätigkeit der nachgeordneten angestellten Ärzte im stationären und ambulanten liquidationsberechtigten Bereich des angestellten Leitenden Arztes erfolgt im Rahmen ihrer. Dienstpflicht. Der Krankenhausträger kommt durch eine entsprechende Vereinbarung seiner Verpflichtung gegenüber dem angestellten Leitenden Arzt nach, diesem nachgeordnetes ärztliches Personal für den nebentätigkeitsrechtlichen Bereich zur Verfügung zu stellen. Arbeitgeber bleibt also der Krankenhausträger. Nur ausnahmsweise ist es denkbar, daß der angestellte Leitende Arzt selbst Arbeitgeber des nachgeordneten angestellten Arztes ist.

356   Der Honorarpool ist keine eigene Rechtspersönlichkeit, insbesondere keine Gesellschaft bürgerlichen Rechts. Es handelt sich um einen Fall uneigennütziger Verwaltungstreuhand. Der Krankenhausträger erwirbt an den Geldern zu keinem Zeitpunkt Eigentum. Dies gilt vor allem dann, wenn der Krankenhausträger die Honorare nicht selbst einzieht; ansonsten mag anderes gelten. Die nachgeordneten angestellten Ärzte haben keinen unmittelbaren Anspruch gegen den Krankenhausträger auf ihren Anteil am Honoraraufkommen. Dieser Anteil steht erst mit dem Beschluß des Verteilungsgremiums fest. Die nachgeordneten angestellten Ärzte haben auch keinen Anspruch gegen den angestellten Leitenden Arzt, da dieser im Normalfall nicht ihr Arbeitgeber ist.

357   Der Krankenhausträger ist hingegen berechtigt, auf der Grundlage des Anstellungsvertrages mit dem Leitenden Arzt die Abführung der Honorarabgaben zu verlangen (sofern er die Honorare nicht selbst einzieht). Steuerlich ist der Anteil am Honoraraufkommen folgendermaßen zu behandeln: Die Anteile am Honoraraufkommen sind Einkommen aus nichtselbständiger Tätigkeit der nachgeordneten Ärzte. Als solche sind sie zu versteuern. Wer den Steuerbetrag abzuführen hat, richtet sich nach den individuellen Vereinbarungen der Beteiligten. Zur Abführung verpflichtet sein kann demnach der Kranken-

hausträger als Arbeitgeber wie auch der liquidationsberechtigte Leitende Arzt.

358   Geklärt ist zwischenzeitlich auch die Frage, ob die Anteile am Honoraraufkommen bei den nachgeordneten Ärzten (sofern die Beitragsbemessungsgrenzen nicht erreicht sind) sozialversicherungspflichtig sind. Dies wird bejaht und die Auffassung vertreten, daß die Arbeitgeberanteile zur Sozialversicherung als Vorwegentnahme aus dem Pool zu leisten seien. Im einzelnen ist in diesem Bereich vieles strittig. *(Li)*

Rechtsgrundlagen
§ 15 Abs. 2 MBO; in Baden-Württemberg, Hessen, Nordrhein-Westfalen und Rheinland-Pfalz die Landeskrankenhausgesetze sowie die hierzu ergangenen Rechtsverordnungen

Literatur
Lippert (1980) Rechtsprobleme der Mitarbeiterbeteiligung, NJW, S. 1984

359   Mitbehandlung

Der einen Patienten mitbehandelnde Arzt wird aufgrund eines selbständigen, mit dem Patienten geschlossenen → Behandlungsvertrages tätig. Er wird dabei von einem erstbehandelnden Arzt zugezogen, gehört also regelmäßig einem anderen Fachgebiet als dieser an. Die Mitbehandlung unterscheidet sich vom → Konsilium durch eine eigene diagnostische und therapeutische Tätigkeit, während der Konsiliar lediglich die Stellung der Diagnose und die Beratung hierüber erbringt. Zwischen erstbehandelndem und mitbehandelndem Arzt entstehen keine Rechtsbeziehungen. Bei der zivilrechtlichen Haftung und der strafrechtlichen Verantwortlichkeit gelten die Grundsätze über die ärztliche Teamarbeit (→ Arbeitsteilung). *(Li)*

360   Nachgeordneter Arzt

1. Nachgeordnete Ärzte
2. Hauptpflichten
3. Nebenpflichten
3.1 Mitwirkungspflichten
3.2 Kooperationspflichten
3.3 Organisationspflichten

361   1. Nachgeordnete Ärzte

So wenig es eine einheitliche Definition dessen gibt, was den → Leitenden Arzt eines Krankenhauses ausmacht, so wenig gibt es eine Definition des nachgeordneten Arztes. Es sind dies Oberärzte, Gebietsärzte, Assistenzärzte, Ärzte im Praktikum sowie Gast- und Volontärärzte.

Anknüpfungspunkt ist wie bei der Definition des Leitenden Krankenhausarztes die Bezeichnung der Stellung innerhalb der Hierarchie des Krankenhauses sowie die Fachkenntnisse und der arbeitsrechtliche / beamtenrechtliche Status.

362   Vom Kenntnis- und Ausbildungsstand her bietet sich folgendes Bild: der Arzt im Praktikum muß ärztliche Tätigkeiten erlernen, der Gast- bzw. Volontärarzt will bestimmte ärztliche Methoden oder diagnostische oder therapeutische Maßnahmen kennenlernen bzw. erproben, der Assistenzarzt wird sich durch Weiterbildung zusätzliche Kenntnisse aneignen wollen, die Gebietsärzte und Oberärzte besitzen die Fähigkeiten und Kenntnisse bereits und müssen ihren Erhalt durch → Fortbildung sicherstellen.

363   Oberärzte/Gebietsärzte und nachgeordnete Ärzte sind alle approbierten Ärzte, die nicht zu den Leitenden Ärzten im weiteren Sinne zählen. Es sind dies zum einen die Oberärzte, die Funktionsoberärzte sowie Ärzte mit abgeschlossener Weiterbildung (Gebietsärzte). Nachgeordnete Ärzte können zum Arbeitgeber / Dienstherrn in einem Angestellten- oder einem Beamtenverhältnis stehen. Bei Oberärzten ist das Angestelltenverhältnis auf Dauer die Regel, bei Beamten das auf Lebenszeit (z. B. Hochschullehrer, Sanitätsoffiziere). Auch der Gebietsarzt wird als Angestellter üblicherweise noch im Dauerarbeitsverhältnis beschäftigt. Bei beamteten nachgeordneten Ärzten (Hochschullehrern, Sanitätsoffizieren) ist auch die Berufung zum Beamten auf Zeit möglich. Assistenzärzte werden zumeist im befristeteten Arbeitsverhältnis beschäftigt.

Beim Arzt im Praktikum ergibt sich die zeitlich befristete Tätigkeit bereits aus dem Gesetz, bei Gast- und Volontärärzten aus der Natur der auszuübenden Tätigkeit.

364   2. Hauptpflichten

Die Abgrenzung von Hauptpflichten aus dem Dienst- bzw. Beamtenverhältnis und die Abgrenzung zur → Nebentätigkeit wirft annähernd die selben Probleme auf, wie bei den → Leitenden Krankenhausärzten.

Unabhängig davon bleibt festzustellen, daß nachgeordnete Ärzte in unterschiedlichem, am fachlichen Kenntnis- und Erfahrungsstand orientierten Umfang in die Hierarchie des Krankenhauses insgesamt und innerhalb eines fachlich umgrenzten Bereiches insbesondere integriert sind. Innerhalb dieser Hierarchie besteht → vertikale Arbeitsteilung. Oberärzte, Funktionsoberärzte sowie Gebietsärzte (Angestelle, Beamte, Hochschullehrer) sind in medizinischen Fragen kraft ihrer Fachkenntnis keinen Weisungen unterworfen. Anderes gilt im organisatorisch-administrativen Bereich der Abteilung/Institut/Klinik, aber auch des Krankenhauses als Ganzem. Dies wird besonders auffällig, wenn sie über Spezialkenntnisse verfügen und einem mehr oder weniger verselbständigten medizinischen Bereich verantwortlich vorstehen.

365   Assistenzärzte (einerlei, ob in ärztlicher Weiterbildung oder nicht) sind v. a. auch im medizinischem Bereich Weisungen vorgesetzten Personals unterworfen. Wenn sie sich einer medizinischen Aufgabe, die sie übertragen bekommen, nicht gewachsen fühlen, haben sie die Pflicht, den vorgesetzten Arzt hierauf hinzuweisen; ggf. haben sie auch ein arbeitsrechtliches Weigerungsrecht.

Die Dienstaufgaben und damit die Hauptpflichten aus ihrem Dienstverhältnis sind für nachgeordnete Ärzte im Krankenhaus und in Einrichtungen der Universitätsklinika weitgehend identisch. Sie können daher zusammen abgehandelt werden, wobei auf Besonderheiten der nachgeordneten ärztlichen Mitarbeiter, soweit sie → Hochschullehrer und Privatdozenten an den Einrichtungen der Universitätsklinika sind, noch gesondert eingegangen werden soll.

366   Die geltenden tarifvertraglichen und sonstigen tariflichen Regelungen (BAT usw.) sind für die genaue Ausgestaltung der Dienstaufgaben nicht besonders ergiebig. Dienstaufgabe und damit Hauptpflicht nachgeordneter ärztlicher Mitarbeiter ist die medizinische Versorgung aller stationären bzw. ggf. ambulanten Patienten des Krankenhauses bzw. der Universiätsklinika in ihrem jeweiligen Fachgebiet. Bei der Zuordnung einzelner Tätigkeiten zum Dienstaufgaben- oder Nebentätigkeitsbereich bestehen erhebliche Meinungsverschiedenheiten. Auf die wichtigsten Bereiche sei im einzelnen eingegangen.

367   *Teilnahme an der liquidationsberechtigten Tätigkeit der Leitenden Ärzte*

Die meisten Bundesländer gehen davon aus, daß die Mitwirkung der nachgeordneten ärztlichen Mitarbeiter bei der Behandlung von stationären und ambulanten Patienten mit Wahlleistung „Arzt" ebenso zu den Dienstaufgaben zählt wie die der allgemeinen Patienen. Die Mitarbeit im Rahmen der → Nebentätigkeit Leitender Krankenhausärzte der eigenen oder anderer Abteilungen/Kliniken ist Dienstaufgabe. Nur für den Bereich der Einrichtungen in Hochschulklinika baden-württembergischer Universitäten sehen die Verwaltungsvorschriften zur Hochschullehrernebentätigkeitsverordnung vor, daß die Mitwirkung nachgeordneter ärztlicher Mitarbeiter bei der Behandlung von Patienten mit Wahlleistungen „Arzt" in dem in der Hochschullehrernebentätigkeitsverordnung genannten Umfang Nebentätigkeit sein soll. Sie sind zur Mitarbeit verpflichtet; ein eigenes Liquidationsrecht steht ihnen nicht zu.

368   Ist gesetzlich vorgesehen, daß nachgeordneten Ärzten die selbständige private Behandlung vom Hochschulkliniker übertragen werden kann, so werden sie insoweit überwiegend im Rahmen ihrer Dienstaufgaben tätig; dagegen ist den Vertretern des Hochschullehrers die Behandlung von Privatpatienten im Vertretungsfall z. T. allgemein als → Nebentätigkeit genehmigt.

Nach Nr. 3 Abs. 1 SR 2 c BAT kann der Arzt vom Arbeitgeber auch verpflichtet werden, im Rahmen einer zugelassenen Nebentätigkeit des Leitenden Arztes oder für einen Belegarzt innerhalb des Anstaltsbereiches ärztlich tätig zu werden. Diese Verpflichtung kann durch einseitige Erklärung des Arbeitgebers erfolgen; sie hat ihren Grund in den mit den Leitenden Ärzten geschlossenen Dienstverträgen und ermöglicht dem Arbeitgeber, den Leitenden Ärzten das für die stationäre und ambulante ärztliche Behandlung zugesagte Personal zur Verfügung zu stellen.

369   *Teilnahme am Rettungsdienst*

Nach Nr. 3 Abs. 2 SR 2 c BAT gehört es zu den, dem Krankenhausarzt aus seiner Haupttätigkeit obliegenden Pflichten, am → Rettungsdienst im Notarztwagen und Rettungshubschrauber teilzunehmen. Außerhalb des Geltungsbereiches des BAT ist es eine Frage der Vereinbarung im → Arbeitsvertrag, ob die Teilnahme am Rettungsdienst Dienstaufgabe ist oder nicht.

370   *Gutachtenerstellung, ärztliche Bescheinigungen*

Zu den Dienstaufgaben der nachgeordneten Krankenhausärzte gehört es, nach Nr. 3 SR 2 c BAT ärztliche Bescheinigungen, → Gutachten, gutachterliche Äußerungen und wissenschaftliche Ausarbeitungen zu erstatten, soweit sie nicht von Dritten angefordert und vergütet werden. Dritter ist dabei nicht der eigene Dienstherr, auch wenn es sich um eine andere Dienststelle desselben Dienstherren handelt (z. B. Gutachtenan-

forderung der Polizei bei einer Einrichtung der Universitätsklinika).
Gemeinsamer Dienstherr ist hier das jeweilige Bundesland. Werden
Gutachten, gutachterliche Äußerungen und wissenschaftliche Ausarbeitungen von Dritten angefordert, so sind sie → Nebentätigkeiten; der
nachgeordnete Arzt kann hierfür liquidieren bzw. ist am Liquidationserlös des Krankenhausträgers bzw. des leitenden Arztes zu beteiligen
(Nr. 5 SR 2 c BAT).

371   *Vorsorge-Untersuchungen*

Der Streit darüber, ob sie dem → Nebentätigkeitsbereich oder dem Bereich der Dienstaufgaben zuzuschlagen sind, ist durch die Entscheidung
des Gesetzgebers, sie – sofern im Krankenhaus vorgenommen – dem
stationären Bereich und damit den Dienstaufgaben der Krankenhausärzte zuzuschlagen, entschieden.

372   *Unterricht*

Arbeitet das Krankenhaus, an dem die nachgeordneten Ärzte angestellt
sind, vertraglich als Akademisches Lehrkrankenhaus mit einer Universität bei der Ausbildung der Medizinistudenten im 3. Klinischen Studien-
abschnitt (Praktisches Jahr) zusammen, so ist die Unterweisung dieser
Studenten durch den Leitenden Arzt Dienstaufgabe. Dies folgt bereits
daraus, daß die Akademischen Lehrkrankenhäuser im Vertrag über die
Zusammenarbeit zusätzliche Stellen für diese Aufgaben zugestanden
bekommen, die üblicherweise mit nachgeordneten Ärzten besetzt sind.
Zur Unterrichtung der Studenten im Praktischen Jahr erteilt die zuständige Fakultät der jeweiligen Universität den Leitenden Ärzten einen
vergüteten oder unvergüteten Lehrauftrag. Die Erteilung weiterer, v. a.
vergüteter Lehraufträge an nachgeordnete Ärzte ist in diesen Verträgen
nicht vorgesehen und auch nicht üblich. Die Verantwortung für eine
ausreichende Unterrichtung der Studierenden gegenüber der Fakultät
obliegt letztlich dem Leitenden Arzt. Zu dessen Dienstaufgaben gehört
auch die Anleitung der Ärzte im Praktikum.

373   *Zusätzliche Pflichten im Hochschulbereich*

Für Oberärzte, die als Hochschullehrer an Einrichtungen der Universitätsklinika tätig sind, tritt neben die Versorgung zumindest der stationären Patienten die Vertretung ihres Faches in → Forschung und →
Lehre. Habilitierte nachgeordnete Ärzte müssen ihr Fach in der Lehre
mindestens 2 Semesterwochenstunden vertreten, um die venia legendi

zu erhalten. Bei nichthabilitierten wissenschaftlichen Mitarbeitern und Oberassistenten gehört zu den wissenschaftlichen Dienstleistungen auch die Teilnahme an der Lehre. Ansonsten richtet sich der Umfang der Lehrleistung der Hochschullehrer nach den Erfordernissen des Fachs in der Approbationsordnung für Ärzte, den Studienplänen sowie den Beschlüssen der jeweiligen Fakultäten hierzu. Zu berücksichtigen ist ferner, daß Hochschullehrer als Leitende Ärzte von Einrichtungen der Universitätsklinika sich zwar gelegentlich in der Lehre durch Hochschullehrer oder habilitiertes nachgeordnetes Personal ihres Bereiches vertreten lassen können, daß aber die völlige Delegation der Lehre im Widerspruch zu den Amtspflichten eines Hochschullehrers steht. Zu den Dienstaufgaben gehört für Hochschullehrer und habilitierte Mitarbeiter auch die Teilnahme an Prüfungen, die von der Approbationsordnung etwa nach Abschluß des Praktischen Jahres vorgesehen sind.

374   Zu den Dienstaufgaben eines habilitierten nachgeordneten Arztes gegenüber seinem Dienstherrn außerhalb der Einrichtungen der Universitätsklinika gehört die Teilnahme an der universitären Lehre, die zur Erhaltung der venia legendi erforderlich ist. Diese Pflicht besteht gegenüber der Universität, deren Mitglied der Privatdozent ist. Eine Pflicht des Dienstherrn, den Arzt von seinen Dienstaufgaben freizustellen, um ihm die Lehre zu ermöglichen, besteht nicht; es sei denn, hierüber wäre im Arbeitsvertrag eine entsprechende Nebenabrede getroffen. Zumeist wird jedoch die Unterrichtserteilung an den Universitäten vom Dienstherrn stillschweigend geduldet.

375   *Besonderheiten in Privatkrankenhäusern*

Soweit vorhanden, gelten für die nachgeordneten Ärzte in privaten Krankenanstalten die einschlägigen tarifvertraglichen Regelungen; ggf., soweit vereinbart, auch Teile von Tarifverträgen, etwa des BAT. Ansonsten gelten die allgemeinen arbeitsrechtlichen Grundsätze. Dies gilt auch für die Ausübung von › Nebentätigkeiten und ihre Abgrenzung von den Dienstaufgaben. Im Unterschied zum öffentlichen Bereich bedarf die Nebentätigkeit keiner besonderen Genehmigung des Arbeitgebers. Der nachgeordnete Arzt ist frei darin, was er in seiner Freizeit tut und läßt und ob er sie zu anderweitigem Verdienst nutzt.

376   **3. Nebenpflichten**

Wie bei den Leitenden Ärzten kommen zu den Hauptpflichten aus dem → Arbeitsvertrag sog. Nebenpflichten, die der nachgeordnete Arzt aus dem Arbeitsverhältnis seinem Dienstherrn/Arbeitgeber ebenfalls schuldet.

377 *3.1 Mitwirkungspflichten*

So wenig der Krankenhausträger auf die Mitwirkung seiner Leitenden Ärzte verzichten kann, will er sein Krankenhaus ordnungsgemäß betreiben, so wenig können die Leitenden Ärzte auf die Mitwirkung ihrer nachgeordneten Ärzte sowie des nichtärztlichen Personals verzichten. Es gilt dies im medizinischen Bereich, v. a. jedoch im administrativen Bereich. Derartige Nebenpflichten innerhalb der Hierarchie sind Kennzeichen der → Arbeitsteilung in und zwischen den einzelnen Teilbereichen eines Krankenhauses, einerlei welcher Größe.

378 *Teilnahme an Gremiensitzungen, Mitwirkung in der Klinikleitung*

Im Hochschulbereich gelten auch für nachgeordnete Ärzte § 37 HRG sowie die jeweiligen Landesrechte. Auch sie sind also zur Übernahme von Ämtern innerhalb der Hochschule verpflichtet. Sehen landesrechtliche Vorschriften im Bereich der Hochschulklinika eine Beteiligung nachgeordneter Ärzte in den entsprechenden Leitungsgremien (Klinikumvorstand, Niedersachsen, Rheinland-Pfalz; Zentren, medizinische Zentren, Kliniken: Berlin, Hessen, Niedersachsen, Nordrhein-Westfalen) vor, so gehört die Wahrnehmung entsprechender Mandate zu den Pflichten der nachgeordneten Ärzte.

379 Gleiches gilt auch für nachgeordnete Ärzte in Krankenhäusern, für die das Landesrecht im Hochschulbereich entsprechende Vorschriften erlassen hat (z. B. Berlin: Krankenhauskonferenz, Abteilungskonferenz; Rheinland-Pfalz: Ärztlicher Vorstand, Krankenhauskonferenz, Gremium zur Verteilung der Beträge aus der → Mitarbeiterbeteiligung; Nordrhein-Westfalen: Ärztlicher Vorstand; Hessen: Fondsausschuß; Baden-Württemberg: Ärztlicher Beirat). Diesem Bereich zuzurechnen ist auch die Mitgliedschaft im Personalrat nach den jeweiligen bundes- bzw. landesrechtlichen Vorschriften. Nach § 37 Abs. 1 HRG ist die Doppelmitgliedschaft in Personalrat und Universitätsgremien, die über Personalangelegenheiten zu entscheiden haben, ausgeschlossen.

380 *Mitwirkung in Personalangelegenheiten*

Hier ist im wesentlichen eine Tätigkeit der Oberärzte bzw. der Funktionsoberärzte denkbar, die den Leitenden Ärzten bei der Beurteilung nachgeordneter Ärzte erforderliche Informationen mitteilen.

381   *Beschaffungswesen*

Auch in diesem Bereich wird sich die Tätigkeit nachgeordneter Ärzte auf eine Zuarbeit im Rahmen des Mitwirkungsrechts des Leitenden Arztes beschränken. Anderes wird nur anzunehmen sein, wenn der Leitende Arzt Beschaffungsangelegenheiten auf einen seiner nachgeordneten Ärzte zur dauernden Wahrnehmung delegiert und die Beschaffungen von seiner Zustimmung abhängig macht.

382   *3.2 Kooperationspflichten*

Wie unter Leitenden Ärzten im Verhältnis zueinander sowie im Verhältnis zur Krankenhausleitung, kommt bei der arbeitsteiligen Krankenversorgung auch der Kooperation nachgeordneter Ärzte untereinander erhebliche Bedeutung zu. Unberührt davon besteht das Weisungsrecht der Leitenden Ärzte gegenüber den nachgeordneten Ärzten, welches auch Vorgaben bezüglich der Kooperation mit anderen ärztlichen Bereichen zum Gegenstand haben kann.

383   *Kooperationspflicht mit Ärzten anderer Fachgebiete*

Wie der Leitende Arzt, so ist auch der nachgeordnete Arzt zur Kooperation mit nachgeordneten Ärzten anderer Fachgebiete verpflichtet. Im Rahmen seiner Kenntnisse, Fähigkeiten und der konkret ausgeübten Funktion ist er berechtigt, im Verhältnis zum nachgeordneten Arzt des anderen Fachgebiets nach dem Vertrauensgrundsatz zu verfahren. Eine Kontrolle der jeweiligen Leistungen findet danach nicht statt. Dies gilt insbesondere, wenn ein Assistenzarzt mit dem Oberarzt oder einem Gebietsarzt eines anderen Fachgebietes zusammenarbeitet, da von diesem in medizinischen Fachfragen eine ausreichende Sachkompetenz erwartet werden kann. Kompetenzbeschränkungen, die dem nachgeordneten Arzt aufgrund seiner sachlichen und fachlichen Kenntnisse und Fähigkeiten auferlegt werden, hat er im Verhältnis zu Kollegen eines anderen Bereiches zu beachten und ggf. hierauf hinzuweisen.

384   *Kooperationspflicht mit Ärzten desselben Fachgebiets*

Es versteht sich nahezu von selbst, daß nachgeordnete Ärzte verpflichtet sind, mit Ärzten innerhalb desselben Fachgebietes eines Krankenhauses vertrauensvoll und kooperativ zusammenzuarbeiten. Es gilt dies v. a. in Bereichen, wo nachgeordnete Ärzte auf derselben hierarchischen Stufe stehen. Im Verhältnis vorgesetzter zum nachgeordneten Arzt steht das arbeitsrechtliche Weisungsrecht im Vordergrund. Der Arzt im Praktikum hat Anweisungen des Assistenzarztes, dieser Anweisungen des Gebietsarztes/Funktionsoberarztes und dieser wiederum Anweisungen des Oberarztes auszuführen. In medizinischen Fragen nimmt das Weisungsrecht mit dem Maß der Fachkompetenz zum Gebietsarzt hin ab.

385   *3.3 Organisationspflichten*

Innerhalb einer Einrichtung des Hochschulklinikums bzw. eines Krankenhauses können auch nachgeordneten Ärzten Pflichten im organisatorischen Bereich vom Leitenden Arzt zur Durchführung delegiert werden. Für den jeweiligen Bereich ist dieser dem Leitenden Arzt verantwortlich. Er hat überdies alle Maßnahmen durchzuführen, zu delegieren und ihre Einhaltung zu überwachen, die mit dem an ihn ergangenen Auftrag in Zusammenhang stehen. Es kann hierunter etwa die ärztliche Verantwortlichkeit für eine Station, die Organisation des ärztlichen Dienstes im Rahmen des → Rettungswesens, die Umsetzung von Hygienemaßnahmen sowie neuestens die Verantwortlichkeit für medizinisch-technische Geräte (etwa als Gerätebeauftragter) fallen einschließlich der Einweisung von Mitarbeitern des jeweiligen Bereiches in die Funktionsweise dieser Geräte aufgrund einer entsprechenden Dienstanweisung des Krankenhausträgers. Zu den Aufgaben nachgeordneter Ärzte gehört letztlich die Organisation der Krankenversorgung im jeweiligen Verantwortungsbereich nach Weisung und Vorgaben vorgesetzter Ärzte im Rahmen des Weisungsrechts (z. B. Aufklärungspflicht und ihre Durchführung). Nachgeordnete Ärzte der jeweiligen Stufe müssen schließlich entscheiden, welche nachgeordneten Ärzte zu bestimmten Aufgaben eingesetzt werden können, weil sie den persönlichen Kenntnissen und Fähigkeiten entsprechend zur Durchführung dieser Aufgaben im Stande sind (Beispiel: Anfängeroperation).

386   *Auswahl-, Aufsichts- und Anleitungspflichten*

Faßt man die Krankenversorgung in einem Krankenhaus, aber auch in einem fachlich begrenzten Teil eines Krankenhauses als arbeitsteilige Aufgabe auf, so treten zu den Organisationspflichten auch Pflichten zur Auswahl, Aufsicht und Anleitung hinzu.

387   Ob es sich nun um die Aufstellung von Dienstplänen oder Operationsprogrammen handelt: entscheidet nicht der Leitende Arzt selbst, so hat ein mit der Aufgabe betrauter nachgeordneter Arzt derartige Aufgaben durchzuführen und ihm nachgeordnete Ärzte entsprechend ihren Kenntnissen und Fähigkeiten zu entsprechenden Aufgaben heranzuziehen, sie zu beaufsichtigen bzw. anzuleiten. Besonders auffällig wird dies bei dem nunmehr geschaffenen → Arzt im Praktikum. Er darf nur unter Anleitung eines voll approbierten (entsprechend befähigten) Arztes ärztliche Maßnahmen unter Aufsicht durchführen. Gleiches dürfte, wenngleich in keiner gesetzlichen Vorschrift so vorgesehen, auch gegenüber dem neu eintretenden Assistenzarzt gelten.

388   Anfängern gegenüber gilt überhaupt (unabhängig, ob sie eine ärztliche → Weiterbildung durchlaufen, anstreben oder nicht), daß sie nur entsprechend ihrer tatsächlich vorhandenen Kenntnissen und Fähigkeiten eingesetzt werden können. Ob sich der vorgesetzte nachgeordnete Arzt darauf verlassen kann, daß der neu eintretende Assistenzarzt alle gemäß der Approbationsordnung für Ärzte zu absolvierenden Prüfungsgebiete beherrscht, erscheint zweifelhaft, wie die Einführung des Arztes im Praktikum zeigt. In diesem Fall steht die Pflicht zur Anleitung und Kontrolle im Vordergrund. *(Li)*

Rechtsgrundlagen
§§ 37, 47, 48 a HRG; Hochschul-/Universitätsgesetze der Länder, Nebentätigkeitsverordnungen des Bundes und der Länder; Bundesangestelltentarifvertrag samt Sonderregelung 2 c

Literatur
Blümel/Scheven (1982) Nebentätigkeitsrecht des wissenschaftlichen und künstlerischen Personals. In: Handbuch des Wissenschaftsrechts, S. 553 ff.
Dieterich (1984) Das Nebentätigkeitsrecht für das wissenschaftliche und künstlerische Hochschulpersonal in Baden-Württemberg

389 Nebentätigkeit

1.   Definition
2.   Leitende Ärzte an Universitskhnika
2.1 Übertragung von Nebentätigkeiten
2.2 Nebentätigkeit als Voraussetzung des Nutzungsentgelts
3.   Leitende Krankenhausärzte
4.   Zeitlicher Umfang der Nebentätigkeit
4.1 Sanitätsoffiziere
4.2 Leitende Ärzte in Universitätsklinika
4.3 Leitende Krankenhausärzte
5.   Nachgeordnete Ärzte
5.1 Teilnahme an der Nebentätigkeit Leitender Ärzte

390 1. Definition

Nebentätigkeit ist der Oberbegriff für eine Tätigkeit im Nebenamt und für eine Nebenbeschäftigung innerhalb oder außerhalb des öffentlichen Dienstes. Werden Aufgaben, die nicht zum Hauptamt gehören, aufgrund eines öffentlichrechtlichen Dienst- oder Amtsverhältnisses wahrgenommen, liegt ein Nebenamt vor. Nebenbeschäftigung ist jede sonstige, nicht zu einem Hauptamt gehörende Tätigkeit innerhalb oder außerhalb des öffentlichen Dienstes.

391   Die Abgrenzung von Haupt-, Nebenamt und Nebenbeschäftigung, die wiederum unterteilt wird in Nebenbeschäftigung innerhalb und außerhalb des öffentlichen Dienstes, in allgemein genehmigte, genehmigungsfreie bzw. genehmigungspflichtige Nebentätigkeiten wirft immer wieder Zweifelsfragen auf. Daß die Leitung einer Klinik für den Hochschullehrer Teil seines Hauptamtes (oder eines zweiten, unentgeltlich ausgeübten Hauptamtes) ist, ist inzwischen herrschende Auffassung. Die Stellung eines „alleinigen Institutsdirektors" behandelt das Bundesverfassungsgericht als Nebenamt in der Wissenschaftsverwaltung. Abgrenzungsprobleme ergeben sich z. B. bei der Frage, wie die Veröffentlichung von Forschungsergebnissen, die Erstattung von Gutachten für Behörden, Gerichte oder für den überweisenden Arzt, die Erstellung eines Schlußberichts, die klinische Prüfung von Arzneimitteln oder die Drittmitttelforschung zu bewerten sind. Für die in der Praxis der Hochschullehrer bedeutsame selbständige Gutachtertätigkeit, die mit Lehr- oder Forschungsaufgaben zusammenhängt, ist dies entschieden: sie ist Nebentätigkeit, wenn auch genehmigungsfreie.

392 2. Leitende Ärzte an Universitätsklinika

An sich läge es nach der Auffassung des Bundesverwaltungsgerichtes „bei natürlicher Betrachtungsweise" nahe, daß dem beamteten Leitenden Arzt die Behandlung aller Patienten des Krankenhauses, also auch der Patienten mit Wahlleistung „Arzt" als Dienstaufgabe obliegt und Teil seines Hauptamtes ist.

Der Dienstherr ist jedoch in Ausübung seiner Organisations- und Dienstgewalt befugt, dem Klinikleiter nur einen bestimmten Teil der geforderten ärztlichen Tätigkeit im Hauptamt zuzuweisen und die Behandlung von Privatpatienten–zu der der Arzt ebenfalls dienstlich verpflichtet ist–vom Hauptamt auszunehmen und als Nebentätigkeit mit dem Recht der → Privatliquidation auszugestalten. Letzteres entspricht im Hochschulbereich der Tradition. Soweit der Gesetz- oder Verordnungsgeber bestimmt, daß den Hochschullehrern die Privatbehandlung allgemein als genehmigt gilt, folgt bereits hieraus konkludent, daß es sich um eine Nebentätigkeit handelt. In den Ländern, in denen die Genehmigung der Privatbehandlung in Nebentätigkeit der Verwaltung überlassen ist, werden derartige Genehmigungen traditionell erteilt.

393   Dies entspricht auch der Empfehlung der Kultusministerkonferenz zur Vereinheitlichung des Nebentätigkeitsrechts im Hochschulbereich der Länder vom 30.01.1981. Nach Nr. 7.2 soll den Leitenden Ärzten die stationäre und ambulante Behandlung von Patienten mit ärztlichen Sonderleistungen oder mit Wahlleistung „Arzt" als Nebentätigkeit allgemein genehmigt werden. Die Unterscheidung, ob eine bestimmte Tätigkeit Teil des Hauptamtes ist, oder in Nebentätigkeit ausgeübt wird, ist für die Pflicht zur Entrichtung eines → Nutzungsentgelts bedeutsam, denn diese Pflicht knüpft an die Inanspruchnahme von Einrichtungen, Personal und Sachmitteln bei Ausübung einer Nebentätigkeit an. Für die Benutzung im Rahmen des hauptamtlichen Tätigkeitsbereiches stehen die Einrichtungen des Dienstherrn den Beamten unentgeltlich zur Verfügung.

394   *2.1 Übertragung von Nebentätigkeiten*

Der Dienstherr kann aufgrund seiner Organisationsgewalt bestimmen oder mit Beamten vereinbaren, welcher Kreis von Aufgaben dem Hauptamt zugewiesen werden soll und was auf den Bereich der Nebentätigkeit entfällt. So ist z. B. in Baden-Württemberg durch Rechtsverordnung des ehemaligen Kultusministeriums den Universitäten und hier den Bereichen der theoretischen Medizin, Pathologie, Anthropologie und Humangenetik, der Gerichtsmedizin und der Abteilungsgruppe „Institut für Immunologie des Klinikums der Universität Heidelberg" die Wahrnehmung bestimmter Aufgaben als Dienstaufgaben übertragen worden. Hierunter fällt u. a. im Bereich der Pathologie, Anthropologie und Humangenetik auch die Erledigung der Aufträge und Untersuchungen aus dem Bereich derjenigen Kassenärztlichen Vereinigung, in welcher das Institut liegt. Diese Übertragung hält Rieger mit beachtlichen Argumenten wegen Verstoßes gegen höherrangiges Bundesrecht für rechtswidrig. Der Verwaltungsgerichtshof Baden-Württemberg hat diese Frage in seinem Urteil vom 06.11.1984 nicht entschieden, die Besitzstandsklausel des § 2 der Verordnung mit ihrer Beschränkung auf Professoren der Besoldungsgruppe C 4 indessen für rechtmäßig erklärt.

395   Ob die Nebentätigkeit rechtlich als Nebenamt oder als Nebenbeschäftigung innerhalb oder außerhalb des öffentlichen Dienstes zu qualifizieren ist, richtet sich – soweit normative Regelungen fehlen – ebenfalls nach den konkreten Bestimmungen, die der Dienstherr kraft seiner Organisationsgewalt getroffen hat. In Zweifelsfällen ist dies durch Auslegung der getroffenen Vereinbarungen und der einschlägigen Regelungen zu ermitteln.

396   Zur Übernahme einer Nebentätigkeit im öffentlichen Dienst kann der Hochschullehrer nach Maßgabe der einschlägigen landesrechtlichen Bestimmungen verpflichtet werden, sofern ein Zusammenhang mit den Aufgaben in → Forschung und → Lehre besteht.

397   *2.2 Nebentätigkeit als Voraussetzung des Nutzungsentgelts*

Wie bereits ausgeführt, ist es nach inzwischen gefestigter Rechtsprechung sowohl zulässig, dem Hochschullehrer die ärztliche Betreuung aller Kranker seines Fachbereiches als Teil des Hauptamtes zur Pflicht zu machen als auch die Behandlung von Privatpatienten aus dem Hauptamt auszugliedern und dem Bereich der Nebentätigkeit zuzuweisen.

398   Führt der Hochschullehrer wie übliche die Privatbehandlung in genehmigter Nebentätigkeit aus, kann dies in Form eines Nebenamtes oder einer Nebenbeschäftigung im oder außerhalb des Öffentlichen Dienstes geschehen. Welche Gestaltung gewählt wird, unterliegt der Organisationsgewalt des Dienstherrn. In der Regel übt ein Hochschullehrer seine Nebenbeschäftigung außerhalb des öffentlichen Dienstes aus, wenn er Patienten privat behandelt.

Ob die Behandlung von Privatpatienten im Nebenamt oder als Nebenbeschäftigung durchgeführt wird, kann für die Pflicht zur Entrichtung eines → Nutzungsentgeltes bedeutsam sein, denn z. T. ist bestimmt, daß der Beamte ein Nutzungsentgelt nicht zu entrichten hat, wenn er ein Nebenamt gegen Vergütung wahrnimmt.

399   Zum Teil wird von der Pflicht zur Entrichtung eines Nutzungsentgeltes eine Nebentätigkeit ausgenommen, die für die Behörde, die die Einrichtung zu verwalten hat, oder für deren vorgesetzte Behörde ausgeübt wird. Entsprechendes gilt für Nebentätigkeiten im öffentlichen Dienst ohne Vergütung.

Wenn allerdings die Pflicht zur Entrichtung eines Entgelts ohne Einschränkung an die Inanspruchnahme von Einrichtungen, Material und Personen des Dienstherrn bei Ausübung einer entgeltlichen Nebentätigkeit geknüpft ist, kann dahin stehen, ob es sich um eine Tätigkeit im Rahmen eines Nebenamtes oder einer Nebenbeschäftigung im oder außerhalb des öffentlichen Dienstes handelt. Im folgenden wird davon ausgegangen, daß die stationäre, halbstationäre und ambulante privatärztliche Behandlung in genehmigter Nebentätigkeit erfolgt und daß aufgrund des jeweiligen Nebentätigkeitsrechts des Landes vom Hochschullehrer ein Entgelt für die Inanspruchnahme der personellen und sächlichen Mittel des Dienstherrn bei Ausübung dieser Tätigkeit gefordert wird.

Auf die Modalitäten der Genehmigung der Behandlung von Privatpatienten in Nebentätigkeit und Genehmigung der Inanspruchnahme von Einrichtungen usw. des Landes soll im folgenden nicht vertieft eingegangen werden. Zum Teil ist eine allgemeine Genehmigung im Verordnungsweg erteit (so z. B. in Bayern, Berlin und Nordrhein-Westfalen), z. T. liegt eine allgemeine Genehmigung der zuständigen Verwaltung in Form einer Allgemeinverfügung vor, z. T. werden Einzelgenehmigungen durch Verwaltungsakt erteilt.

400 Für die Mitwirkung an der ambulanten Versorgung von Kassenpatienten in Nebentätigkeit sind z. T. spezielle Genehmigungen erteilt; für die Inanspruchnahme von Einrichtungen, Personal und Sachmitteln des Dienstherrn und für die Entrichtung eines → Nutzungsentgelts gelten prinzipiell die gleichen Bestimmungen wie für die privatärztliche Behandlung. Zusatzlich zur beamtenrechtlichen Genehmigung ist fur die Teilnahme an der kassenärztlichen Versorgung eine Ermächtigung nach § 31 ZOÄ nötig.

401 3. Leitende Krankenhausärzte

Der Umfang der Dienstaufgaben und der Nebentätigkeiten bei Leitenden Ärzten an Krankenhäusern außerhalb der Hochschulklinika regelt sich grundsätzlich nach dem Inhalt der Chefarztverträge. Vereinfacht läßt sich sagen, daß alle Aufgaben, die nicht als Dienstaufgaben ausdrücklich übertragen oder nicht vertraglich dem Nebentätigkeitsbereich zugeordnet sind, regelmäßig mit Genehmigung des Dienstherrn als Nebentätigkeiten wahrgenommen werden dürfen. Auf die Genehmigung besteht ein Rechtsanspruch. Sie darf nur versagt werden, sofern die Beeinträchtigung dienstlicher Interessen zu befürchten steht. Chefärzte, die als Privatdozenten oder außerplanmäßige Professoren korporationsrechtlich Mitglieder einer Hochschule sind, können aus diesem Status ihrem Dienstherrn gegenüber keine zusätzlichen Rechte herleiten. Anderes gilt nur, sofern vertraglich zwischen der Hochschule und dem Krankenhausträger vereinbart ist, sie als Honorarprofessoren beamteten Professoren gleichzustellen.

402   In den Anstellungsverträgen mit den Leitenden Ärzten ist heute eine Ausweitung der Dienstaufgaben zu Lasten der als Nebentätigkeiten auszuübenden Bereiche zu beobachten. So wird die Entnahme von Blutproben wie die Leichenschau ebenso zur Dienstaufgabe erklärt wie die Teilnahme am → Notarztdienst bzw. dessen Organisation. Die Übertragung von Dienstaufgaben im Rahmen des Organisationsrechtes bei Beamten und durch Vertrag mit angestellten Leitenden Ärzten findet ihre Grenzen aber dort, wo Tätigkeiten übertragen werden, die mit dem Berufsbild des Leitenden Krankenhausarztes nicht mehr vereinbar sind. Mit dem angestellten Leitenden Arzt wird üblicherweise vertraglich die Wahrnehmung folgender Tätigkeiten als Nebentätigkeit vereinbart:

- die ambulante Beratung und Behandlung,
- Gutachtertätigkeiten,
- konsiliarische Beratung anderer Ärzte.

403   Der Kreis der Nebentätigkeiten ist beim angestellten Leitenden Krankenhausarzt also geringer als beim Hochschullehrer; bei diesem gehört auch die Behandlung stationärer Patienten mit Wahlleistung „Arzt" zu den Nebentätigkeiten. Beim angestellten Leitenden Krankenhausarzt ist die Behandlung dieses Personenkreises Dienstaufgabe; allerdings wird die Behandlung der stationären Privatpatienten nicht mit der Grundvergütung abgegolten, sondern der Leitende Arzt erhält dafür das → Liquidationsrecht, also das Recht eingeräumt, bei Patienten mit Wahlleistungen „Arzt" oder ihren Leistungsträgern die gesonderte Vergütung zu fordern und zur Erbringung der ärztlichen Leistung Personal, Räume und Sachmittel des Krankenhausträgers in Anspruch zu nehmen. Anknüpfungspunkt für das → Nutzungsentgelt ist die Ausübung einer Nebentätigkeit. Mit ihm wird die Nutzung von Personal, Sachmitteln und Räumlichkeiten des Krankenhausträgers abgegolten. Es kann nach dem → Kostendeckungs- bzw. dem → Vorteilsausgleichprinzip bemessen sein.

404   Gelegentlich wird auch in gesetzlichen Vorschriften auch das vom angestellten Leitenden Arzt für die Behandlung von Patienten mit Wahlleistung „Arzt" – die nach dem Chefarztvertrag zu den Dienstaufgaben der Leitenden Ärzte gehört – an das Krankenhaus abzuführende Entgelt als Nutzungsentgelt bezeichnet.

Selbst wenn dies nur als Streit um Worte ausgelegt werden könnte, sollte in diesem Zusammenhang der Begriff des Nutzungsentgeltes, der eng mit dem Nebentätigkeitsrecht verbunden ist, vermieden werden. Ob und inwieweit angesichts der gesetzlichen Veränderungen des Gebührenrechts und im Pflegesatzsektor besonders nach Erlaß der Harmonisierungsnovelle noch Platz für eine derartige Unterscheidung bleibt, soll an anderer Stelle untersucht werden.

405   4. Zeitlicher Umfang der Nebentätigkeit und ihre Begrenzung

Am 01.03.1985 ist das 6. Gesetz zur Änderung dienstrechtlicher Vorschriften, besser bekannt unter der Kurzbezeichnung „Nebentätigkeitsbegrenzungsgesetz", in Kraft getreten. Es ändert sowohl das Beamtenrechtsrahmengesetz als auch das Bundesbeamtengesetz und begrenzt die Nebentätigkeiten auf durchschnittlich 1/5 der regelmäßigen wöchentlichen Arbeitszeit.

406   *4.1 Sanitätsoffiziere*

Für Leitende Ärzte an den Bundeswehrkrankenhäusern gelten diese Vorschriften bereits unmittelbar. Nach Art. 4 des Nebentätigkeitsbegrenzungsgesetzes sind zum 01.09.1985 alle bisher genehmigten Nebentätigkeiten erloschen und mußten neu beantragt werden.

Leitenden Arzten an den Bundeswehrkrankenhäusern ist die Behandlung stationärer Patienten mit Wahlleistung „Arzt" in der Regel als Nebentätigkeit genehmigt. § 20 Abs. 2 Nr. 1 in Verbindung mit S. 3 Soldatengesetz stellt die Regelvermutung auf, daß eine acht Stunden pro Woche überschreitende Nebentätigkeit geeignet ist, den Soldaten an der ordnungsgemäßen Ausübung seiner Dienstpflichten zu hindern. Es obliegt also dem Antragsteller, zu widerlegen, daß dies nicht der Fall ist.

407   *4.2 Leitende Ärzte an Einrichtungen der Universitätsklinika*

Für diesen Personenkreis gilt § 42 BRRG sowie die jeweils geltenden Landesbeamtengesetze. Allerdings finden auf Hochschullehrer als Leiter von Einrichtungen der Hochschulklinika gemäß § 50 Abs. 1 S. 3 HRG oder wie z. B. § 61 Abs. 2 S. 2 UG-Baden-Württemberg die Vorschriften über die Arbeitszeit keine Anwendung. Durch Berufungsvereinbarungen ist ihnen zumeist gestattet, als Nebentätigkeit ambulante und stationäre Patienten mit Wahlleistung „Arzt" unter Inanspruchnahme von Personal, Räumen und Sachmitteln zu behandeln. Da für sie eine regelmäßige wöchentliche Arbeitszeit gesetzlich nicht festgelegt ist, erscheint es fraglich, ob § 42 Abs. 2 Nr. 1 in Verbindung mit S. 3 BRRG sowie die erlassenen entsprechenden landesrechtlichen Vorschriften anwendbar sind. So galt etwa bisher für Hochschullehrer, also auch für Hochschullehrer der Medizin, die der Arbeitszeitverordnung nicht unterliegen, in Baden-Württemberg gemäß Ziffer 6.1 der Verwaltungsvorschriften für Landesnebentätigkeits- bzw. Hochschullehrernebentätigkeitsverordnung vom 09. 09. 1982, daß der Umfang einer ausgeübten Nebentätigkeit einen individuellen Arbeitstag während 5 Arbeitstagen in der Woche betragen dürfe, ohne daß eine Beeinträchtigung dienstlicher Belange zu befürchten sei. Dies führt in der Regelung zur Überschreitung der Grenze von 8 h pro Woche. Es ist angesichts der neuen Gesetzeslage zu fragen, ob die Verwaltungsvorschriften insoweit noch Geltung beanspruchen können. Ebenso ist zu fragen, ob es mit dem Wortlaut und Sinn von § 42 BRRG n. F. vereinbar ist, daß Personen, die keinen arbeitszeitrechtlichen Vorschriften unterfallen, den Umfang ihrer Nebentätigkeit durch eigene Tätigkeit festlegen, indem die regelmäßig geleistete Dienstzeit angehoben und damit der Umfang der ausübbaren Nebentätigkeiten ebenfalls im Umfang beeinflußt werden kann. Sofern für Hochschullehrer an Einrichtungen der Universitätsklinika, etwa die Leitenden Oberärzte (Leitende Ärzte im weiteren Sinne), die beamtenrechtlichen Arbeitszeitvorschriften für anwendbar erklärt worden sind (vgl. in Baden-Württemberg durch die Verordnung vom 21.10.1980), gilt anderes. Für diesen Personenkreis gelten § 42 BRRG sowie entsprechende landesrechtliche Vorschriften uneingeschränkt. Es gilt demnach die Vermutung, daß eine Beeinträchtigung dienstlicher Belange vorliegt, sofern die Nebentätigkeit 8 h pro Woche übersteigt. Diese Begrenzung kann zu Problemen führen, wenn dieser Personenkreis (und im übrigen auch nachgeordnetes ärztliches Personal, dessen Anstellungsverträge den Vorschriften des BAT unterliegen) z. B. an der Nebentätigkeit des Leitenden Arztes mitzuwirken verpflichtet ist.

408   *4.3 Leitende Ärzte an Krankenhäusern*

Leitende Ärzte an Krankenhäusern unterliegen ebensowenig wie Hochschullehrer in der Medizin an den Hochschuleinrichtungen arbeitszeitrechtlichen Vorschriften, solange im Anstellungsvertrag hierüber keine

Vereinbarungen getroffen sind. Daher gelten § 42 BRRG sowie jeweilige landesrechtliche Vorschriften für diesen Personenkreis nicht. Eine Einschränkung der Nebentätigkeiten (ambulante Behandlung, Gutachtertätigkeit, konsiliarärztliche Tätigkeit) besteht derzeit nicht. Die Möglichkeit, Nebentätigkeiten einzuschränken, besteht bei diesem Personenkreis nur, sofern dienstliche Belange durch die Nebentätigkeiten eine Beeinträchtigung erfahren.

409   5. Nachgeordnete Ärzte

Bei der Darstellung der Dienstaufgaben und damit Hauptpflichten aus dem → Arbeitsvertrag wurde deutlich, daß auch im Bereich der → nachgeordneten Ärzte die Tendenz besteht, Nebentätigkeiten möglichst einzuschränken.

Im übrigen gelten für nachgeordnete angestellte Ärzte öffentlicher Krankenhäuser über § 11 BAT die einschlägigen Vorschriften des Nebentätigkeitsrechts. Für beamtete nachgeordnete Ärzte gelten diese Vorschriften unmittelbar. Hiervon geht auch Nr. 5 SR 2 c BAT für nachgeordnete angestellte Ärzte öffentlicher Krankenhäuser aus. Daß ein Arzt vom Arbeitgeber auch verpflichtet werden kann, Nebentätigkeiten zu übernehmen, entspricht ebenfalls beamtenrechtlichen Grundsätzen.

5.1 Teilnahme an der Nebentätigkeit Leitender Ärzte

Bereits bei der Umschreibung der Dienstaufgabe wurde darauf hingewiesen, daß Baden-Württemberg ausgenommen, alle Bundesländer den nachgeordneten Ärzten in Einrichtungen der Hochschulklinika die Teilnahme an den Nebentätigkeiten der Leitenden Ärzte zur Dienstaufgabe gemacht haben.

Für nachgeordnete Ärzte außerhalb des Hochschulbereiches gilt Nr. 5 SR 2 c BAT. Danach kann der Arbeitgeber verlangen, daß der nachgeordnete Arzt im Rahmen einer angeordneten Nebentätigkeit an den Nebentätigkeiten Leitender Ärzte mitzuwirken hat.

Für die Mitwirkung ist er nach ärztlichem Standesrecht sowie aufgrund gesetzlicher Vorschriften in Baden-Württemberg, Rheinland-Pfalz, Hessen und Nordrhein-Westfalen an den Liquidationserlösen der Leitenden Ärzte zu beteiligen.

Die Anstellungsverträge mit Leitenden Krankenhausärzten enthalten heute überwiegend entsprechende Klauseln über die Mitarbeiterbeteiligung.

410 *5.2 Zeitlicher Umfang der Nebentätigkeit und ihre Begrenzung*

Das am 01. 03. 1985 in Kraft getretene Nebentätigkeitsbegrenzungsgesetz gilt auch für nachgeordnete Ärzte, seien sie Beamte oder Angestellte. § 42 Abs. 2 Nr. 1 in Verbindung mit S. 3 BRRG, der über § 11 BAT auch für angestellte nachgeordnete Ärzte anwendbar ist, stellt die Vermutung auf, daß die ordnungsgemäße Erfüllung der dienstlichen Pflichten behindert ist, sofern die zeitliche Beanspruchung durch eine oder mehrere Nebentätigkeiten in der Woche 8 h übersteigt. Im Bundesbereich sind erteilte Nebentätigkeitsgenehmigungen zum 01.09.1985 nach Art. 4 des Nebentätigkeitsbegrenzungsgesetzes erloschen und mußten neu beantragt werden. Der Antragsteller muß die Vermutung des § 42 Abs. 2 Nr. 1 in Verbindung mit Abs. 3 BRRG (die Nebentätigkeiten hinderten ihn an der Erfüllung seiner Dienstaufgaben) widerlegen. In den Bundesländern sind erteilte Nebentätigkeitsgenehmigungen 6 Monate nach Inkrafttreten der § 42 BRRG entsprechenden landesrechtlichen Regelungen erloschen. Die Regelung gilt auch für Hochschullehrer als nachgeordnete Ärzte, deren dienstlicher Aufgabenbereich eine regelmäßige und planmäßige Arbeitszeit erfordert. Auch ihre Nebentätigkeiten, zu denen die Teilnahme an den Nebentätigkeiten der Leitenden Ärzte gehört, erfüllen die Vermutung, die Ausübung dienstlicher Pflichten zu beeinträchtigen, sofern sie acht Stunden pro Woche überschreiten.

411 **6. Sonderfälle**

Der Arzt kann verpflichtet werden, als Nebentätigkeit Unterricht zu erteilen, Gutachten, gutachterliche Äußerungen und wissenschaftliche Ausarbeitungen, die von Dritten angefordert und vergütet werden, zu erstellen, und zwar auch im Rahmen einer zugelassenen Nebentätigkeit der Leitenden Ärzte. Ein Weigerungsrecht, die Nebentätigkeit zu übernehmen, besteht insbesondere dann, wenn die angebotene Vergütung offenbar nicht dem Maß der Beteiligung entspricht. Für die Inanspruchnahme von Personal, Räumen und Sachmitteln ist ein Nutzungsentgelt zu entrichten, welches pauschaliert sein kann.

Das Ausmaß der auferlegten Nebentätigkeiten darf die Grenzen des Zumutbaren nicht übersteigen. Es wird im Einzelfall die Belastung durch sonstige dienstliche Aufgaben sowie Bereitschafts- und Rufbereitschaftsdienste zu berücksichtigen sein.

412   *6.1 Unterrichtserteilung*

Wird regelmäßig verlangt, in den Schulen für nichtärztliche medizinische Berufe (Krankenschwestern-, Kinderkrankenschwesternschule, Hebammenschule, Logopädieschule, MTA-Schule) Unterricht zu erteilen, so ist dieser mit dem üblichen Satz zu vergüten. Nebentätigkeiten, die wie diese auf Verlangen des Dienstherren/Arbeitgebers im öffentlichen Dienst ausgeübt werden, dürfen innerhalb der Dienstzeit ausgeübt werden. Mit der Anordnung ist zugleich die Genehmigung ausgesprochen, Räume und Sachmittel in Anspruch zu nehmen. Die Vergütung richtet sich nach dem beim Dienstherrn für derartigen Unterricht üblichen Satz.

413   *6.2 Gutachten*

Nach Aufforderung des Dienstherrn hat der nachgeordnete angestellte wie beamtete Arzt Gutachten, gutachterliche Äußerungen und wissenschaftliche Ausarbeitungen, die von Dritten angefordert und vergütet werden, zu erstellen.

Daß der Optimismus, den Braun/Ossoinig ausstrahlen, „in der Praxis werde es nur in wenigen Fällen Meinungsverschiedenheiten darüber geben, was ein Gutachten ist und was nicht", unbegründet ist, haben die bereits genannten Beispiele → Leichenschau, → Blutentnahme bei der Abgrenzung von Dienstaufgaben und Nebentätigkeit gezeigt.

414   Tatsächlich ist im Bereich der Medizin kein Begriff so umstritten wie der des → Gutachtens. So ist das Bundesarbeitsgericht in seinem „Leichenschauurteil" vom 10.10.1984 nur mit wenigen Worten darauf eingegangen, was ein Gutachten sei, nämlich mehr als eine ärztliche Diagnose, die eine Auseinandersetzung in medizinischen Fragen erfordere.

415   Die Ausstellung des Totenscheines sowie des Leichenschauscheines sei eine ärztliche Bescheinigung, nämlich „ein Schriftstück, durch das bestätigt wird ... (also ein von einem Arzt ausgestelltes Schriftstück), mit dem Vorgänge oder Zustände bestätigt werden, die in den Tätigkeits- und Kenntnisbereich des Arztes fallen. Auch die Todesbescheinigungen ... sind ärztliche Bescheinigungen dieser Art. Sie beruhen auf einer vorher gestellten Diagnose und bestätigen einen bestimmten, tatsächlichen medizinischen Zustand ..."

416   In seinem „Zytologieurteil" qualifiziert der Verwaltungsgerichtshof Baden-Württemberg (Urteil vom 06.11.1984) zytologische Befundberichte als „eine im Rahmen der ärztlichen Versorgung erfolgte ärztliche

Diagnose-Tätigkeit ... Die Befundberichte haben nicht die Form, wie sie bei Gutachten von Hochschullehrern üblich ist; insbesondere fehlt eine vertiefte medizinische Begründung." (Es ging in diesem Fall um das Gutachtenprivileg des Hochschullehrers.)

417   Das Wesentliche eines medizinischen Gutachtens macht nach diesen Urteilen die in ihm enthaltene wissenschaftliche Schlußfolgerung aus. Sie ist ein Ergebnis der erhobenen oder vorgefundenen Tatsachen und ihrer Bewertung mit medizinischen Erkenntnissen und Erfahrungen. Gleiches wird von einer gutachterlichen Äußerung oder einer wissenschaftlichen Ausarbeitung verlangt werden können. Der Unterschied dürfte im Umfang der Auseinandersetzung und Würdigung der relevanten wissenschaftlichen Meinungen liegen.

418   Alle anderen schriftlichen Äußerungen, bei denen diese wissenschaftliche Auseinandersetzung und Würdigung fehlt, dürften dagegen dem Begriff der ärztlichen Bescheinigung zuzuordnen sein. Bei der Abrechnung von Gutachten, gutachterlichen Äußerungen und wissenschaftlichen Meinungen sind mehrere Varianten möglich: der Auftrag zur Erstattung des Gutachtens, der gutachterlichen Äußerung bzw. der wissenschaftlichen Ausarbeitung ist von einem Dritten an den Arbeitgeber ergangen. Dann ist Honorargläubiger der Arbeitgeber. Er hat den nachgeordneten Arzt, der tätig wurde, nach Maßgabe seiner Beteiligung am Honorar zu beteiligen. Dies kann bedeuten, daß dem nachgeordneten Arzt das Honorar, um das → Nutzungsentgelt gekürzt, voll zusteht. Ist der Auftrag an einen Leitenden Arzt ergangen, für den die Gutachtenerstellung Nebentätigkeit ist, so hat der nachgeordnete Arzt einen Anspruch auf Beteiligung am Honorar. Honorargläubiger des Auftraggebers ist der Leitende Arzt.

419   Der vielfach anzutreffenden Praxis, gerichtlich angeforderte Gutachten von nachgeordneten Ärzten erstellen zu lassen und lediglich durch Mitunterzeichnung die Mitverantwortung zu übernehmen, hat das Bundesverwaltungsgericht in seinem Urteil vom 09.03.1984 nunmehr einen Riegel vorgeschoben. Der gerichtlich bestellte Gutachter kann sich bei der Gutachtenerstattung zwar der Mithilfe von nachgeordneten Ärzten und sonstigen Hilfspersonen bei der Vorbereitung des Gutachtens bedienen; die Verantwortung, ggf. die Erläuterung des Gutachtens in der mündlichen Verhandlung ist hingegen Aufgabe des bestellten Gutachters selbst. *(Li)*

Rechtsgrundlagen
Beamtenrechtsrahmengesetz; Beamtengesetze des Bundes und der Länder; Nebentätigkeitsverordnungen des Bundes und der Länder; Hochschullehrer-Nebentätigkeitsverordnungen der Länder; Bundesangestelltentarifvertrag.

Literatur
Braun/Ossoinig(1985) Zum Tarifrecht des Arztes, 2. Auflage
BVerfG NJW 1970, S. 1248
BVerfG MedR 1984, S. 191
BVerfG NJW 1977, S. 104
Dieterich (1984) Das Nebentätigkeitsrecht für das wissenschaftliche und künstlerische Personal in Baden-Württemberg
Hirsch/Weißauer (1980) Nutzungsentgelt der Hochschulkliniker
Lippert (1986) Die Abrechnung der Leichenschau im Notarztdienst, Notfallmedizin, S. 156
Weißauer (1986) Nutzungsentgelt der Hochschullehrer bei ärztlicher Nebentätigkeit

420 **Notarztdienst**

Während der → Rettungsdienst in fast allen Bundesländern in speziellen Rettungsdienstgesetzen oder in den Feuerwehrgesetzen geregelt ist, hat der Notarztdienst keine eindeutige gesetzliche Regelung erfahren. In den Rettungsdienstgesetzen einiger Bundesländer ist zumeist nur die Pflicht der Krankenhausträger normiert, geeignete Krankenhausärzte (gegen Kostenersatz) zum Einsatz im Rettungsdienst zur Verfügung zu stellen. Erst wenn entsprechende Vereinbarungen geschlossen sind, ist die Teilnahme am Notarztdienst für Ärzte der Krankenhäuser öffentlicher Träger nach Nr. 3 Abs. 2 SR 2 c BAT Dienstaufgabe dieser Ärzte. Bis zu diesem Zeitpunkt ist der Träger nicht gehindert, seinen Ärzten den Einsatz als Notarzt im Rettungsdienst etwa als Nebentätigkeit zu genehmigen. Beamten – etwa Sanitätsoffizieren an Bundeswehrkrankenhäusern –, mit denen der Bund mit eigenem Personal samt Notarztwagen und Rettungshubschrauber am Rettungswesen teilnimmt, kann die Teilnahme an diesem Dienst bei Vorliegen der Qualifikation kraft Organisationsrechts zur Dienstaufgabe erklärt werden.

421 Nr. 3 Abs. 2 SR 2 c BAT setzt voraus, daß der Träger des Krankenhauses (sofern er nicht auch selbst Träger des Rettungsdienstes ist, z. B. wenn diesen die Feuerwehr durchführt) mit einem Träger des Rettungsdienstes im organisierten Rettungswesen auf Dauer kooperiert und nicht nur gelegentlich seine Ärzte zum Einsatz im Notarztdienst zur Verfügung stellt. Die Rettungsdienstgesetze sehen daher zumeist vor, daß sich leistungsfähige Krankenhäuser an diesem Dienst beteiligen, also Krankenhäuser, die über fachlich qualifizierte Ärzte verfügen und deren Aufgaben in der stationären und ambulanten Krankenversorgung durch die Übernahme des Dienstes keine Einschränkung erfahren.

Betreibt der Krankenhausträger selbst einen Notarztwagen und stellt er ärztliches wie nichtärztliches Personal, so ist die Teilnahme an diesem Dienst Dienstaufgabe, sofern der eingesetzte Arzt über die fachliche Qualifikation (Fachkundenachweis „Rettungsdienst") verfügt.

422 Bezüglich des Fachkundenachweises „Rettungsdienst", der auf einer Empfehlung der Bundesärztekammer vom September 1982 basierend in einigen Landesärztekammern durch Satzungsrecht umgesetzt worden ist, in einigen nicht, ist neuerdings angezweifelt worden, ob er generell verlangt werden könne. In Baden-Württemberg, wo er im Rettungsdienstgesetz sowie einer Satzung der Landesärzteskammer verankert ist, wird man dies uneingeschränkt bejahen müssen. Im Bereich derjenigen Landesärztekammern, die die Einführung des Fachkundenachweises abgelehnt haben, entfaltet die Empfehlung der Bundesärztekammer zumindest die Wirkung des beim Einsatz im Notarztdienst anzuwendenden Sorgfaltmaßstabes. Gleiches gilt in denjenigen Bundesländern, deren Ärztekammern den Fachkundenachweis durch Satzung eingeführt haben.

Sieht man im Notarztdienst eine vorweggenommene stationäre Patientenversorgung, so spricht nichts dagegen, ihn dem Krankenhausarzt im Wege des Direktionsrechts zu übertragen. Sieht man den Notarztdienst als Teil des kassenärztlichen Sicherstellungsauftrages an, wie dies in Bayern der Fall ist, so ist Träger des Notarztdienstes die Kassenärztliche Vereinigung. Diese hat den Dienst mit entsprechend ausgebildeten, niedergelassenen Ärzten oder ermächtigten Krankenhausärzten durchzuführen.

423 Da hier der Arbeitgeber des Krankenhausarztes nicht Träger des Notarztdienstes ist, kann er seinen Ärzten die Teilnahme am Notarztdienst im Rahmen eines Ermächtigungsvertrages auch als Nebentätigkeit genehmigen. Gleiches gilt, wenn Krankenhausärzte und niedergelassene Ärzte sich zur Durchführung des Notarztdienstes etwa zu einer BGB-Gesellschaft oder einem Verein zusammenschließen, der die Trägerschaft übernimmt.

424 Aus haftungsrechtlichen Gründen (der Krankenhausträger, der mit seinen Ärzten am Notarztdienst teilnimmt, wird z. B. Vertragspartner des ansprechbaren Notfallpatienten), versuchen Krankenhausträger, die nach BAT tarifgebunden sind, den Ärzten den Dienst als Nebentätigkeit zu übertragen und zu genehmigen. Dies dürfte dem Wortlaut des Tarifvertrages widersprechen.

Krankenhausärzte außerhalb Bayerns, die am Notarztdienst als Nebentätigkeit teilnehmen wollen, benötigen, um abrechnen zu können, eine Ermächtigung der Kassenärztlichen Vereinigung, nicht aber der niedergelassene Arzt. *(Li)*

Rechtsgrundlagen
Rettungsdienst- bzw. Feuerwehrgesetze der Bundesländer; Nr. 3 Abs. 2 SR 2 c
zum Bundesangestelltentarifvertrag (BAT)

Literatur
Lippert (1987) Realisierung und Rechtsfolgen des Fachkundenachweises in den
Bundesländern, Notfallmedizin, S. 396
Lippert/Weißauer (1984) Das Rettungswesen

425 Nutzungsentgelt

1. Definition
2. Hochschullehrer
2.1 Nutzungsentgelt bei stationärer wahlärztlicher Behandlung
    Pauschalierung des Nutzungsentgelts
2.2 Nutzungsentgelt bei ambulanter Nebentätigkeit
    Bemessung des Nutzungsentgelts
3. Sonstige beamtete Leitende Ärzte
4. Angestellte Leitende Ärzte außerhalb der Universitätsklinika

426 1. Definition

Nutzungsentgelt haben angestellte und beamtete Ärzte zu entrichten,
die bei Ausübung einer liquidationsberechtigten Tätigkeit Einrichtungen, Personal und Sachmittel des Dienstherrn tatsächlich in Anspruch
nehmen.

Zu unterscheiden ist dabei, ob es sich um beamtete Leitende Ärzte
oder um angestellte Leitende Ärzte handelt. Die Verpflichtung zur
Zahlung des Nutzungsentgeltes ist die Rechtsfolge der Inanspruchnahme. Der Anspruch entsteht nur bei tatsächlicher Inanspruchnahme.
Der Höhe nach bemißt sich das Nutzungsentgelt nach dem Wert der
Inanspruchnahme. Das Entgelt bemißt sich nach den dem Dienstherrn
entstehenden Kosten und muß den besonderen Vorteil berücksichtigen,
der dem Beamten durch die Inanspruchnahme erwächst. Die Kriterien,
nach denen das Nutzungsentgelt zu bemessen ist, aber auch der Rang
der Bemessungskriterien sind nach § 42 BRRG bundesrechtlich festgelegt: das → Kostendeckungs- und das → Vorteilsausgleichsprinzip.

427   2. Hochschullehrer

428   *2.1 Nutzungsentgelt bei stationärer wahlärztlicher Behandlung*

Zum besseren Verständnis sei nochmals kurz auf die Leistungsbeziehungen zwischen Patient, Krankenhaus und liquidationsberechtigtem Leitendem Arzt eingegangen (→ Krankenhausaufnahmevertrag). Begehrt der Patient bei der stationären Aufnahme nach der Bundespflegesatzverordnung die Wahlleistung „Arzt", so begehrt er statt der ärztlichen Leistung im Rahmen der allgemeinen Krankenhausleistung die ärztliche Leistung eines bestimmten, nämlich des liquidationsberechtigten Arztes anstatt *der allgemeinen ärztlichen Krankenhausleistungen.* Diese gewünschte ärztliche Leistung ersetzt die ärztliche Leistung des Krankenhauses.

Nur wenn man die Neufassung der Bundespflegesatzverordnung derart versteht, erschließt sich das Abrechnungssystem nach Bundespflegesatzverordnung/Gebührenordnung für Ärzte, welches darauf ausgerichtet ist, Doppelzahlungen des Patienten im Rahmen des ärztlichen Honorars und des Pflegesatzes zu vermeiden. Der Verordnungsgeber hat sich bei der Lösung der auftretenden Konflikte weder für die reine Lösung nach der Gebührenordnung für Ärzte (Kürzung des ärztlichen Honorars um die gesamten Kosten der Inanspruchnahme) noch für die reine Pflegesatzlösung (Kürzung der Pflegesätze um die Kosten, die der Patient dem Arzt im Honorar bezahlt) entschieden. Statt dessen hat er mit der sog. Harmonisierungsnovelle eine Mischlösung gewählt, die für einen Teil der in Anspruch genommenen Leistungen das ärztliche Honorar, für den Rest die Pflegesätze mindert.

429   In der Praxis wird nach dieser Novelle wie folgt verfahren: bei stationären und teilstationären ärztlichen Leistungen sind die nach der Gebührenordnung für Ärzte berechneten Gebühren um 15% zu mindern. Der Rechnungsbetrag der allgemeinen Krankenhausleistungen ist bei Patienten mit wahlärztlichen Leistungen sowie bei belegärztlichen Leistungen um 5% zu ermäßigen. Soweit Ärzte die Erbringung wahlärztlicher oder belegärztlicher Leistungen selbst abrechnen können, sind sie verpflichtet, dem Krankenhausträger 6% der nicht-pflegesatzfähigen Leistungen zu erstatten.

430   *Pauschalierung des Nutzungsentgelts*

Das Nutzungsentgelt für die stationäre privatärztliche Behandlung ist sowohl im → Nebentätigkeitsrecht, als auch in der neuen Bundespflegesatzverordnung (hier freilich nur unter dem Aspekt der Kostenerstattung) voll pauschaliert. Die neue Bundespflegesatzverordnung greift deshalb nicht unmittelbar in das Nebentätigkeitsrecht der Länder ein, das zusätzlich den → Vorteilsausgleich zu berücksichtigen hat. Soweit es um den Anteil der Kostenerstattung im pauschalierten Nutzungsentgelt geht, fixiert die Bundespflegesatzverordnung die Obergrenze. Das Bundesrecht hat insoweit Tatbestandswirkung. Es zwingt den Landesgesetz- und Verordnungsgeber, die pauschalen Nutzungsentgelte neu zu kalkulieren. Sie sind auf 6% des Pflegesatzes insgesamt für die an der Behandlung beteiligten Hochschullehrer zu reduzieren, wenn sich kein über die Kostenerstattung hinausgehender „Vorteil" aus der Inanspruchnahme nachweisen läßt.

431   *2.2 Das Nutzungsentgelt bei ambulanter privatärztlicher Behandlung*

Derjenige Privatpatient, der sich von Hochschullehrern in der Klinik ambulant behandeln läßt, tritt ausschließlich zu ihnen in vertragliche Beziehungen. Er nimmt von ihnen alle Leistungen der unmittelbaren und mittelbaren ärztlichen Versorgung einschließlich der für die Behandlung benötigten sachlichen und personellen Mittel in Anspruch. Von den (internen) rechtlichen Beziehungen der Hochschullehrer zum Klinikträger wird der Patient nicht berührt.

Zu unterscheiden ist diese Fallgestaltung von der Behandlung des Patienten in den Ambulanzen der Universitätsklinika. Hier werden die Hochschullehrer als Erfüllungsgehilfen des Klinikträgers tätig und nutzen seine Einrichtungen im Rahmen der Erfüllung ihrer Dienstpflichten. Typischer Fall: die Ambulanzen nach § 117 SGB V (→ Krankenhausaufnahmevertrag).

432   Seit 01.01.1984 ist es dem Krankenhausträger verwehrt, bei ambulanter privatärztlicher Behandlung dem Patienten bzw. dessen Kostenträger die Sachkosten der Behandlung unmittelbar in Rechnung zu stellen. Der Hochschullehrer liquidiert das volle Honorar einschließlich der in den Gebühren enthaltenen Kosten für die Inanspruchnahme der Leistungen Dritter (die Honorarminderungspflicht gilt nur für die *stationäre Privatbehandlung.*

Die zur ambulanten Behandlung benötigten Einrichtungen, das Material und das ärztliche und nichtärztliche Personal der Kliniken und Institute nehmen die Hochschullehrer aufgrund allgemeiner oder spezieller Genehmigung des Dienstherrn rechtlich und wirtschaftlich in Anspruch. Daher sind sie dem Grunde nach zur Zahlung von Nutzungsentgelt verpflichtet. Angemessen im Sinne des Äquivalenzprinzips ist das Nutzungsentgelt, wenn Art und Umfang der Inanspruchnahme für den einzelnen Hochschullehrer ermittelt und ihr Wert anhand konkreter Berechnungen oder wirklichkeitsnaher Schätzung festgestellt wird. Für die konkret-individuelle Berechnung spricht die große Variationsbreite bei der Gestaltung der ambulanten Nebentätigkeit, der Entwicklungsstand des Rechnungswesens und der Rationalisierungseffekt der von der individuellen Kostenermittlung ausgeht, aber auch die Regelung des Kostenabzuges in § 13 Abs. 3 BPflV.

433   Die Pauschalierung des Nutzungsentgeltes ist trotz der gerade in der ambulanten Behandlung beträchtlichen Spannweite der individuellen Gestaltung der Inanspruchnahme grundsätzlich zulässig.

Das Nebentätigkeitsrecht teilt das Nutzungsentgelt in Sachkostenerstattung und eine Pauschale.

434   Sachkosten im Sinne des Nebentätigkeitsrechts sind die Selbstkosten der Kliniken für die Einrichtungen, das Material und das nichtärztliche Personal (mit Ausnahme der Arztschreibkräfte). Sie werden aufgrund einer akribischen Erfassung der von dem Hochschullehrer erbrachten Leistungen mit Hilfe von Kostentarifen festgesetzt. Diese Verbindung von individualisierenden und pauschalisierenden Elementen führt zu einer Gleichbehandlung differenter Kostenstrukturen. Bedenken sind dagegen nicht zu erheben, wenn die durchschnittlichen Kosten je Leistung nicht gegriffen, sondern anhand eines repräsentativen Querschnitts realitätsbezogen ermittelt werden.

435   Ob der Tarif der Deutschen Krankenhausgesellschaft (DKG-NT) dieser Anforderung genügt, kann hier nicht geprüft werden. Generelle Bedenken gegen seine Anwendung im Nebentätigkeitsrecht können sich unter dem Aspekt der Einheit der Rechtsordnung daraus ergeben, daß seine „Vollkosten" das 1,3fache der Einfachsätze der GOÄ betragen und allein schon die Sachkosten bei einzelnen Leistungen diese Sätze übersteigen. Der DKG-NT liegt danach im Gesamtniveau der Kosten ersichtlich über der Kalkulation der Kostenanteile der GOÄ, die für den Hochschullehrer als zwingendes Recht gilt.

Nicht unter die erstattungsfähigen Selbstkosten fallen in den nach dem Hochschulbauförderungsgesetz geförderten Universitätsklinika die Investitionskosten.

436   Der pauschalierte Teil des Nutzungsentgelts wird nach Prozentsätzen des um die Sachkosten gekürzten Bruttohonorars bemessen. Überwiegend liegen die Pauschalen bei 20%. Sie dienen der Erstattung von Kosten für die Mitarbeit der Ärzte und der Arztschreibkräfte, die nicht durch die Sachkostenerstattung nach Spalte 6 DKG-NT abgegolten werden, und dem Vorteilsausgleich. Es gibt aber, soweit ersichtlich, weder Berechnungen über die durchschnittliche Inanspruchnahme dieser Mitarbeiter und die dadurch entstehenden Kosten anhand repräsen-

tativer Erhebungen noch nachvollziehbare, wirklichkeitsnahe Schätzungen noch realitätsbezogene Vergleichsrechnungen zur Ermittlung eines Vorteils der Hochschullehrer. Eine überschlägige Kalkulation führt zu dem Ergebnis, daß die Gesamtbelastung der Hochschullehrer aus der Sachkostenerstattung, der Pauschale und der Honorarbeteiligung der Mitarbeiter über den Aufwendungen liegt, die ein niedergelassener Arzt aus dem Gebührenaufkommen finanzieren kann.

437   Das Nebentätigkeitsrecht differenziert die Höhe der Pauschale auch dort nicht, wo evidente Unterschiede in der Inanspruchnahme bestehen oder es an einer Inanspruchnahme fehlt, wie etwa bei Mitarbeitern nachgeordneter Ärzte in Nebentätigkeit oder der Beschaffung von Geräten und Einrichtungen aus eigenen Mitteln. Überwiegend schließen die neueren Nebentätigkeitsverordnungen die Festsetzung eines von der Pauschale abweichenden Nutzungsentgelts auf Antrag des Betroffenen und damit die Korrekturen unangemessener Belastungen aus.

Ob nach Inkrafttreten der Gebührenordnung für Ärzte 1982 noch der DKG-NT, Spalte 6, anwendbar ist, wird mit überzeugenden Berechnungen bestritten und für die Anwendung des KBV-NT plädiert.

438   3. Sonstige beamtete Leitende Ärzte

Für diesen Personenkreis gelten die oben genannten Regelungen im Grundsatz ebenfalls, allerdings mit der gewichtigen Einschränkung, daß die Vorschriften, die auf Hochschullehrer aufgrund ihres Status Anwendung finden, auf diesen Personenkreis keine Anwendung finden.

439   4. Angestellte Leitende Ärzte außerhalb der Universitätsklinika

Bei angestellten Leitenden Ärzten (Chefärzten) außerhalb der Universitätsklinika ist der → Dienstvertrag mit dem Träger Rechtsgrundlage für die Entrichtung eines Nutzungsentgelts. Bei Leitenden Ärzten, die liquidationsberechtigt sind und auf deren Dienstverhältnisse der BAT angewendet werden kann, gilt Nr. 5 Abs. 3 SR 2 c BAT. Danach hat der Arzt, der für eine Nebentätigkeit Personal, Räume und Sachmittel des Arbeitgebers in Anspruch nimmt, dem Arbeitgeber die Kosten hierfür zu erstatten, soweit sie nicht von anderer Seite zu erstatten sind. Auch für angestellte Leitende Ärzte gilt, daß ein Nutzungsentgelt nur für eine tatsächliche Inanspruchnahme gefordert werden kann. Für die Bemessung des Nutzungsentgeltes gilt das → Kostendeckungs- und das → Vorteilsausgleichsprinzip.

440   Im stationären Bereich gilt das oben für die Hochschullehrer Gesagte entsprechend. Auch im ambulanten Bereich gilt das oben Gesagte im Grundsatz ebenfalls, jedoch ist im Einzelfall auf die Regelungen im → Dienstvertrag abzustellen. *(Li)*

Rechtsgrundlagen
§ 42 BRRG; Beamtengesetze des Bundes und der Länder; Nebentätigkeitsverordnungen des Bundes und der Länder; Hochschullehrer-Nebentätigkeitsverordnungen der Länder; Krankenhausfinanzierungsgesetz; KHNG vom 20.12.1984 (BGBl. I, S. 1716); Bundespflegesatzverordnung i. d. F. der 4. Änderungsverordnung vom 21.08.1985 (BGBl. I, S. 1666); Gebührenordnung für Ärzte i. d. F. der 2. Änderungsverordnung (Harmonisierungsnovelle) vom 20.12.1984 (BGBl I, S. 1680)

Literatur
Wahlers (1983) Die Rechtsnatur des Nutzungsentgelts, ZBR, S. 354
Wahlers (1988) Geändertes Hochschul-Nebentätigkeitsrecht–Neue Probleme, ZBR, S. 269
Weißauer (1986) Das Nutzungsentgelt der Hochschullehrer bei ärztlicher Nebentätigkeit
Zuck (1985) Argumentationshilfen beim Streit über Chefarzt-Abgaben im Wahlleistungsbereich, Krankenhaus-Umschau, S. 143

441   Operationserweiterung

Für beträchtliche Unruhe in der Ärzteschaft sorgte Ende der 70er Jahre eine Entscheidung des Bundesgerichtshofes, die einen Operationsabbruch forderte, um den Patienten darüber aufzuklären, daß der Eingriff nicht wie geplant durchführbar war, sondern erweitert werden mußte. Die Unruhe beruhte zum größten Teil auf der Verallgemeinerung eines sehr speziellen Falles (unblutige Operation am Ohr unter örtlicher Betäubung) und führte die Diskussion auf das Feld der → Aufklärungspflicht, obwohl es primär um die richtige Behandlung (→ Behandlungsfehler) geht. Dabei sind präoperative und intraoperative Phasen zu unterscheiden.

442   Der Operateur hat die Pflicht, eine fehlerfreie Diagnose durchzuführen, wobei ihm kein Versäumnis zur Last fallen darf. Hat die sorgfältig und fachgerecht durchgeführte Untersuchung keinen Anhaltspunkt für das intraoperativ entdeckte Krankheitsbild und den darauf beruhenden Wechsel im Operationskonzept ergeben, so trifft den Arzt kein Behandlungsfehlervorwurf. Ist die Diagnosedurchführung hingegen unzureichend, so kann der Arzt später deswegen verurteilt werden.

443   Unabhängig von der Güte der durchgeführten Diagnose ist das Verhalten des Arztes in der intraoperativen Phase zu beurteilen. Das nun Notwendige richtet sich nach der Indikation, nicht danach, ob zuvor ein Fehler unterlaufen ist. Der Arzt ist zur Operationserweiterung verpflichtet, wenn ein Abbruch das Leben des Patienten akut gefährdete und ein entgegenstehender Wille ernstlich nicht zu vermuten ist.

444   Im einzelnen hat der Arzt den Eingriff *abzubrechen*, wenn die medizinisch angezeigte Erweiterung nicht indiziert und mit erhöhten Risiken verbunden ist. Unabhängig von der Indikation hat der Arzt abzubrechen, wenn er der Erweiterung oder dem Wechsel des Operationskonzeptes nicht gewachsen ist. Der Arzt soll den Eingriff *erweitern* oder das *Konzept wechseln*, wenn der Abbruch akut lebensgefährlich wäre. Das gleiche gilt, wenn die notwendige Änderung zwar nicht akut vital indiziert ist, der Abbruch aber mit an Sicherheit grenzender Wahrscheinlichkeit in absehbarer Zeit zum Tode des Patienten führen würde. Dies gilt auch, wenn die Änderung nicht vital indiziert ist, ein Abbruch aber zusätzliche Komplikationen mit sich brächte, die eine sofortige Operationserweiterung vermiede. Das gilt gleichfalls bei nicht vitaler Indikation, wenn die Erweiterung mit zusätzlichen Risiken verbunden ist. Endlich soll der Arzt auch erweitern, wenn die Erweiterung zwar nicht vital indiziert, aber andererseits auch nicht mit weiteren Risiken verbunden ist. Jede Erweiterung ist nur dann zulässig, wenn die → Einwilligung des Patienten den Umständen nach zu vermuten ist. *(Ke)*

Literatur
BGHMedR 1989, S. 143
Kern/Laufs (1983) Die ärztliche Aufklärungspflicht, S. 129 ff.

445   **Patiententestament**

1. Begriff

Unter dem Begriff „Patiententestament" verstehen Juristen und Ärzte etwas ganz anderes. Juristen meinen damit eine schriftliche Erklärung mit dem Inhalt, bei einem bestimmten Krankheitsverlauf nicht behandelt werden zu wollen (Patientenbrief, Patientenverfügung). Ärzte hingegen verstehen darunter ein Testament, das der Patient in der Klinik aufsetzt. Da beide Bedeutungen relevant werden können, seien sie im folgenden – entgegen des sonst Üblichen – auch beide dargestellt.

2. Patiententestament (Patientenbrief)

Die Verwendung des Begriffes durch die Juristen ist juristisch nicht exakt, weil es sich nicht um ein Testament im erbrechtlichen Sinne handelt, nämlich um die Einsetzung eines Erben (§ 1937 BGB). Dennoch hat sich die Bezeichnung im Schrifttum durchgesetzt und nicht der treffendere, wenn auch blasse Patientenbrief. In diesem Sinne handelt es sich bei dem Patiententestament um eine an die behandelnden Ärzte gerichtete schriftliche Erklärung einer Person, daß sie bei Eintritt eines bestimmten Krankheitsverlaufs oder unfallbedingten Zustandes eine ärztliche Intensivbehandlung nicht wünscht, sondern nur noch eine Leidensmilderung. Im Grunde liegt damit also eine antizipierte Behandlungsverweigerung für den Fall vor, daß eine → Einwilligung wegen Bewußtlosigkeit nicht erteilt oder verweigert werden kann. Inhaltlich ergeben sich keine Grenzen. So kann etwa ein Zeuge Jehovas auf jede Bluttransfusion verzichten. Allerdings kann ein Patiententestament den Arzt keinesfalls zu einer strafbaren oder unärztlichen Tat verpflichten, etwa zu einer aktiven Tötung. Schwierigkeiten bereiten auch unpräzise und auslegungsbedürftige Äußerungen („menschenwürdiges Dasein").

446   Die rechtliche Wirksamkeit einer solchen Willensäußerung ist umstritten. Zumindest gibt sie aber Anhaltspunkte für den mutmaßlichen Willen des Patienten (→ Einwilligung), regelmäßig sogar das wichtigste Indiz. Der Arzt ist aber gehalten, noch nach weiteren Umständen zu forschen, die ein Abrücken von dem früher geäußerten Willen erkennen lassen. Der Arzt ist verpflichtet zu prüfen, ob der Patient an seiner früheren Willenserklärung festhalten will.

447   Wirksam sind die Patiententestamente jedenfalls dann, wenn sie die Entscheidung letztlich mit der medizinischen Indikation verknüpfen, also auf eine Intensivbehandlung oder Reanimation bei Irreversibilität (wahrscheinlicher schwerer Dauerschädigung des Gehirns, dauernden Ausfalls lebenswichtiger Körperfunktionen oder bei infauster Prognose) verzichten. In dieser Situation decken sich Indikation und mutmaßlicher Wille.

Für diese Erklärung genügt die Schriftform. Auch Formulare können Verwendung finden; Muster finden sich bei Uhlenbruck/Rollin (S. 131 ff.). Notwendig sind Datumsangabe und eigenhändige Unterschrift.

3. Testament des Patienten

Häufig kann der Arzt in der Klinik vor die Situation gestellt sein, daß Patienten ein Testament errichten oder abändern wollen. Es gehört in einem gewissen Umfang durchaus zu den Aufgaben einer Klinik, ihren Patienten eine solche Testamentserrichtung zu ermöglichen. Der Krankenhausträger ist gehalten, einen Patienten, der ein Testament zu errichten wünscht, zur Erfüllung dieses Wunsches jede mit der Anstaltsordnung zu vereinbarende und zumutbare Unterstützung zu gewähren. Dazu gehört es allerdings nicht, dem Patienten Rechtsrat zu erteilen, wozu das Personal generell auch nicht in der Lage ist. Aber gerade weil es dazu nicht in der Lage ist, hat der Träger Anweisungen zu erlassen, wie auf derartige Patientenwünsche einzugehen ist. Dazu reicht es aus, wenn dem Personal rechtskundige Personen genannt werden, bei denen weitergefragt werden kann. Jedenfalls ist dem Personal alles zu untersagen, was die Errichtung eines rechtswirksamen Testamentes behindern kann.

448   Tatsächlich sind mehrere Situationen denkbar: der Patient kann noch in der Lage sein, ein eigenhändiges Testament zu verfassen, er kann nur noch diktieren, oder die Voraussetzungen für ein Nottestament liegen vor. Entsprechend unterschiedlich kann und darf das Klinikpersonal mitwirken.

Wenn dem Patienten noch ausreichend Zeit zur Verfügung steht, ein Testament zu errichten, so genügt, wenn die Klinik – auf Wunsch des Patienten – entweder einen Notar bestellt oder dafür Sorge trägt, daß der Patient ein formgültiges eigenhändiges Testament abfassen kann. Dieses Testament muß eigenhändig verfaßt und mit vollem Vor- und Zunamen unterschrieben sein sowie Datums- und Ortsangabe enthalten. Keinesfalls darf ein Arzt oder nichtärztliches Personal für den Patienten schreiben.

449   Aktive Mitwirkung des Klinikpersonals kommt nur bei Errichtung eines Nottestaments in Frage. Dabei handelt es sich um eine mündliche Erklärung des Patienten vor 3 Zeugen. Sie kommt nur in äußersten Notfällen in Betracht. Voraussetzung dafür ist, daß der Patient sich in so großer Todesgefahr befindet, daß die Errichtung eines Testaments vor dem Notar oder eines Nottestamentes vor dem Bürgermeister nicht mehr möglich ist. Die Todesgefahr muß nicht wirklich bestehen. Es reicht aus, wenn die 3 Zeugen darin übereinstimmen, daß es so ist. Besteht keine nahe Todesgefahr, wohl aber die Sorge, der Patient könnte alsbald dauerhaft testierunfähig werden, so kann gleichfalls ein Nottestament errichtet werden. Die drei oder mehr Zeugen müssen ausdrücklich zur Errichtung des Testaments zusammengekommen sein. Zufälli-

ge Anwesenheit genügt nicht. Sie müssen während der ganzen Errichtung zugegen sein.

450   Nicht als Zeugen in Betracht kommen Angehörige, die von dem Testament betroffen sind. Das gilt auch für Klinikpersonal, das im Testament bedacht werden soll. Von der mündlichen Erklärung ist eine Niederschrift zu fertigen. Diese sollte der Patient tunlichst unterschreiben. Ist er auch dazu nicht in der Lage, so muß zumindest einer der Zeugen unterschreiben.

451   Erweist sich die nahe Todesgefahr nachträglich als falsch und lebt der Patient weiter, so verliert das Nottestament nach 3 Monaten seine Wirksamkeit. Darauf ist der Patient nach Errichtung des Nottestaments hinzuweisen. Wirkt ein Klinikarzt an der Errichtung des Testamentes mit, das dadurch unwirksam wird, so ist der Patient mit Nachdruck darauf hinzuweisen, daß er nicht wirksam testiert hat. Das Äußern von Zweifeln an der Wirksamkeit des Testaments reicht nicht aus.

452   Fehlt dem Patienten die erforderliche Testierfähigkeit wegen Krankheit, so darf der Arzt nicht aktiv an einer Testamentserrichtung teilnehmen. Zweifel sollte er in die Krankenakten aufnehmen, die aber sowieso die entsprechenden Auskünfte enthalten sollten. *(Ke)*

Rechtsgrundlage
§§ 2229, 2247 - 2250, 2252 BGB.

Literatur
BGH NJW 1989, S. 2945 ff. (MedR 1990, S. 30)
Uhlenbruck (1989) Patiententestament. In: Lexikon Medizin-Ethik-Recht, Spalte 782 ff.
Uhlenbruck/Rollin (1983, Hrsg.) Sterbehilfe und Patiententestament

453   Personalvertretung

Grundanliegen der Betriebsverfassung ist es, den Arbeitnehmern in den betrieblichen Entscheidungen, die ihr tägliches Dasein nachdrücklich gestalten, Mitwirkungsbefugnisse zu gewähren. Der Betrieb wird verfaßt, indem er eine Konstitution erhält, die auch für den Arbeitgeber verbindlich ist. Kernstück dieser Verfassung ist als Repräsentativorgan für die Arbeitnehmer der Betriebsrat. Er hat in verschiedenen betrieblichen Entscheidungsbereichen abgestufte Mitwirkungsrechte.

454   Das Betriebsverfassungsgesetz als Rechtsgrundlage gilt nur für Betriebe, deren Rechtsträger privatrechtlich organisiert ist. Der gesamte

Bereich des öffentlichen Dienstes, des Bundes, der Länder und der Gemeinden sowie der Stiftungen, Körperschaften und Anstalten des öffentlichen Rechts ist ausgenommen. Er unterliegt den Vorschriften des Personalvertretungsrechts. Nicht ausgenommen sind die in privater Rechtsform betriebenen Unternehmen, deren Anteile ganz oder überwiegend im Eigentum der öffentlichen Hand stehen.

455   Ausgenommen sind auch Unternehmen kirchlicher Träger. Sie gelten als Tendenzbetriebe. Die Personalvertetung richtet sich nach den jeweils geltenden kirchenrechtlichen Vorschriften.

456   Das Personalvertretungsrecht gilt für Arbeiter und Angestellte im öffentlichen Dienst und die Beamten. Rechtsschutz in personalvertretungsrechtlichen Angelegenheiten wird nicht vor den Arbeitsgerichten, sondern den Verwaltungsgerichten gewährt. Der Personalrat hat bei Entscheidungen der Dienststelle entweder ein Mitwirkungsrecht, oder er bestimmt mit. Im letzteren Fall muß Einigkeit zwischen Personalrat und Dienststelle erzielt werden, ehe die Maßnahme getroffen werden kann. Diese kann durch den Spruch der Einigungsstelle ersetzt werden. In der Praxis für die angestellten Ärzte bedeutsame mitbestimmungspflichtige Entscheidungen sind z. B. die ordentliche Kündigung sowie andere statusrechtliche Entscheidungen. Allerdings gilt das Personalvertretungsrecht nicht für alle angestellten und beamteten Ärzte. Ausgenommen sind Beamte in Vergütungsgruppe A 16 und höher und Angestellte in der vergleichbaren Vergütungsgruppe I des BAT. Ausgenommen sind ferner Professoren und überwiegend wissenschaftlich tätiges Personal an den Hochschulen. Bei den wissenschaftlichen Mitarbeitern bestimmt der Personalrat in mitbestimmungspflichtigen Angelegenheiten nur mit, wenn sie dies beantragen. Chefärzte, soweit sie einen eigenen Funktionsbereich leiten, dürften nach § 5 Abs. 3 BetrVG als leitende Angestellte zu qualifizieren sein, so daß für die das Betriebsverfassungsgesetz nicht gilt. *(Li)*

Rechtsgrundlagen
Betriebsverfassungsgesetz vom 23.12.1988 (BGBl. I, S. 2312); Bundespersonalvertretungsgesetz vom 25.03.1974 (BGBl. I, S. 693) mit Änderungen; Landespersonalvertretungsgesetze

Literatur
Zöllner (1979) Arbeitsrecht, 2. Auflage, §§ 44 und 52

457 Pflegerbestellung

Kann die Behandlung eines bewußtlosen, volljährigen Patienten noch so lange aufgeschoben werden, daß für ihn ein Pfleger bestellt werden kann, so hat dies zu geschehen. Der Pfleger hat dann anstelle des Patienten die Einwilligung in die Behandlung zu erteilen. Ein Pfleger ist auch dann nötig, wenn die Eltern eines Minderjährigen auf der Durchführung von schädlichen Behandlungsmaßnahmen bestehen oder sich notwendigen Maßnahmen unvernünftig widersetzen. Das gilt etwa für Zeugen Jehovas, die eine Bluttransfusion für ihr Kind verweigern.

458   Die Pflegschaft ordnet das Vormundschaftsgericht (Amtsgericht) an. Das gelingt bei Vorlage eines entsprechenden ärztlichen Zeugnisses ohne großen Zeitaufwand, ggf. durch ein Telefongespräch. Zum Pfleger kann auch der behandelnde Arzt bestellt werden.

459   Der Pfleger wird nur dafür bestellt, in die Behandlung einzuwilligen oder nicht. Weitere Aufgaben stehen ihm nicht zu. Er darf keine objektiv unvernünftigen Entscheidungen fällen. Ist eine Pflegschaft zur Einwilligung in einen bevorstehenden Eingriff bestellt, so endet sie mit der Erledigung, d. h. mit der Abgabe der Einwilligung, nicht etwa mit dem Abschluß der Heilbehandlung.

    Mit Wirkung vom 1. 1. 1992 wird die hier relevante Gebrechlichkeitspflegschaft durch die Betreuung ersetzt. Im wesentlichen gelten die Ausführungen dann auch für den Betreuer mit dessen Bestellung.

Rechtsgrundlagen
§§ 1909 - 1920 BGB

Literatur
Kern (1991), Die Bedeutung des Betreuungsgesetzes für das Arztrecht, MedR

460 Pflegesatz

Nach der Legaldefinition in § 2 Nr. 4 KHNG sind Pflegesätze „die Entgelte der Benutzer oder ihrer Kostenträger für stationäre und teilstationäre Leistungen des Krankenhauses". Sie sind auf der Grundlage der vorauskalkulierten Selbstkosten eines sparsam wirtschaftenden und leistungsfähigen Krankenhauses für alle Benutzer nach einheitlichen Grundsätzen zu bemessen. Sie müssen gewährleisten, daß das Krankenhaus bei sparsamer und wirtschaftlicher Betriebsführung seine stationären und teilstationären Leistungen im medizinisch zweckmäßigen und erforderlichen Umfang erbringen kann. Bei der Bemessung der Pflegesätze sind auch die Kosten und Leistungen vergleichbarer Krankenhäuser angemessen zu berücksichtigen. Überschüsse, die bei wirtschaftlicher Betriebsführung entstehen, sollen dem Krankenhaus verbleiben. Vom Krankenhaus zu vertretende Verluste sind von diesem zu tragen (§ 17 Abs. 1 KHNG) (→ Krankenhausfinanzierung).

461   Der Pflegesatz wird zwischen dem Träger des Krankenhauses und den Sozialleistungsträgern vereinbart, ggf. bei Nichteinigung durch die Schiedsstelle festgesetzt. Er bedarf der Genehmigung der zuständigen Landesbehörde. Für jedes Krankenhaus ist ein allgemeiner Pflegesatz zu vereinbaren. Für bestimmte Einrichtungen können anstelle des allgemeinen Pflegesatzes besondere Pflegesätze, für bestimmte Krankenhausleistungen auf der Grundlage der vorauskalkulierten Selbstkosten Sonderentgelte vereinbart werden.

Der Rechnungsbetrag für allgemeine Krankenhausleistungen ist für Patienten mit belegärztlichen Leistungen und Patienten mit Wahlleistung „Arzt" um jeweils 5% (Belegarzt- bzw. Wahlarztabschlag) zu kürzen.

462   Ärzte, die für ambulante ärztliche Leistungen Personal, Räume und Sachmittel in Anspruch nehmen, Belegärzte, die ärztliches Personal des Krankenhausträgers in Anspruch nehmen sowie Ärzte, die wahlärztliche Leistungen gesondert berechnen können, haben dem Krankenhaus die nichtpflegesatzfähigen Kosten zu erstatten. Dies gilt unabhängig von geltenden beamtenrechtlichen Vorschriften über die Entrichtung eines → Nutzungsentgelts sowie eines → Vorteilsausgleichs für die Inanspruchnahme von Personal, Räumen und Sachleistungen des Krankenhausträgers. *(Li)*

Rechtsgrundlagen
§§ 2, 17 ff. KHNG; §§ 5, 6 ff. BPflV

463   **Rettungsdienst**

Der Rettungsdienst ist eine planmäßig organisierte Einrichtung der Daseinsvorsorge des Staates mit der Aufgabe, Notfallpatienten am Notfallort nach notfallmedizinischen Grundsätzen zu versorgen, sie transportfähig zu machen und unter sachgerechter Betreuung während des Transportes in ein für die weitere Versorgung geeignetes Krankenhaus zu befördern.

464   Träger des Rettungsdienstes sind die Gebietskörperschaften (Städte, Kreise) oder eigens hierfür gebildete Rettungszweckverbände. Diese führen den Dienst mit eigenem Personal und sächlicher Ausstattung (Fahrzeuge, Sachmittel) durch, etwa mit den Kräften ihrer Feuerwehren oder sie delegieren die Aufgabe an die anerkannten Hilfsorganisationen zur Durchführung mit qualifiziertem Personal und zureichender sachlicher Ausstattung. Der Rettungsdienst ist vom → Notarztdienst zu unterscheiden. Letzterer ergänzt ihn um das ärztliche Personal, über das der Rettungsdienst nicht verfügt. Der Rettungsdienst wird je nach Organisationsform entweder durch Gebühren oder Benutzungsentgelte finanziert. Sie werden in einem dem Krankenhausfinanzierungsverfahren alter bzw. neuer Art ähnelnden Verfahren ermittelt und festgelegt.

465   Wie sich das Gesundheitsreformgesetz auf Rettungs- und Notarztdienste und ihre Abgrenzung zum ärztlichen Notdienst der Kassenärzte auswirken wird (dreiseitige Verträge nach § 115 Abs. V Nr. 3 SGB 5), bleibt abzuwarten. *(Li)*

Rechtsgrundlagen
§ 75 Abs. 2 SGB V; Feuerwehr- und Rettungsdienstgesetze der Länder

Literatur
Lippert/Weißauer (1984) Das Rettungswesen

466   **Rückgriff**

Leistet der Krankenhausträger dem Geschädigten Ersatz für den eingetretenen Schaden, so stellt sich die Frage, ob und wie weit dafür beim Schädiger Rückgriff genommen werden kann oder ob und wie weit der in Anspruch genommene Krankenhausarzt gegen seinen Arbeitgeber einen → Freistellungsanspruch hat. Die nachfolgenden Ausführungen gelten zwar grundsätzlich für alle angestellten Ärzte; relevant wird der Rückgriff in der Praxis allerdings nur, wenn der Krankenhausträger nach dem Selbstversicherungsgrundsatz verfährt und keine Haftpflichtversicherung zugunsten der beschäftigten Ärzte abgeschlossen ist.

Die Möglichkeit des Krankenhausträgers, den geleisteten Ersatz auf den Verursacher abzuwälzen, ergibt sich aus dem zwischen beiden bestehenden Anstellungsvertrag bzw. Dienstverhältnis. Aus dem Dienst- bzw. Beamtenverhältnis ist der Arzt verpflichtet, seine Dienstleistung ordentlich zu erbringen. Schädigt er seinen Dienstherrn/Arbeitgeber mittelbar, indem er einem Patienten schuldhaft einen Schaden zufügt, für den aufgrund des Behandlungsvertrages der Krankenhausträger einzustehen hat, so verletzt er damit seine Pflichten aus dem Dienst- bzw. Beamtenverhältnis. Diese schuldhafte Vertrags- bzw. Pflichtverletzung verpflichtet wiederum ihn zum Ersatz des dem Krankenhausträger entstehenden Schadens. Der Haftungsmechanismus entspricht den Grundsätzen des Bürgerlichen Gesetzbuches.

467   Gleichwohl hat die Rechtsprechung des Arbeitsgerichtes schon bald dem Arbeitnehmer eine Haftungserleichterung zugebilligt. Handelte es sich bei der ausgeübten Tätigkeit um eine gefahrgeneigte Tätigkeit, also um eine Tätigkeit, bei der auch dem sorgfältigsten Arbeitnehmer gelegentlich Fehler unterlaufen können, so sollte der Arbeitgeber beim Arbeitnehmer nur bei Vorsatz und grober Fahrlässigkeit Rückgriff nehmen können. Lag keine gefahrgeneigte Tätigkeit vor, sollte es bei der grundsätzlichen Regelung des Bürgerlichen Gesetzbuches sein Bewenden haben.

468   Der Begriff der gefahrgeneigten Tätigkeit ist im Schrifttum zunehmend angegriffen worden, weil er sich in der Praxis als eine unbrauchbare Leerformel erwiesen und die Arbeitsgerichte zunehmend dazu veranlaßt hat, subjektive Elemente der Befähigung des Arbeitnehmers in die Entscheidungen einfließen zu lassen. Überspitzt ausgedrückt: je unfähiger ein Arbeitnehmer, desto eher wurde die ausgeübte Tätigkeit als gefahrgeneigte angesehen mit der Folge, daß ihm die Haftungserleichterung zugestanden wurde. Das neuere Schrifttum leitet die Einschränkung des Rückgriffs aus Billigkeitserwägungen her.

469   Nachdem das Bundesarbeitsgericht zunächst die Auffassung vertreten hatte, ein Rückgriff sei auf vorsätzliche und grob fahrlässige herbeigeführte Schädigung beschränkt, hat es zwischenzeitlich diese Auffassung aufgegeben und ist zu seiner ursprünglichen Rechtsprechung zurückgekehrt. Danach findet eine Schadensteilung im Bereich der mittleren Fahrlässigkeit statt.

470   Eine Haftungsbeschränkung kann auch unter dem Gesichtspunkt der Fürsorgepflicht des Arbeitgebers für seine Arbeitnehmer eintreten, wenn der Schaden durch Fehlverhalten des Arbeitgebers teilweise oder überwiegend verursacht ist. Zu denken ist hier in erster Linie an die vielgestaltigen Fälle des Organisationsverschuldens des Arbeitgebers.

471   Die vorstehenden Ausführungen zur Haftungsbeschränkung beim Rückgriff gelten im Grundsatz auch beim beamteten nachgeordneten wie Leitenden Arzt. Die Begrenzung des Rückgriffs auf Vorsatz und grob fahrlässig verursachte Schäden gilt allerdings nur für hoheitliche, nicht aber für fiskalische Tätigkeit (zu welcher die auf privatrechtlicher Basis erfolgende Krankenhausbehandlung unstreitig zählt). Nur inso-

weit sind in diesem Bereich die für den angestellten Krankenhausarzt heranzuziehenden arbeitsrechtlichen Grundsätze anwendbar.

Der Rückgriff des Arbeitgebers/Dienstherrn beim angestellten bzw. beamteten nachgeordneten Krankenhausarzt ist eine mitbestimmungspflichtige Maßnahme im Sinne des → Personalvertretungsrechts. Der Personalrat bestimmt allerdings nur mit, sofern der Bedienstete dies wünscht. Auf leitende angestellte/beamtete Krankenhausärzte in Vergütungsgruppe A 16 bzw. vergleichbar BAT I finden die personalvertretungsrechtlichen Vorschriften (vgl. § 81 LPVGbw) keine Anwendung. *(Li)*

Rechtsgrundlagen
§§ 611, 823, 831, 839 BGB, § 78 BGB; Landesbeamtengesetze; Bundespersonalvertretungsgesetz i. d. F. vom 13.11.1973 (BGBl. I, S. 1621); Landespersonalvertretungsgesetze; Betriebsverfassungsgesetz vom 23.12.1988 (BGBl. I, S. 2312)

Literatur
Heinze (1983) MedR, S. 6 ff.
Rieger (1984) Lexikon des Arztrechts, Rdn. 774 ff.
Schaub (1987) Arbeitsrechtshandbuch, 6. Auflage, § 52 VI, 3

472 Rufbereitschaft

Rufbereitschaft ist die Verpflichtung des Arbeitnehmers, sich auf Anordnung des Arbeitgebers außerhalb der regelmäßigen Arbeitszeit an einer dem Arbeitgeber anzuzeigenden Stelle aufzuhalten, um auf Abruf die Arbeit aufzunehmen, wobei Rufbereitschaft nur angeordnet werden darf, wenn erfahrungsgemäß lediglich in Ausnahmefällen Arbeit anfällt. Die Möglichkeit, Rufbereitschaft anzuordnen, besteht für angestellte wie beamtete nachgeordnete Ärzte allerdings aufgrund unterschiedlicher Rechtsgrundlagen. *(Li)*

Rechtsgrundlagen
Nr. 8 SR 2 c BAT, § 75 BBG, Landesbeamtengesetze

Literatur
Braun-Ossoinig (1985) Zum Tarifrecht des Arztes, 2. Auflage
Rieger (1984), Lexikon des Arztrechts, Rdn. 1523 ff.

473   Sachverständiger, sachverständiger Zeuge

474   1. Begriff

Der Sachverständige vermittelt Kenntnisse, die seinem Auftraggeber fehlen, die dieser aber zu seiner Entscheidungsfindung benötigt. Insoweit teilt er seinem Auftraggeber – einem Gericht, einer Behörde, Berufsgenossenschaft, Versicherung etc. – Erfahrungssätze mit oder stellt mittels seiner Sachkunde Tatsachen fest oder bewertet bestimmte Tatsachen mit Hilfe der Erfahrungssätze seines Wissensgebietes. Der Sachverständige ist insoweit nicht Herr des Geschehens, sondern Gehilfe seines Auftraggebers, insbesondere des Gerichts. Demzufolge hat er nicht das Gesamtergebnis der Beweisaufnahme vor Gericht zu würdigen, sondern sich auf die Bewertung der Umstände zu beschränken, auf die sich sein Fachwissen bezieht. Nicht er entscheidet, sondern das Gericht etc. mit seiner Hilfe.

475   Vom Sachverständigen zu unterscheiden ist der Zeuge, der kein → Gutachten erstattet, sondern Erlebtes berichtet. Er war bei dem entscheidenden Vorgang anwesend, wurde nicht erst nachträglich damit befaßt. Zeuge bleibt auch der Arzt, der seine Wahrnehmung nur aufgrund seiner besonderen Sachkunde machen konnte. Er ist sachverständiger Zeuge und kann als solcher exakter und detaillierter das Wahrgenommene berichten als ein anderer Zeuge. Ärzte kommen als sachverständige Zeugen in Betracht, um etwa über einen intraoperativen Fehler, der einem Kollegen unterlaufen ist, oder über den Inhalt eines Aufklärungsgespräches auszusagen. Bei einer Klage gegen den Krankenhausträger kann auch der Arzt, um dessen Fehlverhalten es sich handelt, als Zeuge benannt werden. Ärzte dürfen aber nur als Zeuge vor Gericht aussagen, wenn der Patient sie von der → Schweigepflicht entbunden hat.

476   Die Unterscheidung ist nicht nur tatsächlich von Bedeutung, insoweit unterschiedliche Anforderungen an den Arzt gestellt werden, sondern auch rechtlich. Der Sachverständige kann unter gewissen Umständen sowohl die Erstattung des Gutachtens ablehnen als auch als Gutachter abgelehnt werden. Ein Zeuge hingegen kann weder abgelehnt werden noch seinerseits ablehnen. Auch fallen die Entschädigungen vor Gericht unterschiedlich aus, und die Vorschriften über die Vereidigung weichen voneinander ab. Zudem steht dem Zeugen ggf. ein Zeugnisverweigerungsrecht zu, dem Sachverständigen nicht.

477 **2. Erstattungspflicht des Sachverständigen**

Jeder approbierte Arzt darf → Gutachten erstellen. Das gilt für Ärzte in einer Klinik eines öffentlichen Trägers ebenso wie für Ärzte, die in einem privaten Krankenhaus tätig sind. Problematisch ist es indessen, ob der Arzt auch jeden Wunsch nach einem Gutachten erfüllen muß, der an ihn herangetragen wird. Zur Beantwortung dieser Frage sind Privatgutachten von Gutachten für Gerichte und Behörden zu unterscheiden.

478 Wird ein Arzt von einem Gericht mit der Erstattung eines Gutachtens beauftragt, so ist er regelmäßig verpflichtet, das Gutachten zu erstellen, weil er im Sinne der §§ 407 ZPO und 75 StPO zur Ausübung seines Berufs öffentlich bestellt oder ermächtigt ist. Unter bestimmten Umständen kann der Arzt von der Erstattung eines Gutachtens freigestellt werden, etwa bei naher Verwandtschaft mit einer der Parteien des Gerichtsverfahrens, bei der Gefahr der Verletzung der → Schweigepflicht, wenn er ein → Gutachten über einen früheren Patienten erstatten soll, aber ggf. auch wegen Überlastung.

Vergleichbares gilt für die Erstattung von Gutachten für den Dienstherrn, also den Krankenhausträger (Bundesland, Stadt, Kreis). Diese Pflicht ergibt sich allerdings aus dem Anstellungsverhältnis.

479 Alle anderen Gutachten sind als Privatgutachten zu betrachten. Das gilt sowohl für Gutachtenwünsche von Patienten, Kollegen, Privatversicherungen als auch für solche von Berufsgenossenschaften und Behörden, die nicht dem Dienstherrn zugeordnet sind. In diesen Fällen darf der Arzt ein Gutachten erstatten, ist dazu aber nicht verpflichtet.

480 **3. Mitwirkung nachgeordneter Ärzte**

Nachgeordnete Ärzte haben alle beschriebenen Gutachten anzufertigen oder dabei zu helfen, wenn es der Dienstherr anordnet. Ist ein bestimmter Chefarzt als gerichtlicher Gutachter benannt, so darf er bei der Vorbereitung und Abfassung seines schriftlichen Gutachtens wissenschaftliche Mitarbeiter und sonstige geeignete Hilfskräfte nur insoweit zu seiner Unterstützung heranziehen, als seine persönliche Verantwortung für das Gutachten insgesamt uneingeschränkt erhalten bleibt. Die Unterzeichnung eines von Mitarbeitern erstatteten Gutachtens mit dem Vermerk „Einverstanden" durch den Chefarzt reicht nicht aus. In der mündlichen Verhandlung muß der Chefarzt das erstattete Gutachten mündlich erläutern können.

481   4. Rechte am Gutachten

Das Gutachten einschließlich seines Ergebnisses steht zunächst einmal dem Auftraggeber zu. Bei einem privaten Auftraggeber schließt das jede direkte Verwertung durch den Sachverständigen aus, also etwa eine Veröffentlichung. Anderes gilt bei einem gerichtlichen Gutachten: es darf zwar vor Abschluß des Verfahrens nicht veröffentlicht werden, weil es insoweit dem Geheimnisschutz unterliegt, wohl aber danach.

482   5. Haftung für fehlerhafte Gutachten

Der Umfang der Haftung des Sachverständigen für ein fehlerhaftes Gutachten ist immer noch strittig. Fest steht jedenfalls, daß der Sachverständige für vorsätzliche oder grob fahrlässig fehlerhafte Gutachten sowohl aus → unerlaubter Handlung als auch aus Vertrag haftet, letzteres allerdings nur dem Vertragspartner gegenüber. Die Tendenz geht dahin, auch für leicht fahrlässig fehlerhafte Gutachten haften zu lassen, obwohl dies aus Gründen der Rechtssicherheit nicht unbedenklich ist.

483   6. Zeugnisverweigerungsrecht

Soweit die ärztliche → Schweigepflicht reicht, steht dem Arzt das Recht zu, jede Zeugenaussage zu verweigern. Das Zeugnisverweigerungsrecht besteht jedoch nicht, wenn der Arzt von der Schweigepflicht entbunden ist oder zur Weitergabe an Dritte ermächtigt ist. Er muß dann aussagen. Eine Schweigepflicht gegenüber Kollegen besteht nicht. Ist er also vom Patienten von der Schweigepflicht entbunden, so muß er auch gegen seine Kollegen als Zeuge aussagen. Soweit dem Arzt ein Zeugnisverweigerungsrecht zusteht, dürfen auch seine → Krankenunterlagen nicht beschlagnahmt werden.

484   7. Einsichtsrecht und Herausgabeanspruch des Begutachteten

Ein gerichtlich bestellter Gutachter ist weder berechtigt oder gar verpflichtet, das Gutachten dem Untersuchten zur Kenntnis zu bringen. Vielmehr hat er das von ihm unterschriebene Gutachten auf der Geschäftsstelle des Gerichtes, das ihn beauftragt hat, niederzulegen. Daraus folgt, daß Pflichten nur gegenüber dem Vertragspartner bestehen, also gegenüber dem Auftraggeber. Nur wenn der Auftrag vom Untersuchten selbst stammt, hat er einen Anspruch auf Aushändigung der Gutachten und auf Einsicht in die Krankenunterlagen. Ist eine Versicherung, ein Gericht, eine Berufsgenossenschaft oder eine Behörde Auftraggeber, so entsteht nur ihnen gegenüber die Pflicht auf Erstattung und Aushändigung des Gutachtens.

485   8. Widerruf von gutachterlichen Äußerungen

Äußerungen eines Sachverständigen in einem Gutachen müssen grundsätzlich nicht widerrufen werden. Das gilt jedenfalls, wenn sie für den Begutachteten keinen herabwürdigenden Charakter aufweisen. Etwas anderes kann nur gelten, wenn dem Sachverständigen jede Sachkunde fehlt oder wenn er sie für das Gutachten nicht eingesetzt hat. *(Ke)*

Rechtsgrundlagen
§§ 246 a, 383, 385, 404, 407 ZPO; §§ 53, 75, 81, 87, 97, 161 a, 220 StPO; § 98 VwGO.

Literatur
Gramberg-Danielsen (1989) Rechtliche Grundlagen der augenärztlichen Tätigkeit, S. 2 / 500 - 502
Jessnitzer (1980) Der gerichtliche Sachverständige, 8. Auflage;
Laufs (1987), Arztrecht, 4. Auflage, Rdn. 451 ff.
Lippert (1989), Wem stehen die Ergebnisse eines Sachverständigengutachtens zu?, NJW, S. 2935

486   Sanitätsoffiziere

Hierunter versteht man einen beamteten, im Sanitätsdienst der Bundeswehr tätigen Arzt, Zahnarzt, Apotheker oder Tierarzt. Als Bundesbeamter unterliegt er dem Bundesbeamtenrecht und zusätzlich dem Soldatengesetz.

Als Ärzte in Bundeswehrkrankenhäusern können sie Abteilungsleiter, also → Leitende Ärzte oder → nachgeordnete Ärzte sein.

487   Zur Ausübung einer → Nebentätigkeit bedarf der Sanitätsoffizier der Genehmigung seines Dienstvorgesetzten. Leitende Ärzte der Bundeswehrkrankenhäuser verfügen regelmäßig über die Nebentätigkeitsgenehmigung zur Behandlung von Privatpatienten.

488   Bei der Behandlung von Soldaten der Bundeswehr haftet der Sanitätsoffizier nicht, wohl aber der Bund nach Staatshaftungsgrundsätzen

mit der Möglichkeit des Rückgriffs bei Vorsatz und grober Fahrlässigkeit.

489 Bei der Behandlung von Zivilpatienten kommt eine unmittelbare Haftung nach Deliktsrecht in Betracht, dies jedoch nur dann, wenn der Patient nicht auf andere Weise (etwa aus Vertrag, Geschäftsführung ohne Auftrag oder unerlaubter Handlung) gegen den Bund über einen Ersatzanspruch verfügt. *(Li)*

Rechtsgrundlagen
Bundesbeamtengesetz vom 27.02.1985 (BGBl. I, S.479); Soldatengesetz vom 19.08.1975 (BGBl. I, S. 2273)

490 Schweigepflicht

1. Begriff

Die Schweigepflicht gehört zu den ältesten ärztlichen Pflichten. „Was immer ich sehe und höre bei der Behandlung und außerhalb der Behandlung, im Leben der Menschen, so werde ich von dem, was niemals nach draußen ausgeplaudert werden soll, schweigen, indem ich alles Derartige als solches betrachte, das nicht ausgesprochen werden darf", heißt es schon im Eid des Hippokrates. Die Musterberufsordnung nahm diese Pflicht auf – der Arzt hat über das, was ihm in seiner Eigenschaft als Arzt anvertraut oder bekannt geworden ist, zu schweigen – und konkretisierte sie.

491 Der staatliche Gesetzgeber stellte das Patientengeheimnis unter den Schutz des Strafrechts (§ 203 Abs. 1 Nr. 1 StGB). Der Schutzzweck dieser Norm ist ein zweifacher: Zum einen dient sie dem Schutz der Geheimnissphäre des Patienten, zum anderen dem allgemeinen Interesse an einer funktionsfähigen ärztlichen Gesundheitspflege, ohne die ein vertrauensvolles Verhältnis zwischen Arzt und Patienten nicht möglich ist. Ein Kranker soll nicht durch die Furcht vor dem Arztbesuch abgehalten werden, der Arzt werde den Befund seiner Untersuchung oder etwas Mitgeteiltes weitergeben.

492 2. Das Geheimnis

Der zentrale Begriff der Schweigepflicht ist der des Geheimnisses. Gemäß § 203 StGB macht sich ein Arzt strafbar, der unbefugt ein Patientengeheimnis offenbart, das ihm in seiner beruflichen Eigenschaft anvertraut oder bekanntgeworden ist. Ein Geheimnis ist eine Tatsache, die nur einem beschränkten Personenkreis bekannt ist und an deren Geheimhaltung der Betroffene ein sachliches Interesse hat. Ein arztrechtlich bedeutsames Geheimnis setzt sich aus 2 Komponenten zusammen: einem Behandlungsvorgang im weitesten Sinne und einer Person, die behandelt wird.

493   Die Mitteilung über eine Behandlung, ohne daß die Person des Behandelten erkennbar wäre, offenbart also noch kein Geheimnis und verletzt demzufolge nicht die Schweigepflicht. Zu den Geheimnissen, die der Arzt nicht offenbaren darf, gehören auch solche Umstände, von denen nur der Arzt aufgrund der Untersuchung weiß, der Patient selbst noch nicht. Auch diese Umstände dürfen nicht Dritten mitgeteilt werden.

494   **3. Personelle Reichweite**

Grundsätzlich besteht die Schweigepflicht des behandelnden Arztes auch gegenüber seinen medizinischen Kollegen, die der Patient nicht konsultiert hat und mit deren Behandlungsübernahme er nicht rechnen mußte. Für die Klinik bedeutet das, daß zwischen Ärzten und nichtärztlichem Personal *einer Abteilung* keine Schweigepflicht besteht. Jeder Arzt einer Abteilung kann mit der Behandlung befaßt sein, und er kann sich nicht erst in dem Moment der konkreten Behandlungsübernahme über den bisherigen Krankheitsverlauf informieren.

495   Anderes gilt schon gegenüber Ärzten anderer Abteilungen. Werden sie in die Behandlung einbezogen, so ist der Patient zuvor zu fragen, ob er mit der Weitergabe seiner Daten einverstanden ist. Eine Ausnahme kann hier für die Anästhesie angenommen werden, weil der Patient von vornherein damit rechnet, daß ein Anästhesist zugezogen werden muß. Auch gegenüber dem einweisenden Arzt besteht die Schweigepflicht, die nur durch die – nicht notwendig ausdrückliche – Einwilligung des Patienten beseitigt werden kann.

496   Eine Schweigepflicht gegenüber dem Patienten besteht hingegen nicht. Das gilt auch dann, wenn der Arzt dem Patienten aus therapeutischen Gründen Informationen vorenthalten darf, etwa wenn eine Aufklärung über eine Diagnose ausnahmsweise kontraindiziert ist. Der Patient gehört auch unter diesen Umständen zu den am Geheimnis beteiligten Personen.

497   Andererseits besteht die Schweigepflicht sehr wohl gegenüber den Angehörigen des Patienten. Auch sie dürfen nur mit Einwilligung des

Patienten informiert werden. Bei Angehörigen, die sich in der Klinik um den Kranken kümmern, genügt wohl eine stillschweigende Einwilligung; für entferntere bedarf es der ausdrücklichen Einwilligung des Patienten. Das gilt auch noch nach dem Tode des Patienten.

498 **4. Krankenversicherung, Klinikleitung**

Der Eid des Hippokrates setzt das Verhältnis eines Patienten zu einem Arzt voraus, eine Beziehung, die heute nicht einmal mehr in der Praxis des niedergelassenen Arztes gegeben ist, in der regelmäßig auch nicht-ärztliches Personal von dem Geheimnis erfährt und erfahren muß. Die gesetzliche Krankenversicherung, die annähernd 90% der Bevölkerung erfaßt, hat das Arzt-Patienten-Verhältnis zu einer Dreiecksbeziehung gewandelt. An der Schweigepflicht zeigt sich deutlicher als sonst, daß jeder Fortschritt seinen Preis hat: die soziale Absicherung für den Krankheitsfall einerseits und die zunehmend in abhängiger Stellung ausgeübte ärztliche Tätigkeit andererseits schränken den persönlichen Geheimnisschutz des Patienten empfindlich ein. Die im Zeichen öffentlicher Daseinsvorsorge allgemein vermehrten Anzeige- und Auskunftspflichten bilden die Kehrseiten der sozialen Sicherheit.

499 Der in diesem Zusammenhang praktisch wohl wichtigste Konflikt des Arztes besteht zwischen Auskunfts- und Schweigepflicht. Dabei geht es um die Vorlage von Dienstbüchern bei der Klinikverwaltung und von Krankenunterlagen bei der Krankenkasse oder bei den Aufsichtsbehörden. Der Arzt, der seine Unterlagen weiterleitet, gibt damit ein Geheimnis preis. Er darf das aber in aller Regel, weil der Patient zumindest konkludent, d. h. durch schlüssiges Handeln, insoweit mit der Weitergabe seiner Geheimnisse einverstanden ist. Grundsätzlich gilt, daß der Betroffene durch Bekanntgabe des Geheimnisses in die übliche Weiterleitung konkludent einwilligt, wenn die Weitergabe von Geheimnissen in bestimmten Bereichen üblich ist und dies der Betroffene weiß. So kommt dem Umstand der Inanspruchnahme eines öffentlichen Krankenhauses durch einen Patienten ein schlüssiger Erklärungswert insoweit zu, als er sich mit Vorgängen einverstanden erklärt, die üblicherweise mit dem sozialen Geschehen einer Krankenhausbehandlung verbunden sind und mit denen er deshalb nach aller Erfahrung rechnen muß.

500 Erfahrungsgemäß muß der Patient damit rechnen, daß nicht nur ein Arzt, sondern ein von vornherein nicht eingrenzbarer Behandlungsstab von seiner Krankheit und seiner Behandlung Kenntnis erlangt. Ebenso muß er angesichts der arbeitsteiligen Organisation einer großen

Klinik damit rechnen, daß die Verwaltung zur Abrechnung mit den Krankenkassen Angaben benötigt, die der ärztlichen Schweigepflicht unterliegen.

501   Das Gleiche gilt auch für die Inanspruchnahme der Klinik durch Privatpatienten, da die Klinikverwaltung zur Erstellung einer detaillierten Rechnung, die u. U. zur Vorlage bei einer privaten Krankenkasse dienen soll, Angaben benötigt, die der ärztlichen Schweigepflicht unterliegen. So wie der Patient, der eine Arztpraxis aufsucht, damit rechnen muß, daß der Arzt die Rechnungen nicht selber schreibt, sondern diese von einer seiner Hilfskräfte oder gar von der privatärztlichen Verrechnungsstelle erstellen läßt, so muß er bei der Inanspruchnahme einer Klinik davon ausgehen, daß die Liquidation durch die Verwaltung erfolgt und diese folglich die entsprechenden Angaben benötigt. Aber die Schweigepflicht weicht nicht etwa unbegrenzt: die Auskünfte dürfen nicht weiter gehen, als es zur ordnungsgemäßen Abwicklung erforderlich ist.

502   **5. Auskünfte an Polizeibehörden**

Weitere Probleme wirft die Frage auf, unter welchen Umständen ein Arzt an Polizeibehörden zu Ermittlungszwecken Auskünfte erteilen darf. Personalien, Anschrift und der Umstand der Behandlung stellen ein Arztgeheimnis dar, das Arzt und Krankenhäuser nur unter bestimmten Voraussetzungen offenbaren dürfen. Dabei ist zwischen ambulanter und stationärer Behandlung zu unterscheiden. Nach den einschlägigen Vorschriften der Meldegesetze der Länder ist der Krankenhausträger verpflichtet, ein Verzeichnis der stationär aufgenommenen Patienten zu führen. In dieses Verzeichnis haben Melde- und Polizeibehörden unter bestimmten Umständen das Recht auf Einsicht. Auskünfte über eine ambulante Behandlung sind nur zulässig, wenn der Betroffene ausdrücklich oder konkludent einwilligt oder sofern im Rahmen einer Güterabwägung der Offenbarende die Schweigepflicht deshalb verletzt, weil er ein höherrangiges Rechtsgut schützen oder einer höherwertigen Rechtspflicht nachkommen will.

503   Der Gesichtspunkt der Güterabwägung bestimmt auch den Fall, daß ein Patient trotz abmahnenden Zuredens des Arztes am Straßenverkehr teilnimmt, obwohl eine Krankheit (z. B. nicht hinreichend ausgleichbare Sehschärfe) ihn außer Stande setzt, einen Pkw zu führen, ohne sich und andere zu gefährden. Der Arzt ist nach Abwägung der widerstreitenden Pflichten und Interessen berechtigt, die Verkehrsbehörde von der Fahruntauglichkeit seines Patienten zu unterrichten. Eine Pflicht dazu besteht nicht.

504   6. Schweigepflicht und Wissenschaft

Auch mit den Anforderungen der Wissenschaft kann die Schweigepflicht kollidieren. In der Forschung, insbesondere in der Epidemiologie, besteht ein Bedürfnis nach Registern, die alle Bewandtnisse der Patienten und ihres Lebensstils ausweisen. Deren Weitergabe ist aber nur eingeschränkt möglich. Solange der Gesetzgeber die Weitergabe nicht erleichtert, bleiben die Forscher bei dem Anlegen von Registern auf das Einverständnis der Betroffenen oder ausreichend anonymisierte Verfahren angewiesen.

Diese auch in § 2 Abs. 7 der Musterberufsordnung festgelegten Voraussetzungen gelten auch für die Veröffentlichung wissenschaftlicher Beiträge. Schwierigkeiten bereitet insbesondere die Wiedergabe von Porträtfotos. Auf ihnen müssen alle Partien abgedeckt sein, die eine Identifizierung des Patienten erlauben. Hat in einer Veröffentlichung ein solches Foto keinen ausreichenden Informationswert, so ist jedenfalls die Einwilligung des Patienten zur Veröffentlichung erforderlich. *(Ke)*

Rechtsgrundlagen
§ 203 Abs. 1 Nr. 1 StGB; § 2 MBO; § 100 SGB X

Literatur
Kern (1985) Dokumentation und Schweigepflicht. In: Gramberg-Danielsen, Rechtsophthalmologie, S. 52 ff.
Laufs (1987) Arztrecht, 4. Auflage, Rdn. 294 ff.
Timm (1988) Grenzen der ärztlichen Schweigepflicht

505   Strafverfahren

Die wohl größte Belastung für einen Arzt stellt das Strafverfahren dar, das regelmäßig mit dem Vorwurf der fahrlässigen Tötung (§ 222 StGB) oder der fahrlässigen Körperverletzung (§ 230 StGB) gegen ihn eröffnet wird. Unabhängig vom Ausgang bedeutet das Strafverfahren für den Arzt häufig zumindest einen Stillstand in der beruflichen Entwicklung, ist aber auch sonst stark belastend.

506   Das Strafverfahren beginnt in der Regel mit einer Strafanzeige des Patienten gegen den Arzt. Daraufhin überprüft die Staatsanwaltschaft in einem Vorverfahren (Ermittlungsverfahren) die erhobenen Vorwürfe. Dazu sind regelmäßig Gutachten erforderlich, gegebenenfalls Sektionen in den gerichtsmedizinischen Instituten. Dieses Vorverfahren

kann sich in Arztprozessen über Jahre hinziehen. Das Vorverfahren endet mit einer Einstellung des Verfahrens – ggf. gegen Zahlung einer Geldbuße – oder mit der Erhebung der Anklage gegen den Arzt. Darüber hat das Gericht zu entscheiden; es kann die Eröffnung des Hauptverfahrens zulassen oder aus tatsächlichen oder rechtlichen Gründen ablehnen. Wenn es das Hauptverfahren eröffnet, kommt es zu einem öffentlichen Strafverfahren, das zu einer Verurteilung des Arztes oder zu seinem Freispruch führen kann, sei es wegen erwiesener Unschuld oder wegen Mangels an Beweisen.

507   In welchem Umfang Strafverfahren gegen Ärzte durchgeführt werden, läßt sich nur schätzen. Insgesamt zeigt sich jedoch eine deutlich steigende Tendenz. Im Einzugsbereich des Instituts für Gerichtliche Medizin der Universität Tübingen etwa verelffachte sich die Zahl der Behandlungsfehlervorwürfe in der Zeit von 1964 bis 1979. In den folgenden Jahren pendelte sich die Anzahl bei über 40 Gutachten pro Jahr ein (bis 1983). Lediglich 11% der Strafverfahren endeten mit einer Verurteilung des Arztes. Der Anteil der Verurteilungen ist allerdings eher steigend; die Tübinger Zahlen sind wohl verallgemeinerungsfähig.

508   Der Grund für die zahlreichen Strafverfahren, die nur verhältnismäßig selten zur Verurteilung führen, liegt wohl in der vom Zivilprozeß abweichenden Beweissituation. Im Zivilprozeß ist der Patient beweispflichtig, im Strafprozeß ermittelt hingegen die Staatsanwaltschaft oder der Richter von Amts wegen den Beweis. Da andererseits im Zivilprozeß andere Beweisanforderungen gelten als im Strafprozeß und andere Mittel wie Beweislastumkehr zur Verfügung stehen, ist es für den Patienten in der Regel nicht günstig, einen Strafantrag zu stellen. Häufig setzen die Zivilgerichte ihren Schadensersatz- oder Schmerzensgeldprozeß so lange aus, bis das Strafverfahren abgewikkelt ist. Dadurch können für den Patienten sehr lange Wartezeiten entstehen.

509   Wird ein Arzt bestraft, dann zumeist wegen fahrlässiger Körperverletzung oder fahrlässiger Tötung. Vorsatzdelikte sind eher selten. Die Strafe ist daher regelmäßig eine Geldstrafe; Freiheitsstrafe und Nebenstrafen wie Verbot der Berufsausübung sind aber auch denkbar, das Berufsverbot nach § 132 StPO auch schon vor dem Urteilsspruch. Weiterhin ist ein Ruhen oder der Widerruf der → ärztlichen Approbation als berufsgerichtliche Maßnahme denkbar.

510   Von seiner Funktion her dient das Strafverfahren in erster Linie der Genugtuung der gesamten Rechtsgemeinschaft, vorrangig nicht der des Patienten. Diesem wird die Genugtuung vielmehr durch das Schmerzensgeld vermittelt. Schadenersatz, Schmerzensgeld und Strafe beruhen

auf einer Verletzung des Patienten, auch durch mangelhafte Aufklärung. Berufsgerichtliche Sanktionen hingegen ahnden ärztliches Fehlverhalten selbst dann, wenn es zu keiner Verletzung des Patienten führt. Das erklärt, warum ein Arzt, der weder zu Schadenersatz noch zu Strafe verurteilt worden ist, noch berufsgerichtlich zur Verantwortung gezogen werden kann. Eine berufsgerichtliche Verurteilung kann aber auch zusätzlich zu einer Strafe und zu der Verurteilung zu Schadenersatz und Schmerzensgeld erfolgen.

511   Die mutwillige Erstattung einer Strafanzeige gegen den Arzt ohne vorherige Überprüfung des Verschuldens durch Einsichtnahme in die Krankenunterlagen kann möglicherweise Schadenersatzansprüche des Arztes gegen den anzeigenden Patienten oder dessen Rechtsanwalt zur Folge haben. *(Ke)*

Rechtsgrundlagen
Strafgesetzbuch i. d. F. der Bekanntmachung v. 10.03.1987 (BGBl. I, S. 945);
Strafprozeßordnung i. d. F. der Bekanntmachung v. 07.04.1987 (BGBl. I, S. 1074)

Literatur
Mallach (1986) Über ärztliche Kunstfehler aus der Sicht der gerichtlichen Medizin. In: Lebensversicherungsmedizin, S. 2
Rieger (1984) Lexikon des Arztrechts, Rdn. 787 f.
Ulsenheimer (1988) Arztstrafrecht in der Praxis

512   Tarifvertrag

Es ist dies der schriftliche Vertrag zwischen einem oder mehreren Arbeitgebern oder Arbeitgeberverbänden und einer oder mehreren Gewerkschaften zur Regelung von arbeitsrechtlichen Rechten und Pflichten der Tarifvertragsparteien und zur Festsetzung von Rechtsnormen über Inhalt, Abschluß und Beendigung von Arbeitsverhältnissen sowie über betriebliche und betriebsverfassungsrechtliche Fragen und gemeinsame Einrichtungen der Vertragsparteien.

513   Die den Inhalt, Abschluß und Beendigung von Arbeitsverhältnissen regelnden Vorschriften gelten unmittelbar für alle Arbeitsverhältnisse im Geltungsbereich des Tarifvertrages. Von ihnen darf nicht zum Nachteil der Bediensteten abgewichen werden.

Der wohl für den Krankenhausarzt bedeutsamste Tarifvertrag ist der Bundesangestelltentarifvertrag (BAT), der für alle angestellten Ärzte im öffentlichen Dienst gilt. *(Li)*

Rechtsgrundlagen
Tarifvertragsgesetz i. d. F. v. 25.08.1969 (BGBl. I, S. 1323) mit Änderungen; Bundesangestelltentarifvertrag vom 23.02.1961 (GMBl. S. 137) mit Änderungen

Literatur
Schaub (1987) Arbeitsrechtshandbuch, 6. Auflage, § 198 ff.

514   Teilgebietsbezeichnung

Sie ist eine Arztbezeichnung, die darauf hinweist, daß in einem rechtlich verselbständigten Teilgebiet eines medizinischen Hauptgebiets besondere Kenntnisse vorhanden sind. Die Anerkennung erfolgt auf Antrag durch die Ärztekammer nach Abschluß einer erfolgreichen → Weiterbildung in einem der in den Weiterbildungsordnungen der Ärztekammern festgelegten Teilgebiet nach den Vorschriften der Weiterbildungsordnung. Die Teilgebietsbezeichnung darf nur zusammen mit der Bezeichnung des Hauptgebiets geführt werden (→ Zusatzbezeichnung). *(Li)*

Rechtsgrundlagen
Kammer- und Heilberufsgesetze der Länder, Weiterbildungsordnungen der Ärztekammern

515   Therapiefreiheit

Teil der sorgfältigen Behandlung des Patienten durch den Arzt ist die Wahl der richtigen Behandlungsmethode. Dabei ist der Arzt nicht streng an eine bestimmte Methode gebunden, sondern er hat vertretbare Entscheidungen über diagnostische und therapeutische Maßnahmen zu treffen. Im Rahmen des Vertretbaren steht dem Arzt die Therapiewahl zu, d. h. ein begrenzter Beurteilungsspielraum zur Auswahl der richtigen Methode; im Einzelfall die Kompetenz, auch die wissenschaftlich nicht erwiesene oder geklärte, doch nach der empirischen Erkenntnis durchaus erfolgversprechende Therapie zu wählen. Jedoch ist der Rahmen des Vertretbaren nicht die einzige Grenze der ärztlichen Therapiefreiheit. Vielmehr kommt es auch hier auf die Einwilligung des Patienten und die ausreichende Aufklärung an.

516   Die Wahl der Behandlungsmethode ist primär Sache des Arztes. Er ist, sofern es mehrere gleich erfolgversprechende und übliche Behandlungsmethoden gibt, nicht stets verpflichtet, den Patienten über alle

medizinischen Möglichkeiten zu informieren und seine Wahl ihm gegenüber zu begründen. Die Aufklärungspflicht setzt vielmehr erst dann ein, wenn es mehrere medizinisch gleichermaßen indizierte und übliche Behandlungsmethoden gibt, die unterschiedliche Risiken und Erfolgschancen aufweisen. Das ist insbesondere etwa bei konservativer oder operativer Behandlung der Fall. Dann ist die Entscheidung letztlich dem aufgeklärten Patienten zu überlassen.

517   Dem Arzt ist es aber auch erlaubt, von der Schulmedizin überhaupt abzuweichen. Das gilt sowohl für den Heilversuch (→ medizinische Forschung) als auch für Außenseitermethoden. In diesen Fällen ist immer der Patient zu fragen; das setzt eine gehörige Aufklärung voraus, die in dem Maße an Intensität gewinnen muß, in dem der Arzt von der Standardbehandlung abweichen will.

In diesem Bereich sind aber auch Fallkonstellationen denkbar, in denen der Arzt trotz Einwilligung des Patienten eine Methode nicht durchführen darf oder abbrechen muß. So werden vom ärztlichen Vertreter medizinischer Außenseitermethoden und neuartiger Heilverfahren genaue Kenntnisse der Schulmedizin sowie der wissenschaftlichen Grundlagen der eigenen Heilmethode verlangt. Darüber hinaus hat der Arzt einen Methodenvergleich vorzunehmen, der bei weitaus überwiegender Wirksamkeit einer Methode zu deren Anwendung verpflichtet. Weiterhin muß ein sachlicher Grund für die Anwendung der ungewöhnlichen Methode vorliegen, und der Arzt muß von ihrem Wert überzeugt sein. Bei erkennbarer oder offensichtlicher Erfolglosigkeit ist die Behandlung nach der Methode der Wahl abzubrechen. Die Freiheit des Arztes, sich gewissenhaft für eine bestimmte Methode zu entscheiden, findet jedenfalls dort ihr Ende, wo die Überlegenheit eines anderen Verfahrens allgemein anerkannt ist oder wo er gar eine untaugliche Behandlungsmethode wählt. *(Ke)*

Literatur
DGIIMedR 1983, S. 23; 1988, S. 145
Laufs (1987) Arztrecht, Rdn. 39 ff., 154, 339 ff.
Siebert (1983) Strafrechtliche Grenzen ärztlicher Therapiefreiheit

518 **Überweisung**

Eine Pflicht des erstbehandelnden Arztes zur Überweisung eines Patienten aus medizinischen Gründen kann dann bestehen, wenn Diagnosefindung und Therapie die Beteiligung eines oder mehrerer anderer Ärzte erforderlich macht. Dies ist dann der Fall, wenn der erstbehandelnde Arzt erkennbar die Grenzen seiner eigenen diagnostischen und therapeutischen Möglichkeiten erreicht und / oder die Möglichkeiten des Krankenhauses in personeller und apparativer Hinsicht zur Behandlung des Patienten nicht ausreichen. In diesen Fällen muß eine Überweisung, ggf. auch gegen den Willen des Patienten, erfolgen. Diese Pflicht zur Überweisung ergibt sich für den Arzt aus dem → Behandlungsvertrag, in Notfällen beim bewußtlosen Patienten auch aus den Pflichten des Geschäftsführers ohne Auftrag. Eine Pflicht zur Überweisung aus dem Behandlungsvertrag kann sich auch aus dem Willen des Patienten ergeben. Der Patient kann – ggf. seine Angehörigen – verlangen, daß er zu einem anderen Arzt überwiesen wird. Einschränkungen bestehen lediglich unter dem Gesichtspunkt des Gebots der Wirtschaftlichkeit für den Kassenarzt; berufsrechtlich besteht nach der Berufsordnung eine Pflicht zur Überweisung. *(Li)*

519   Unerlaubte Handlung

Der 25. Titel des Schuldrechts des Bürgerlichen Gesetzbuches hat die „unerlaubten Handlungen" zum Gegenstand, eine Materie, die auch als Deliktsrecht bezeichnet wird. Hier ist geregelt, welche Rechtsfolgen denjenigen treffen, der etwas Unerlaubtes, also Verbotenes, Rechtswidriges tut. Die Rechtsfolgen sind Schadensersatz und Schmerzensgeld.

520   Voraussetzung für die Haftung nach dem Recht der unerlaubten Handlungen ist die Verletzung eines bestimmten Rechtsgutes, also für den Arzt v. a. Leben, Körper und Gesundheit, ggf. auch Freiheit (Unterbringung aufgrund eines fehlerhaften Gutachtens) und Eigentum. Die Verletzung kann durch Tun oder Unterlassen erfolgen. Die Verletzung muß weiterhin rechtswidrig sein. Gerechtfertigt wird etwa die von Juristen als Körperverletzung qualifizierte Operation durch die → Einwilligung nach → Aufklärung. Weiterhin muß der Arzt schuldhaft handeln, d. h. vorsätzlich (selten) oder fahrlässig. Fahrlässigkeit liegt vor bei der Verletzung der bei der Ausübung des ärztlichen Berufes erforderlichen Sorgfalt. Sind Schlampereien als Gewohnheit eingerissen, so entschuldigt das nicht. Es kommt auf die erforderliche Sorgfalt an, auf die Einhaltung des Standards.

521   Die → Haftung des Arztes aus unerlaubter Handlung beruht auf der Verletzung der genannten Rechtsgüter. Die vertragliche Haftung beruht hingegen auf der Vertragsverletzung. Daher können beide Haf-

tungen nebeneinander stehen, der Arzt also aus Vertrag und aus unerlaubter Handlung in Anspruch genommen werden, auch wenn sein Fehlverhalten tatsächlich das gleiche war. Allerdings verdoppeln sich die Ansprüche des Patienten summenmäßig dadurch nicht. Interessant ist die Anspruchsdoppelung insbesondere bei Fragen des Schmerzensgeldes und der Verjährung. *(Ke)*

Rechtsgrundlagen
§§ 823 ff. BGB

522   Unterbringung

Es ist dies die Freiheitsentziehung verbunden mit der Einweisung einer Personen gegen oder ohne ihren Willen in ein psychiatrisches Landeskrankenhaus, ein sonstiges psychiatrisches Krankenhaus, eine sonstige geschlossene therapeutische Anstalt oder eine Entziehungsanstalt für Suchtkranke zur Abwendung von Gefahren für die öffentliche Sicherheit und Ordnung, zur Vermeidung der Selbstgefährdung oder zur Beobachtung auf den Geisteszustand.

Je nach Zweck der Unterbringung gelten unterschiedliche Rechtsgrundlagen. Es können dies Normen des Strafgesetzbuches, der Strafprozeßordnung, des Bürgerlichen Gesetzbuches, aber auch des Seuchen- und Geschlechtskrankheitengesetzes sein.

523   Im folgenden soll nur von dem für den Arzt im Krankenhaus bedeutsamen Bereich, nämlich der Unterbringung nach den Unterbringungsgesetzen der Bundesländer, die Rede sein.

Voraussetzung einer Unterbringung nach den Unterbringungsgesetzen der Länder ist, daß von dem Unterzubringenden eine erhebliche Gefahr für die öffentliche Sicherheit und Ordnung oder eine akute Selbstgefährdung droht, die nicht anders als durch eine zwangsweise Unterbringung abgewendet werden kann. Das Vorliegen der Voraussetzungen bedarf besonders sorgfältiger Prüfung durch den Richter. Als Freiheitsentziehung darf die Unterbringung in jedem Fall nur nach vorheriger Anhörung des Betroffenen durch einen Richter erfolgen. Einige Landesgesetze verlangen für die Unterbringung ein ärztliches Gutachten, welches nicht von dem einweisenden Arzt stammen darf.

524   Die Anordnung der Unterbringung durch das Gericht – auch die vorläufige Unterbringung – umfaßt nicht zugleich die Durchführung von Zwangsbehandlungsmaßnahmen. Hierfür bedarf es einer speziellen

gesetzlichen Ermächtigung. Daher sehen die Unterbringungsgesetze der Länder in unterschiedlichem Umfang Regelungen für den zulässigen Umfang der Zwangsbehandlung von Untergebrachten teilweise sehr ausführliche Vorschriften vor. Die anwendbaren Maßnahmen stehen allesamt unter dem Vorbehalt des Grundsatzes der Verhältnismäßigkeit von angewandter Maßnahme zu dem zu erreichenden Zweck.

525   Fehlen Vorschriften für eine Zwangsbehandlung, so bedarf die Maßnahme der Einwilligung des Betroffenen oder seines gesetzlichen Vertreters.

Angesichts der erheblichen Unterschiede in den einzelnen Landesgesetzen ist es schwierig, allgemein gültige Hinweise außer den gegebenen zu vermitteln. Für den nicht im psychiatrischen Bereich tätigen Krankenhausarzt dürfte die Unterbringung zu den schwierigsten und verantwortungsvollsten Aufgaben überhaupt gehören. *(Li)*

Rechtsgrundlagen
Unterbringungsgesetze der Länder

526 Unterlassene Hilfeleistung

Gemäß § 323 c StGB ist jedermann verpflichtet, bei Unglücksfällen oder allgemeiner Gefahr und Not die erforderliche Hilfe zu leisten, soweit ihm diese Hilfeleistung zumutbar ist. Obwohl diese Pflicht sich an jeden richtet, ist der Arzt regelmäßig stärker gefordert als andere, weil er über besondere Fähigkeiten verfügt, die geeignet sind, die bei Verletzungen nötige Hilfe zu gewährleisten.

Nicht alle Unterlassungen von gebotenen ärztlichen Maßnahmen fallen unter den Tatbestand der unterlassenen Hilfeleistung. Vielmehr ist dabei zu unterscheiden, ob das Unterlassen des Arztes in einem bestehenden Behandlungsverhältnis (Garantenstellung des Arztes) vorkommt oder ob es einen Dritten betrifft, zu dem noch keine vertraglichen Beziehungen bestehen.

527   Bei der Begründung der Garantenstellung kommt es letztlich nicht auf einen bestehenden Vertrag an, sondern auf die tatsächliche Übernahme der Behandlung. Unterläßt der Arzt nach Behandlungsaufnahme eine notwendige Behandlungsmaßnahme und führt dies zu einer Körperverletzung oder gar zum Tod, so macht sich der Arzt insoweit strafbar. Er wird wegen fahrlässiger Körperverletzung oder fahrlässiger Tötung bestraft (→ Strafverfahren). Verurteilungen von Ärzten wegen unterlassener Hilfeleistung sind daher eher selten.

528   Als Prototyp der unterlassenen Hilfeleistung kann der folgende Fall angesehen werden: Ein Arzt kommt zufällig an den Ort eines Verkehrsunfalles. Obwohl er erkennt, daß Hilfe notwendig ist und er in der Lage wäre, die Hilfe zu erbringen, entfernt er sich vom Unfallort, ohne etwas zu unternehmen oder zu veranlassen. Diese Konstellation wird dem Arzt im Krankenhaus nicht begegnen. Trotzdem sind auch hier Verstöße gegen § 323 c StGB denkbar, etwa wenn die Aufnahme eines behandlungsbedürftigen Patienten ohne zwingenden Grund (fehlende Betten, keine hinreichenden Diagnose- oder Operationsmöglichkeiten, völlige Erschöpfung des Operationsteams am Abend etc.) verweigert wird. Werden in der Klinik aber Behandlungs- oder Diagnosemaßnahmen durchgeführt, bevor die endgültige Aufnahme des Kranken verweigert wird, so wird die Abgrenzung zur Körperverletzung oder zum Tötungsdelikt schwierig.

529   Unter Unglücksfall wird ein plötzlich eintretendes Ereignis verstanden, das erhebliche Gefahren für Personen oder Sachen verursacht oder zu verursachen droht. Demzufolge sind Krankheiten nicht unbedingt Unglücksfälle im Sinne des Gesetzes, sondern nur dann, wenn sie sich akut verschlimmern, wenn überraschende Steigerungen eintreten. Eine Einwirkung von außen ist dabei nicht erforderlich; vielmehr kann auch die Fortentwicklung einer Krankheit zu einem plötzlichen Ereignis werden. Der Selbsttötungsversuch zählt hierzu, aber auch sich steigernde und nahezu unerträglich gewordene Schmerzen in der Bauchhöhle, unklares Abdomen und eine Eileiterschwangerschaft wegen der Ruptur des Eileiters mit der Folge des alsbaldigen Verblutens.

530   Da sich regelmäßig die Gefahr für Leib und Leben des Unglücksopfers mit jeder zeitlichen Verzögerung der Hilfe erhöht, muß der Arzt die zur Abwendung der Schäden wirksamste (also möglichst sofortige) Hilfe leisten. Auf die Erfolgsaussichten kommt es dabei nicht an, denn zumindest handelt es sich noch um Schmerzlinderung. Der Arzt hat nicht nur die schnellstmögliche, sondern auch die bestmögliche Hilfe zu leisten, d. h. gegebenenfalls Einsatz aller diagnostischen Mittel.

531   Die Leistung der erforderlichen Hilfe muß dem Arzt zuzumuten sein. Das bemißt sich zum einen nach der Größe der Gefahr für das Opfer und nach seinen Rettungschancen, zum anderen nach den ärztlichen Fähigkeiten, den zur Verfügung stehenden Hilfsmitteln, der Selbstgefährdung des Arztes und der Verletzung wichtiger anderer Pflichten. Ein Arzt, der sich für die Rettung eines anderen Patienten entscheidet und bei einem Unglücksfall nicht hilft, macht sich daher nicht nach § 323 c StGB strafbar, weil er schon den Tatbestand nicht erfüllt. *(Ke)*

Rechtsgrundlagen
§ 323 c StGB

Literatur
Kreuzer (1965) Ärztliche Hilfeleistungspflicht bei Unglücksfällen im Rahmen des § 330 c StGB
Ulsenheimer (1988) Arztstrafrecht in der Praxis, S. 9, 159 - 173

532 Vergütung

Angestellte und beamtete Krankenhausärzte erhalten für ihre Dienstleistung die vereinbarte Vergütung. Für Ärzte im öffentlichen Dienst bemißt sich diese nach den Vorschriften des Vergütungstarifvertrages zum BAT, bei Beamten nach dem Bundesbesoldungsgesetz (BBesG).

533   Bei nachgeordneten angestellten Ärzten treten zu den festen Vergütungsbestandteilen (Grundvergütung, Ortszuschläge, Zulagen) noch die nicht festen Vergütungsbestandteile (Vergütung für Überstunden, Bereitschaftsdienst, Rufbereitschaft, Urlaubsvergütung, Krankenbezüge) sowie ggf. Abschläge auf die vom Leitenden Arzt zu bezahlende → Mitarbeiterbeteiligung. Bei beamteten nachgeordneten Ärzten kann zur Grundvergütung, dem Ortszuschlag und den allgemeinen Zulagen noch in Ausnahmefällen eine Vergütung für Überstunden, Bereitschaftsdienst und Rufbereitschaft hinzutreten.

534   Bei beamteten Leitenden Ärzten bemißt sich die Vergütung bzw. Besoldung normalerweise nach Besoldungsgruppe A 16, bei Professoren nach Besoldungsgruppe C 3 oder C 4 plus Zulagen, und bei angestellten Leitenden Ärzten in Anlehnung an Vergütungsgruppe I des BAT entweder der Endstufe oder der entsprechenden Lebensaltersstufe. Hinzu treten – sofern eingeräumt – noch die Einkünfte aus dem → Liquidationsrecht, vermindert um Abführungen aus den → Mitarbeiterbeteiligungen, → Nutzungsentgelte etc. sowie Einkünfte aus sonstigen → Nebentätigkeiten (→ Gutachten etc.). *(Li)*

Rechtsgrundlagen
Vergütungstarifvertrag zum Bundesangestelltentarifvertrag (BAT); Bundesbesoldungsgesetz i. d. F. vom 21.02.1989 (BGBl. I, S. 261)

535 Verwaltungsdirektor

Der Verwaltungsdirektor bildet nach den meisten Krankenhausgesetzen zusammen mit dem → Ärztlichen Direktor und der Pflegedienstleitung die → Krankenhausleitung.

Ihm untersteht die je nach Größe des Krankenhauses gebildete Krankenhausverwaltung. Er ist für den gesamten nichtärztlichen nichtpflegerischen Bereich des Krankenhauses zuständig. Unbeschadet seiner Zuständigkeit im Gremium ist er als Mitglied der Krankenhausleitung für die Entscheidungen des Gremiums als ganzem mit verantwortlich. *(Li)*

Rechtsgrundlagen
Krankenhaus- bzw. Hochschul-Universitätsgesetze der Länder

536   Volontärarzt

Im Gegensatz zum Gastarzt ist – was aber nicht zwingend der Fall sein muß – der Volontärarzt regelmäßig Arbeitnehmer des Krankenhausträgers. Dies ist seit den einschlägigen Entscheidungen des Bundesarbeitsgerichtes zu diesem Komplex aus den 60er Jahren eindeutig. Für den öffentlichen Dienst trägt § 3 f. BAT dem Sonderstatus beider Rechnung. Der BAT gilt für diesen Personenkreis nicht. Der Volontärarzt wird allein zu seiner Ausbildung tätig. Die Zwecksetzung des Volontärarztverhältnisses verbietet es, ihn zu Dienstleistungen heranzuziehen, bei denen unter Zugrundelegung objektiver Maßstäbe erkennbar wird, daß seine Tätigkeit für die von ihm betreuten Kranken unentbehrlich ist und er anstelle eines Assistenzarztes eingesetzt wird. Charakteristisch für den Volontärarzt ist, daß er unter ständiger Anleitung und Unterweisung stehend dem Ausbildungszweck dienend unterschiedliche Stationen und Arbeitsbereiche durchläuft. Er ist nicht nur zur Arbeitsleistung berechtigt, sondern auch verpflichtet. Mißbräuchen, die durch das Überangebot an ausgebildeten Ärzten aufgetreten sind, will die Berufsordnung der Ärzte entgegentreten. Die Haftung richtet sich nach den allgemeinen Regeln (→ Haftung). *(Li)*

Literatur
BAG AP § 611 Nr. 21 „Ärzte"
Hueck/Nipperdey (1963) Arbeitsrecht, Band 1, § 14 I

537   Vorteilsausgleichsprinzip

Während das → Kostendeckungsprinzip auf den Dienstherrn abstellt, steht bei der Bemessung des → Nutzungsentgeltes nach dem Vorteilsausgleichsprinzip der Leitende Arzt im Vordergrund, der Personal, Einrichtung und Sachmittel des Dienstherrn in Anspruch nimmt. Es geht um den Ausgleich desjenigen Vorteils, den dieser aus der tatsächlichen Inanspruchnahme der personellen und sächlichen Mittel des Krankenhausträger zieht. Abzustellen ist ausschließlich auf den Vorteil, der darauf beruht, daß der → Leitende Arzt die für die Privatbehandlung erforderlichen personellen und sächlichen Mittel sich nicht auf eigene Kosten verschaffen muß, sondern diejenigen des Krankenhausträgers in Anspruch nimmt.

538   Bei der Bemessung des Vorteils ist zu berücksichtigen, ob und inwieweit er durch die Erstattung der Selbstkosten des Krankenhauses bereits konsumiert wird. Ein Vorteil in der Inanspruchnahme der personellen und sächlichen Leistungen des Krankenhausträgers gegenüber der Selbstbeschaffung kann nur dann vorliegen, wenn die Selbstbeschaffung den Arzt teurer zu stehen käme als die Erstattung der Selbstkosten. Nur dieser Vorteil wird vom Vorteilsausgleichsprinzip erfaßt. *(Li)*

Literatur
Weißauer (1986) Das Nutzungsentgelt der Hochschullehrer bei ärztlicher Nebentätigkeit

539 Weiterbeschäftigung

Die unmittelbaren Rechtsfolgen einer ordentlichen Kündigung bis zum Ablauf der Kündigungsfrist bzw. einer außerordentlichen Kündigung, gegen die sich der Arbeitnehmer zur Wehr setzte, waren in Schrifttum und Rechtsprechung umstritten. Sollte dem gekündigten Arbeitnehmer bis zum Abschluß des Kündigungsschutzprozesses ein Weiterbeschäftigungsanspruch zustehen oder nicht? Sollte der Arbeitgeber den fraglichen Arbeitsplatz neu besetzen können oder nicht?

540   Der Große Senat des Bundesarbeitsgerichtes hatte die Frage zu entscheiden. Er billigt dem gekündigten Arbeitnehmer nach Zugang der außerordentlichen Kündigung bzw. bis zum Ablauf der Kündigungsfrist während des Kündigungsschutzprozesses grundsätzlich einen Weiterbeschäftigungsanspruch zu. Hieraus ergeben sich folgende Konstellationen:

- Einen Weiterbeschäftigungsanspruch vor Abschluß der 1. Instanz durch Urteil wird es nur bei offensichtlich unwirksamer Kündigung des

Arbeitgebers und einem besonderen Beschäftigungsinteresse des gekündigten Mitarbeiters geben.

- Nach einer Klagabweisung in 1. Instanz: Keine Weiterbeschäftigungsanspruch, ausgenommen ein besonderes Beschäftigungsinteresse des Arbeitnehmers liege vor.

- Bei Obsiegen im Kündigungsschutzprozeß: Regelmäßig Weiterbeschäftigung, es sei denn überwiegendes Interesse des Arbeitgebers an der Nichtbeschäftigung.

- Bei Klagabweisung im Kündigungsprozeß 2. Instanz: Kein Weiterbeschäftigungsanspruch, ggf. Abänderung eines erstinstanzlichen Beschäftigungsurteils, es sei denn, es besteht ein besonderes Beschäftigungsinteresse des Arbeitnehmers, wenn die Revision gegen das Kündigungsschutzurteil zugelassen ist.

- Bei Obsiegen auch in 2. Instanz: Weiterbeschäftigung, wenn nicht ein besonderes Interesse des Arbeitgebers an der Nichtbeschäftigung vorliegt, wenn die Revision gegen die Kündigungsschutzklage zugelassen ist.

Aus den Fallkonstellationen wird deutlich, daß die Durchsetzung des grundsätzlich anerkannten Weiterbeschäftigungsanspruches etwa eines Leitenden Krankenhausarztes in der Praxis auf einige Probleme stoßen wird. *(Li)*

Literatur
BAG GS DB 1985, S. 2197
Eich (1986) Verfahrensrechtliche Implikationen des Weiterbeschäftigungsbeschlusses des Großen Senates des BAG vom 27.02.1985, DB 692

541 **Weiterbildung**

Ärztliche Weiterbildung ist die Vertiefung und Erweiterung der durch die → ärztliche Ausbildung erworbenen Kenntnisse und Fertigkeiten auf einem bestimmten Gebiet im Rahmen einer Berufstätigkeit.

542   Krankenhauseinrichtungen benötigen nach den Kammer- bzw. Heilberufsgesetzen von der zuständigen staatlichen Behörde teilweise eine Zulassung zur Weiterbildung oder sind als Hochschuleinrichtungen geborene Weiterbildungsstätten. Die Leitenden Ärzte werden bei Vorliegen der Voraussetzungen – fachliche und personelle Eignung – auf Antrag von der Ärztekammer zur ärztlichen Weiterbildung teilweise oder voll ermächtigt. Der Umfang der Ermächtigung richtet sich dabei nach Ausstattung, Größe und Bettenzahl der jeweiligen Struktureinheit und ist an

die Person des Leitenden Arztes gebunden. Die Durchführung der Weiterbildung in einem Fachgebiet oder Teilgebiet ist zunächst eine öffentlichrechtliche Verpflichtung des ermächtigten Arztes als Kammermitglied gegenüber seiner Kammer, nicht gegenüber dem Krankenhausträger.

543   Wenn also in einigen Chefarztverträgen die Pflicht des Chefarztes aufgenommen ist, ärztliche Mitarbeiter weiterzubilden, so wird man diese Klausel in eine Pflicht zur Mitwirkung an der ärztlichen Weiterbildung umdeuten müssen, denn der Krankenhausträger selbst führt die Weiterbildung *ärztlichen* Personals nicht durch. Er hat lediglich ein Interesse daran, daß im Rahmen der Zulassung seiner Einrichtung ermächtigte Ärzte ärztliche Mitarbeiter weiterbilden. Hierdurch besteht die Möglichkeit, besonders qualifiziertes Personal an das Krankenhaus binden zu können.

544   Wenn die Durchführung der Weiterbildung eine höchst persönliche, an die Person des ermächtigten Arztes gebundene Verpflichtung gegenüber der Ärztekammer nach den Vorschriften der Weiterbildungsordnung ist, so ist die → Qualitätssicherung auch Aufgabe der Kammer im Rahmen des Ermächtigungsverfahrens, aber auch darüber hinausgehend im Prüfungsgespräch. Stellt sich nachträglich heraus, daß die persönliche und fachliche Eignung des ermächtigten Arztes nicht mehr gegeben ist, so kann die Ärztekammer nach Prüfung die Ermächtigung durch Verwaltungsakt zurücknehmen oder beschränken.

545   Ob sie unter dem Gesichtspunkt der Qualitätskontrolle die Zahl der bei einem ermächtigten Arzt in Weiterbildung befindlichen ärztlichen Mitarbeiter beschränken kann, ist unter dem Gesichtspunkt der Verhältnismäßigkeit im Hinblick auf Art. 12 GG zu entscheiden.

546   Der zur Weiterbildung ermächtigte Arzt hat dem in Weiterbildung befindlichen Arzt über die in seiner Verantwortung abgeleisteten Weiterbildungszeiten ein Zeugnis auszustellen, auf Antrag des in Weiterbildung befindlichen Arztes auch Teilzeugnisse über jeweils 1 Jahr. Auf die Erteilung des Zeugnisses hat der in Weiterbildung befindliche Arzt einen Rechtsanspruch, den er ggf. im Klagverfahren gegen den weiterbildenden Arzt – nicht die Ärztekammer – durchsetzen kann. Dem Zeugnis über die Qualifikation des ärztlichen Mitarbeiters kommt echte Tatbestandswirkung zu. In ihm hat der Weiterbildende auch Leistungsmängel anzusprechen.

547   Das Zeugnis über die Weiterbildung ist kein dem Arbeitszeugnis vergleichbares Zeugnis und darf mit diesem nicht verwechselt werden. Auf dieses Zeugnis finden demnach die arbeitsrechtlichen Vorschriften über das Zeugnis, aber auch betriebsinterne Beschränkungen, wie sie für die Erteilung arbeitsrechtlicher Zeugnisse in den Chefarztverträgen vorgesehen sind, keine Anwendung.

Die ärztliche Weiterbildung in den Gebieten und Teilgebieten – nicht aber den Zusatzbezeichnungen – ist grundsätzlich ganztägig und in hauptberuflicher Stellung, also im Rahmen eines Dienstverhältnisses mit dem Träger der Weiterbildungsstätte unter persönlicher Anleitung und Überwachung des zur Weiterbildung ermächtigten Arztes, an ein und derselben Weiterbildungsstätte zu leisten. Ein Wechsel der Weiterbildungsstätte und des weiterbildenden Arztes hat in denjenigen Fällen zu erfolgen, in denen die Weiterbildungsordnung dies vorschreibt. Eine Teilzeitweiterbildung ist nur in Ausnahmefällen, etwa aus zwingenden familiären Gründen, bis zu 4 Jahren halbtags möglich oder wenn der Weiterzubildende bis zum Freiwerden einer vollen Stelle zunächst eine Halbtagsstelle erhält.

548   Die Weiterbildung ist mithin das Ergebnis ärztlicher Tätigkeit schlechthin. Sie umfaßt alle mit der ärztlichen Tätigkeit zusammenhängenden Aufgaben. Es ist allerdings die Frage aufgetaucht, ob die Weiterbildung nicht Teil des Dienstvertrages sein kann, wenn die Stelle als Weiterbildungsstelle ausgeschrieben und mit einem nachgeordneten Arzt auf Zeit besetzt wird und zudem der Leitende Arzt dem Träger des Krankenhauses durch eine entsprechende Klausel im Anstellungsvertrag zur Weiterbildung des Personals verpflichtet ist.

549   Hierzu wird verschiedentlich die Auffassung vertreten, bei dem mit dem → Assistenzarzt in Weiterbildung geschlossenen → Dienstvertrag handle es sich um einen gemischt-typischen Vertrag oder gar einen Vertrag sui generis, der neben arbeitsvertraglichen Elementen auch weiterbildungsrechtliche Elemente enthalte. Demzufolge entfalten vor allem Änderungen der Zulassung des Krankenhauses als Weiterbildungsstätte, aber auch Veränderungen bei der Ermächtigung der Leitenden Ärzte, unmittelbare bzw. mittelbare Wirkungen auf das Arbeitsverhältnis des Assistenzarztes. Dieses soll im übrigen auch bei der Diensteinteilung gelten sowie bei der Anordnung, → Bereitschaftsdienst und → Rufbereitschaftsdienst in Freizeit abzufeiern.

550   Welche Folgerung etwa aus der teilweisen oder völligen Rücknahme der Zulassung als Ausbildungsstätte bzw. der teilweisen oder ganzen Rücknahme der Weiterbildungsermächtigung des Leitenden Arztes auf das Arbeitsverhältnis eintreten soll, bleibt dabei offen. Entfallen beide Voraussetzungen für die Weiterbildung ganz oder teilweise, so wird man bezüglich des Dienstverhältnisses den Wegfall der Geschäftsgrundlage oder aber auch eine teilweise Unmöglichkeit annehmen können, auch wenn die arbeitsrechtliche Leistung, nämlich die ärztliche Behandlung von Patienten des Krankenhauses, weiterhin möglich ist. Allerdings wird man in diesem Fall kaum sagen können, daß die verbleibende Leistung für den in Weiterbildung stehenden Arzt kein Interesse mehr habe.

Anderes mag nur in denjenigen Fällen gelten, in denen der Leitende Arzt schuldhaft gegen die Vorschriften der Weiterbildungsordnung verstößt und dem in Weiterbildung befindlichen Arzt hieraus ein nachweisbarer Schaden erwächst. Ob die Vorschriften der Weiterbildungsordnung dabei als Schutzgesetz im Sinne von § 823 Abs. 2 BGB anzusehen sind, ist nicht völlig auszuschließen, weil sie auch den Schutz des in Weiterbildung befindlichen Arztes im Auge haben. Der Schadenersatzanspruch richtet sich in diesem Fall gegen den jeweils Leitenden Arzt persönlich, nicht aber gegen den Krankenhausträger als Vertragspartner oder die Ärztekammer.

Zu Inhalt, Umfang und Dauer der ärztlichen Weiterbildung und ihrer Beeinflussung durch dienstliche und organisatorische Maßnahmen des Krankenhausträgers ist auf folgendes hinzuweisen:

Die in den Weiterbildungsordnungen angegebenen Weiterbildungszeiten für die einzelnen Fachgebiete/Teilgebiete und Zusatzbezeichnungen sind Mindestzeiten, binnen derer die Kenntnisse und Fähigkeiten erworben werden können. Diese Zeiten können, insbesondere wenn die Ausbildungsziele nicht erreicht werden, jederzeit verlängert werden. Arbeitsrechtliche Nachteile erwachsen hieraus im Hinblick auf eine Befristung des Arbeitsverhältnisses in der Regel nicht.

551   Zu den in der Weiterbildungszeit zu absolvierenden Tätigkeiten gehört in zahlreichen Fachgebieten der Stationsdienst und zu diesem die regelmäßige Leistung von → Bereitschafts- und → Rufbereitschaftsdienst. Wird arbeitsrechtlich für diese Dienst statt Bezahlung Freizeitausgleich gewährt, so beeinträchtigt dies den Umfang der Weiterbildung nicht. Arbeitsrechtliche Vorschriften wie über den Freizeitausgleich und sonstige, etwa über das Arbeitszeitgesetz verbindlich werdende Rechtsnormen, haben ihre Ursache nicht nur im Schutz des Patienten, sondern letztlich in der Menschenwürde und haben daher keinen Einfluß auf das Weiterbildungsverhältnis. Insbesondere wird dieses hierdurch nicht a priori zu einem Teilzeitweiterbildungsverhältnis unzulässiger Art, denn derartig ausgedehnte Zeiten des Bereitschafts- und Rufbereitschaftsdienstes, die in Freizeit abzugelten wären, darf es zumindest nach den im öffentlichen Dienst geltenden tarifvertraglichen Vorschriften nicht geben.

552   Die Weiterbildung wird durch ein Fachgespräch vor einem Ausschuß der Ärztekammer abgeschlossen. Die Entscheidung ist ein Verwaltungsakt, der nach den Vorschriften der Verwaltungsgerichtsordnung gerichtlich angefochten werden kann. Die Grundsätze des allgemeinen Prüfungsrechts gelten auch für dieses Fachgespräch.

553   Da der Leitende Arzt die Weiterbildung in Person zu erbringen hat, scheidet eine Teilnahme nachgeordneter Ärzte an der Weiterbildung

ärztlichen Personals grundsätzlich aus. Dieser Gesichtspunkt ist streng getrennt davon zu sehen, daß die Weiterbildung regelmäßig Produkt der sonstigen ärztlichen Tätigkeit des Weiterzubildenden sein wird, in der der Weiterzubildende auch Weisungen und Anleitungen der dem ermächtigten Leitenden Arzt nachgeordneten Ärzten unterworfen ist.

Nicht ausgeschlossen ist dagegen die Teilnahme der nachgeordneten Ärzte an der Weiterbildung nichtärztlichen Personals, etwa von Pflegepersonal zu Fachpflegepersonal.

554   Auch im nichtärztlichen Bereich hat sich durch zunehmende Spezialisierung in einzelnen Fachgebieten die Notwendigkeit zur Weiterbildung ergeben. Ähnlich wie im ärztlichen Bereich wird im Bereich der Krankenpflege eine Weiterbildung zur Fachschwester/zum Fachpfleger an bestimmten Krankenhäusern durchgeführt.

Ihre Durchführung im Bereich der Chirurgie, der Anästhesie, der Psychiatrie sowie der Gemeindekrankenpflege erfolgt ebenfalls in staatlich anerkannten Weiterbildungsstätten. Die Teilnahme an derartigen Lehrgängen wird in Chefarztverträgen ggf. als Dienstpflicht übertragen. *(Li)*

Rechtsgrundlagen
Kammer- und Heilberufsgesetze der Bundesländer; Weiterbildungsordnungen der Ärztekammern

Literatur
Narr (1977) Ärztliches Berufsrecht, 2. Auflage 1977, Rdn. 348 ff.
Nunius (1983) Die ärztliche Weiterbildung im Krankenhaus

555   Weiterbildungsstätte

Im Gegensatz zu zugelassenen Krankenhausabteilungen, Instituten und anderen Einrichtungen sind Einrichtungen der Universitäten „geborene" Weiterbildungsstätten, die einer gesonderten Zulassung nicht bedürfen und deren Status auch nicht unter Heranziehung der Zulassungskriterien für Krankenhausabteilungen geschmälert werden darf.

556   Voraussetzung für die Teilnahme eines Krankenhauses und seiner Leitenden Ärzte an der ärztlichen Weiterbildung ist zunächst (neben der Ermächtigung der Leitenden Ärzte) die Zulassung der entsprechenden Weiterbildungsstätte auf Antrag des Trägers. Über ihn entscheiden nach den Kammer-/Heilberufsgesetzen der Länder die zuständigen Verwaltungsbehörden im Einvernehmen mit der Ärztekammer nach Prüfung der Eignung als Weiterbildungsstätte durch die zuständigen

staatlichen Behörden. Voraussetzung für die Zulassung ist u. a. die Behandlung von Patienten in so ausreichender Zahl und Art, daß der weiterzubildende Arzt die Möglichkeit hat, sich mit den typischen Krankheiten des Gebietes, des Teilgebietes oder des anderen Bereiches vertraut zu machen, daß Personal und Ausstattung entsprechend der Leistungsstufe des Krankenhauses in ausreichendem Umfang vorhanden ist und daß eine regelmäßige Konsiliartätigkeit oder interdisziplinäre Zusammenarbeit stattfindet. *(Li)*

Rechtsgrundlagen
Kammer- und Heilberufsgesetze der Länder

Literatur
VG Sigmaringen, MedR 1984, S. 157

557 Zusatzbezeichnung

Sie ist eine Arztbezeichnung, die auf zusätzlich erworbene Kenntnisse hinweist, ohne daß dieser Bereich ein medizinisches Gebiet oder Teilgebiet darstellt. Die Anerkennung einer Zusatzbezeichnung erfolgt auf Antrag bei der zuständigen Ärztekammer nach den Vorschriften der Weiterbildungsordnung. Sie setzt eine erfolgreiche → Weiterbildung im entsprechenden Bereich voraus. Ein Fachgespräch findet in der Regel nicht statt.

558   Zusatzbezeichnungen dürfen nur zusammen mit der Berufsbezeichnung oder einer Gebietsbezeichnung geführt werden und auch nur dann, wenn der Arzt auch im betreffenden Bereich tätig ist (→ Weiterbildung). *(Li)*

Rechtsgrundlagen
Kammer- und Heilberufsgesetze der Länder
Weiterbildungsordnungen der Ärztekammern

Literatur

Battis (1980) Bundesbeamtengesetz

Bockelmann (1968) Strafrecht des Arztes

Braun/Ossoinig (1985) Zum Tarifrecht des Arztes, 2. Auflage

Bullinger (1972) Beamtenrechtliche Zusagen und Reformgesetzgebung

Bunte (1982) Handbuch der Allgemeinen Geschäftsbedingungen

Clemens/Scheuring/Steingen/Görner/Opalke/Wiese (1972) Kommentar zum Bundesangestelltentarifvertrag

Dallinger/Bode/Dellian (1978) Hochschulrahmengesetz, Kommentar

Daniels/Bulling (1968) Kommentar zur Bundesärzteordnung

Deutsch (1979) Recht der klinischen Forschung am Menschen, Reihe „Recht und Medizin"

Deutsch (1983) Arztrecht und Arzneimittelrecht

Diederichsen (1979) Die Vergütung ärztlicher Leistungen im Krankenhaus

Dreher/Tröndle (1981) Strafgesetzbuch, Kommentar, 40. Auflage

Dunz (1974) Zur Praxis der zivilrechtlichen Arzthaftung, Juristische Studiengesell-
schaft Karlsruhe, Heft 116

Dunz (1980) Aktuelle Fragen zum Arzthaftungsrecht, Kommunikationsforum Recht
Wirtschaft Steuern

Engisch (1958) Die rechtliche Bedeutung der ärztlichen Operation

Eser/v. Lutterotti/Sporken (1989) Lexikon Medizin, Ethik, Recht

Franzki (1984) Der Arzthaftungsprozeß

Giesen (1981) Arzthaftungsrecht

Giesen (1981) Arzthaftungsrecht, Medical Malpractice Law

Giesen (1983, 1984) Wandlungen des Arzthaftungsrechts

Gitter/Huhn/Lammel/Luig/Reich/Tempel/Weyers (1974) Vertragsschuldverhältnisse

Heinemann/Liebold (1980) Kassenarztrecht, Kommentar, 5. Aufl.

Henschel (1980) Aufgabe und Tätigkeit der Schlichtungs- und Gutachterstellen für
Arzthaftpflichtsstreitigkeiten

Jessnitzer (1988) Der gerichtliche Sachverständige, 9. Auflage

Kern/Laufs (1983) Die ärztliche Aufklärungspflicht

Kleinknecht (1989) Strafprozeßordnung, Kommentar, 39. Auflage

Kohlhaas (1969) Medizin und Recht

Laufs (1988) Arztrecht, 4. Auflage

Lippert/Weißauer (1984) Das Rettungswesen

Lippert (1990) Rettungsassistentengesetz

Luyken/Pottschmidt/Thoelke/Wandtke/Zitzmann/Weil (Hrsg. 1983) Sammlung von
Entscheidungen der Berufsgerichte für die Heilberufe

Luxenburger (1981) Das Liquidationsrecht der leitenden Krankenhausärzte

Mayer-Maly (1975) Krankenhausstruktur, Betriebsverfassung und Kirchenautonomie,
Schriften der Deutschen Krankenhausgesellschaft, Heft 8 b

Mergen (Hrsg. 1971) Die juristische Problematik in der Medizin, 3 Bde.

Narr (1977) Ärztliches Berufsrecht, 2. Auflage, Stand Oktober 1982

Nöthlichs/Weber (1985) Sicherheitsvorschriften für medizinisch-technische Geräte, Loseblattkommentar
Palandt (1988) Bürgerliches Gesetzbuch, Kommentar, 47. Auflage
Plog/Wiedow/Beck (1983) Kommentar zum Bundesbeamtengesetz, Stand Januar 1983
Putzo (1979) Die Arzthaftung. Grundlagen und Folgen
Rieger (1984) Lexikon des Arztrechts
Schäfer/Bonk (1982) Staatshaftungsgesetz
Schaub (1987) Arbeitsrechtshandbuch, 6. Auflage
Schiwy/Harmony/Jakubowski/Dalichau (1987) Deutsches Arztrecht. Sammlung des gesamten Medizinalrechts des Bundes und der Länder mit Kommentar
Schmatz/Nöthlichs (1977), Strahlenschutz, 2. Auflage 1977, Stand April 1983
Schmatz/Goetz/Matzke (1983) Gebührenordnung für Ärzte, Kommentar, 2. Auflage
Schmidt (1957) Der Arzt im Strafrecht, in: Lehrbuch der gerichtlichen Medizin, hg. von A. Ponsold, 2. Auflage, 1 - 79
Schönke/Schröder (1988) Strafgesetzbuch, Kommentar, 23. Auflage
Steffen (1986) Neue Entwicklungslinien der BGH-Rechtsprechung zum Arzthaftungsrecht (RWS-Skript 137), 2. Auflage
Stelkens/Bonk/Leonhard (1978) Verwaltungsverfahrensgesetz
Ulmer/Brandner/Hensen (1982) AGB-Gesetz, Kommentar, 4. Auflage
Uttlinger/Breier/Kiefer (1983) Bundes-Angestelltentarifvertrag, Stand 01.04.1983
Weißauer/Hirsch (1980) Nutzungsentgelt der Hochschulkliniker, Schriftenreihe „Medizin und Recht", Hrsg. A. Eser, Bd. 8
Weyers (1978) Empfiehlt es sich, im Interesse der Patienten und Ärzte ergänzende Regelungen für das ärztliche Vertrags- (Standes-) und Haftungsrecht einzuführen? Gutachten A zum 52. Deutschen Juristentag
Wezel/Liebold (1983) Handkommentar BMÄ, E-GO und GOÄ, 5. Auflage, Stand 01.01.1983

Sachverzeichnis